복음서를 통해 만나는 예수

– 복음서 올바로 읽어보기

김득중 지음

복음서를 통해 만나는 예수
– 복음서 올바로 읽어보기

초판 1쇄 인쇄 2018년 4월 30일
초판 1쇄 발행 2018년 5월 8일

지은이 김득중
펴낸이 박용호
펴낸곳 CMI
편집인 서길원
등록 제300-2014-155호
주소 110-730 서울특별시 종로구 세종대로 149 감리회관 13층
전화 (02)399_3959 (대표)
팩스 (02)399_3940
홈페이지 www.cmi.ne.kr

기획편집 장이려
디자인 하늘공작소(02_416_3076)

ⓒ 속회연구원
ISBN 979-11-954307-9-6 03230

- 이 책은 저작권법에 따라 보호받는 저작물이므로 무단전재와 무단복제를 금지하며, 이 책의 전부 또는 일부를 이용하려면 CMI출판사의 서면 동의를 받아야 합니다.
- 잘못된 책은 구입한 서점에서 교환하여 드립니다.

머리말

예수는 어떤 분인가? 예수에 대해 좀 더 잘 알아볼 수 있는 길은 무엇인가? 아마도 성경을 통하는 길 외에는 없을 것이다. 대부분의 기독교인들은 신약성서, 특히 복음서를 읽으면서 예수를 만나게 될 것을 기대한다. 그러나 그들이 만나는 예수는 신약성서가 기록되기 이전, 즉 십자가에 달려 죽기 전 갈릴리와 유대 땅에 나타났던 역사 속의 예수 그대로는 아니다. 네 권의 복음서는 객관적인 역사가의 기록이 아닌, 예수를 믿고 따르던 제자들이 예수에 대한 자신들의 신앙을 증거 하면서 예수를 전도하며 가르치기 위한 목적으로 기록된 신앙적인 문서이기 때문이다(요 20:31).

바로 이런 점에서 우리가 복음서들을 통해 만나게 되는 예수는 역사의 예수(Jesus of history)가 아니라, 복음서를 기록한 저자들의 신앙으로 채색되고 해석된 예수(Jesus of faith)이다. 다른 말로 표현한다면 복음서를 기록한 사람들은 실물을 그대로 찍은 사진작가가 아니라, 그림을 통해 메시지에 대한 응답을 이끌어내는 화가와 같은 사람들이다. 복음서들을 통해 만나는 예수는 사진(photographs)에 찍힌 예수가 아니라 초상화(portraits)로 그려진 예수이다.

그러나 우리가 복음서를 통해서 만나는 예수가 사진으로 만나는 예수가 아니라 초상화로 만나는 예수라는 이유로, 즉 "역사의 예수"가 아니라 "신앙의 예수"라는 이유로 역사적 진실성이나 신빙성을 무시하거나 폄하할 필요는 없다. 사진이라고 해서 인물을 중립적으로 객관적으로

머리말

더 잘 보여주는 것은 결코 아니기 때문이다. 사진도 대상의 선정, 촬영의 각도와 방향, 촬영의 순간들을 어떻게 선택하는가에 따라서 사진에 찍힌 대상의 모습들은 얼마든지 달라질 수 있기 때문이다. 또 훌륭한 초상화일수록 사람들은 초상화를 보자마자 "바로 그 사람이로구먼!"이라고 말하기도 한다. 화가의 개인적인 관심과 관점으로 인해 그림의 대상이 훨씬 잘 드러날 수 있다.

또 복음서 저자들이 1세대 제자들 즉 예수의 목격자나 동행자들이 아니라, 2세대 제자들이라고 해서 예수에 관한 증언의 신빙성에 대해 의문을 제기할 필요도 없다. 그들은 다른 어느 누구보다도 시간적, 문화적, 역사적, 종교적으로 역사의 예수에 가장 가까이 있었던 사람들이었다. 때문에 누구보다도 예수를 잘 알고 있으며, 누구보다도 예수를 잘 소개할 수 있는 사람들이다. 복음서 저자 각각은 자신들의 신앙의 입장에서 이해한 예수를 전하기 때문에 복음서마다 예수의 모습이 다를 때도 있다. 하지만 그 진실성에 대해 의문을 제기할 필요는 없다. 왜냐하면 다른 사람에 대해 완전히 그리고 올바로 소개할 수 있는 사람은 이 세상에 없기 때문이다. 오히려 서로 다른 소개를 통해서 우리는 예수에 대해 보다 온전한 이해를 가질 수 있다.

우리가 어떤 인물의 초상화를 네 개나 갖게 된다면, 그 사람을 좀 더 잘 이해할 수 있을 것이다. 네 개의 초상화가 세세한 면에서는 다르더라도, 인물을 다양한 각도에서 더 잘 인식할 수 있다는 것은 얼마나 매

혹적인 일인가? 이런 점을 생각할 때 초대교회가 정경을 결정하는 과정에서 네 권의 복음서를 성경에 포함시켰다는 것은 얼마나 다행한 일인가? 그리고 얼마나 놀라운 하나님의 축복인가?

우리는 이 책에서 네 권의 복음서, 네 사람이 그린 네 개의 초상화들을 통해서 예수를 만나보고자 한다. 복음서 저자들이 서로 다른 관점에서 소개하고 있는 예수의 여러 활동들과 교훈들을 통해서 초대 교인들이 알고 믿었던 예수는 어떤 분이었는지를 알아보고자 한다. 이것이 복음서를 올바로 이해할 수 있는 길, 그리고 예수를 올바로 만날 수 있는 길이라고 생각되기 때문이다. 이 책의 부제를 〈복음서 올바로 읽어보기〉라고 붙인 이유도 그 때문이다.

2018년 4월

김 득 중

일러두기 : 이 책에서 사용된 한글 성경은 주로 〈개역 개정〉과 〈새 번역〉이다. 헬라어 원문의 의미를 이해하기에 더 쉽다고 생각되는 번역을 그때마다 인용하였다. 그리고 때로는 헬라어 원문의 의미를 좀 더 분명히 밝히기 위해 사역(私譯)을 시도했다.

목차

Meeting Jesus In The Gospels

1. 복음서란 이름의 문서들 — 08
2. 서로 다른 두 개의 예수 족보 (마 1:1–17, 눅 3:23–28) — 15
3. 서로 다른 두 개의 예수 탄생 이야기 (마 1:18–2:23, 눅 2:1–40) — 23
4. "구주" 혹은 "구세주"로 오신 예수 (눅 2:11) — 32
5. 세례 요한에게 세례 받은 예수 (막 1:9–11, 마 3:11–17, 눅 3:21–22) — 40
6. 광야에서 사탄에게 시험 받은 예수 (막 1:12–13, 마 4:1–11, 눅 4:1–13) — 50
7. 처음 제자들을 불러낸 예수 (막 1:16–20, 마 4:18–22, 눅 5:1–11) — 60
8. 예수의 공생애 첫 설교 (눅 4:16–30) — 68
9. 물로 포도주를 만든 예수 (요 2:1–12) — 74
10. 문둥병자를 고쳐준 예수 (마 8:1–4) — 82
11. 이방인 백부장의 종을 고쳐준 예수 (마 8:5–13, 눅 7:1–10) — 89
12. 누가가 전하는 예수: "이 사람은 누구인가?" (눅 8:26–56) — 96
13. 예수께서 가르치신 〈주기도문〉 (마 6:9–13, 눅 11:2–4) — 104
14. 씨 뿌리는 자의 비유 (마 13:1–9,18–23) — 113
15. 잃은 양의 비유 (마 18:10–14, 눅 15:3–7) — 121
16. 죄 많은 여인과 바리새인 시몬의 이야기 (눅 7:36–50) — 128
17. 선한 사마리아인의 비유 (눅 10:30–37) — 137
18. 마르다와 마리아 자매의 집을 찾은 예수 (눅 10:38–42) — 143
19. 탕자의 비유 (눅 15:11–32) — 149
20. 폭풍의 바다에서 제자들을 구해준 예수 (막 4:35–41, 6:45–52) — 157
21. 제자 직분(discipleship)에 관한 교훈 (마 8:23–27) — 164
22. 밤중에 찾아온 친구 비유 (눅 11:5–8) — 171

23. 수많은 무리들을 배불리 먹인 예수 (막 6:30-44, 8:1-10)   177

24. 벳세다 맹인을 고쳐준 예수 (막 8:22-26)   184

25. 베드로의 신앙 고백 (마 16:13-20)   191

26. 누가복음의 변화산 이야기 (눅 9:28-36)   199

27. 거지 맹인 바디매오를 고쳐준 예수 (막 10:46-52)   205

28. 예수의 가장 큰 계명 (마 22:34-40)   212

29. 예수께서 가르치신 사랑의 "새 계명" (요 13:34, 15:12,17)   216

30. 포도원 일꾼 비유 (마 20:1-16)   223

31. 열매 없는 무화과나무를 저주한 예수 (막 11:12-26)   231

32. 악한 포도원 농부 비유 (막 12:1-12, 마 21:33-46, 눅 20:9-19)   237

33. 타락한 성전 제사장들에 맞서 싸운 예수 (막 11:15-18)   243

34. 제자들의 발을 씻긴 예수 (요 13:1-20)   253

35. 겟세마네 동산의 예수 (마 26:36-46)   263

36. 예수를 부인한 베드로 (막 14:54,66-72)   272

37. 헤롯 앞에서 심문받은 예수 (눅 23:6-12)   279

38. 로마 총독 빌라도 앞에서 재판 받은 예수 (눅 23:1-5,13-25)   291

39. 십자가 위에서 회개한 강도를 구원해준 예수 (눅 23:39-43)   299

40. 마태가 전하는 예수의 십자가 최후 발언 (마 27:46)   308

41. 부활한 예수의 "발을 붙잡고" 경배한 여인들 (마 28:9)   313

42. 엠마오로 가던 제자들에게 나타난 부활한 예수 (눅 24:13-35)   320

43. 부활하여 승천한 예수 (눅 24:51-54, 행 1:9-11)   330

01 복음서란 이름의 문서들

예수께서 십자가 위에서 돌아가신 주후 30년 경 이후, 예수를 "그리스도이며 하나님의 아들"로 믿고 따르는 그의 제자들은 신앙 공동체를 구성하여 예수를 계속 믿으면서, 열심히 예수를 전파하는 생활을 하였다. 그러나 로마의 정치적 박해[1]와 유대교 당국의 종교적 박해[2] 등으로 인해 예루살렘과 유대 땅을 떠나, 수리아 지방이나 소아시아 지역으로 널리 흩어지기 시작하였다. 어찌보면 박해는 초대 기독교의 성장과 세계화의 계기 및 동력이 되기도 했다. 초대 기독교인들은 자기들이 추종하는 지도자들(열두 사도 또는 바울과 바나바와 같은 다른 지도자들)을 중심으로 여러 곳에서 나름대로 각기 신앙 공동체를 형성하여 신앙생활을 계속해 나갔다.

---

1) 주후 64년경에 있었던 네로Nero 황제의 기독교인들에 대한 제1차 박해와 주후 95년경에 있었던 도미티아누스Domitian 황제의 기독교인들에 대한 제2차 박해 등.
2) 주후 85년 경 랍비 가말리엘Gamaliel 2세가 유대교 최고 지도자로 있을 때에 예수를 믿는 자들을 회당으로부터 축출 파문시키기로 결정한 박해 등.

그러나 시간이 흘러 처음 제자들이 역사의 무대에서 사라지게 되면서, 각 신앙 공동체마다 구성원들을 계속 지도하기 위한 방안을 생각해 내야했다. 그러면서 자연히 각 공동체 지도자의 신앙적 성향과 지도 이념에 따라 예수의 행적과 교훈이 담긴 "신앙 교과서"와 같은 문서들이 필요해졌다. 이런 필요와 요구에 따라 그 공동체의 신앙 교육을 위해 문서들이 기록되었다. 이 때 생겨난 문서들은 그 문서를 기록한 공동체 지도자 혹은 그 공동체가 존경하여 추종하던 지도자의 이름을 따라 〈마태에 의한 복음서〉, 〈요한에 의한 복음서〉, 〈베드로 복음서〉, 〈도마 복음서〉, 〈마리아 복음서〉 등으로 알려지게 되었다. 즉 〈복음서〉란 예수에 관한 역사적 사실들을 정확히 알려주기 위한 문서들이 아니라, 복음서를 기록한 저자(들)의 기록 목적과 관점에 따라 예수를 가르치거나 전하기 위해 기록된 신앙적인 간증이요 일종의 설교이다. 그러나 복음서 앞에 붙여진 사도(마태나 베드로 등) 혹은 예수의 제자(마가나 누가 등) 또는 그 외 교회 지도자들(막달라 마리아 등)이 그 문서의 직접적인 저자를 의미하는 것은 아니다.

이것이 초대 기독교 안에 이른바 〈거룩한 문서들(the holy scriptures)〉이 탄생하게 된 계기이다. 이 문서들은 신앙 공동체를 위한 신앙의 지침이 되었지만, 오늘날 기독교인들이 하나님의 말씀이라고 믿고 있는 〈성경(The Holy Scriptures, The Bible)〉 곧 〈정경(正經, the Canon)〉은 아직 아니었다. 시간이 지나면서 〈거룩한 문서들〉 중에 기독교 신앙에 도움이 되지 않는, 또는 오히려 기독교 신앙에 위협이 되는 것이 있다는 사실이 알려지게 되었다. 그래서 초대교회 지도자들은 여러 번의 종교 회의를 거쳐 주후 4세기 말경 〈거룩한 문서들〉 중 27권을 선정하여 〈성경〉 혹은 〈정경〉으로 확정하게 되었다. 그래서 성경은 두 번 태어났다고 말하기도 한다. 여러 신앙 공동체에서 저자(들)에 의해 거룩한 신앙적 문서들로 탄생했으며, 후에 교회 지도자들에 의한 교회 결의를 통해서 선정된 일부가 〈성경〉으로 다시 태어났기 때문이다.

이렇게 신약 27권이 〈정경〉으로 확정된 이후 그 외의 〈거룩한 문서들〉은 〈외경(外經)〉으로 구분되었고, 모든 〈외경〉들은 기독교 교회 안에서 더 이상 "하나님의 말씀으로서의 권위"를 갖지 못한 문서로 배제되기에 이르렀다.

많은 기독교인들은 예수의 행적이나 말씀을 중심으로 기록된 복음서를 이천 년 전 유대 땅에서 있었던 예수의 활동과 교훈에 대한 비교적 믿을만한 일종의 "역사적 문서(historical document)" 혹은 "전기적인 기록(biographical report)"이라고 믿고 있다. 하지만 이와 같은 생각은 결코 복음서에 대한 올바른 인식이 아니다. 물론 복음서가 예수의 생애와 활동에 관한 기록들을 많이 전해주고 있는 것이 사실이다. 그리고 성경에 들어있는 네 개의 복음서가 현존하는 문서들 중에서 역사적 예수에 대해 알 수 있는 가장 훌륭한 자료들이라고 말할 수 있다. 그러나 오늘날 대다수의 복음서 연구가들은 복음서가 예수에 관한 역사적 자료들을 많이 포함하기는 하지만 예수의 생애에 관한 정확한 역사 기록(historiography)이나 예수의 전기(biography)를 목적한 문서가 아니라는 사실을 인정하고 있다.

예수께서 십자가에서 돌아가신 후 초대교회 안에서는 예수에 관한 많은 이야기들이 입으로 전해지기 시작했다. 초대 기독교인들의 입에 오르내리던 예수에 관한 많은 이야기들은 신앙의 대상인 예수를 역사적으로 정확히 보존해야 한다는 의도와 목적에서 전달된 것이 결코 아니다. 오히려 초대 교인들의 신앙생활에 도움이 되는 이야기들만, 그것도 주로 "설교적" 혹은 "교육적"인 목적으로 수집되어 반복적으로 사용되어왔다. 요한복음 21장 25절이 이점을 분명히 밝히고 있다.

> 예수께서 행하신 일은 이 밖에도 많아서 그것을 낱낱이 기록한다면, 이 세상이라도 그 기록된 책들을 다 두기에 부족하리라고 생각합니다

수많은 구전 전승들 가운데서 극히 일부만 기록했다는 말인데, 더구나 기록된 그 일부도 역사 기록이란 목적 때문이 아니라 신앙적인 목적을 위해서 기록되었을 뿐이다. 요한복음 20장 31절 역시 이점을 분명히 밝히고 있다

> 오직 이것을 기록함은 너희로 예수께서 하나님의 아들 그리스도이심을 믿게 하려 함이요, 또 너희로 믿고 그 이름을 힘입어 생명을 얻게 하려 함이니라

이렇게 복음서는 복음서 저자들이 예수를 전하고 믿게 하려는 신앙적이며 선교적인 목적에서, 예수에 관한 전승 자료들 중 가장 필요하고 적절하다고 생각된 일부를 택하여 기록하되, 기록하는 저자 자신들의 신앙적 목적이나 설교적 의도에 알맞게 채색하고 손질하여 기록한 문서들이다. 그래서 복음서 저자들의 설교적 교육적 목적이 서로 다를 경우 똑같은 전승을 기록하면서도 많은 차이를 보인다. 몇 가지 예를 들어본다면 다음과 같다.

① 예수의 공생애 활동 중 첫 번째 이적이 복음서마다 다르게 소개되고 있다. 가령 제일 먼저 기록된 마가복음에서는 더러운 귀신들린 사람을 고친 이적(막 1:22-28), 마태복음에서는 문둥병자를 고친 이적(마 8:1-4), 요한복음에서는 물로 포도주를 만든 이적(요 2:1-12)이다. 예수의 첫 이적을 이처럼 다르게 소개하고 있는 이유는 무엇인가? 복음서를 기록하는 목적, 혹은 예수의 이적 이야기를 소개하는 의도가 서로 다르기 때문이다. 따라서 어떤 것이 정말로 예수의 첫 번째 이적인가? 어느 복음서의 기록이 더 믿을 만한가를 물을 것이 아니라, 도리어 이런

이적을 첫 번째 이적으로 소개하는 복음서 저자의 의도와 목적이 무엇인지를 물어보아야 한다.

② 예수의 성전 숙정사건이 공관복음서에선 예수의 공생애 활동 마지막에 있었던 것으로 소개되지만(마 21:12-13, 막 11:15-19, 눅 19:45-46), 요한복음에선 예수의 공생애 활동 초기에 있었던 것으로 소개되고 있다(요 2:13-22). 이런 경우에도 어떤 것이 보다 정확한 역사 기록인가를 물을 것이 아니라, 왜 다르게 소개하고 있는지 그 이유와 의도를 물어보아야 한다. 이런 차이는 주로 복음서 저자들의 신학적 혹은 설교적 목적과 의도의 차이에서 연유되기 때문이다.

③ 예수의 공생애 활동 중 예수께 나아와 하늘 영광의 자리를 요구했던 사람이 마가복음(막 10:35-45)에 의하면 "야고보와 요한"인데, 마태복음(마 20:20-28)에 의하면 "세배대의 아들들의 어미"였다. 두 기록 중 어떤 것이 역사적 사실에 더 가까운 지를 묻는다면 그것은 두 복음서 중 어떤 것이 역사적 사실을 왜곡하고 있는가를 묻는 질문이기도 하다. 복음서 본문을 보다 올바로 이해하기 위해서는 마태복음 저자가 나중에 마가복음 내용과 다른 형태로 기록한 의도를 알아보아야 한다.

④ 공관복음에선 구레네 시몬이 예수의 십자가를 대신 골고다 처형장까지 날라다 주었다고 전하는데(막 15:21, 마 27:32, 눅 23:26), 요한복음에선 예수께서 직접 십자가를 골고다까지 날랐다고(요 19:17) 기록하고 있다. 외경 가운데 〈베드로 복음서〉에서도 예수께서 친히 자신의 십자가를 지고 골고다까지 가신 것으로 기록되어 있다. 이런 상반된 기록들을 앞에 놓고 우리는 어떤 기록이 보다 역사적 사실에 가까운가를 물을 것이 아니다. 도리어 구레네 시몬이 대신 날라다준 것을 강조하는 이유는 무엇이고, 예수께서 친히 십자가를 지고 날랐음을 강조하는 의도는 무엇인지를 물어야 한다. 복음서 저자들이 강조하려는 설교

의 의도가 각각 다르기 때문이다.

⑤ 예수의 축복 선언과 관련하여 누가복음의 예수께서는 "가난한 자는 복이 있다(Blessed are you poor, 눅 6:20)", "너희 지금 굶주린 사람은 복이 있다(Blessed are you who are hungry now, 눅 6:21)"라고 축복하셨는데, 마태복음에서는 "심령이 가난한 자는 복이 있다(Blessed are the poor in spirit, 마 5:3)", "의에 주린 자들은 복이 있다(Blessed are those who are hunger(…)after righteousness, 마 5:6)"라고 축복하신 것으로 기록했다. 마태가 각각 "심령이(in spirit)"란 말과 "의에(after righteousness)"란 말을 첨가한 이유는 무엇일까? 마태는 예수께서 축복하신 "가난"과 "주림"의 의미를 누가와 다르게 해석하여 소개하고 있는 것으로 보이는데, 마태가 그런 단서를 붙인 이유와 목적이 무엇인지를 알아보아야 한다.

⑥ 베드로의 위대한 신앙 고백 역시 복음서마다 다르게 소개되어 있다. 마가복음 8장 27절에서는 "당신은 그리스도이십니다(You are the Christ)", 누가복음 9장 20절에서는 "당신은 하나님의 그리스도이십니다(You are the Christ of God)", 마태복음 16장 16절에서는 "당신은 그리스도이며 살아계신 하나님의 아들이십니다(You are the Christ, the Son of God who is living)"로 기록되어 있다. 또 이상하고도 놀라운 것은 요한복음 11장 27에서는 베드로가 아니라 마르다가 신앙 고백을 한 것으로 기록되어 있다. "당신은 그리스도이며 세상에 오시는 하나님의 아들이십니다(You are the Christ, the Son of God who comes into the world)" 초대교회 안에서 예수에 대한 "신앙 고백문"은 신앙 교육적으로나 선교적인 관점에서 아주 중요한 의미를 갖는다. 초대교회의 신앙 고백문이 이처럼 복음서마다 다른 내용으로 소개되고 있는 이유는 무엇일까?

나중에 기록된 복음서 저자들이 먼저 기록되어 나온 복음서의 내용을 알면서도 굳이 그것과 다른 형태와 내용으로 수정하여 기록한 까닭은 그들이 역사적인 정확한 사실과 내용을 전하는데 관심을 가진 사람들이 아니기 때문이다. 그들의 주요 목적은 역사적인 전승 자료들을 이용하여 각자 자기 시대의 기독교인들을 신앙적으로 교육하고 지도하는데 있었다. 즉 이전과는 다른 상황 속에서 살고 있는 사람들을 대상으로 복음서를 기록했기 때문에, 자연히 그들의 상황과 필요에 맞게끔 신앙 고백의 내용도 달라질 수밖에 없었다.

우리는 복음서를 역사 기록이나 자서전 형태의 전기로 이해할 것이 아니라 신앙을 목적한 "설교(preaching)"나 "간증(testimony or witness)"으로 읽어야 한다. 복음서는 예수에 관한 복음서 저자들의 "설교"이며 "간증"이기 때문이다! 이것을 다른 말로 표현한다면 복음서는 예수와 그의 생애 활동에 관한 사진(photography)이 아니라, 복음서 저자들이 자기 나름의 관점에서 그려낸 초상화(portrait)라고 볼 수 있다. 따라서 복음서를 올바로 이해하기 위해서는 무엇보다도 복음서 저자들이 예수를 서로 다른 모습과 다른 형태로 묘사하면서 강조하려고 했던 의도를 그가 처해 있었던 역사적 상황에 비추어 알아보는 것이 필요하고 중요하다.

서로 다른 두 개의 예수 족보
(마 1:1-17, 눅 3:23-28)

복음서 저자들 중 오직 마태와 누가만이 예수의 족보를 소개한다. 마태복음과 누가복음에 나오는 예수의 족보는 내용에 있어서나 그것을 소개하는 의도에 있어서 많은 차이를 보인다. 마태와 누가가 소개하는 족보를 비교하면서 두 복음서 저자들의 서로 다른 신학적 관심이 무엇인지 알아보기로 하자.

① 마태는 예수의 족보를 다윗을 거쳐 아브라함에게까지만 추적하는 데 반해, 누가는 아브라함을 넘어 아담 심지어 하나님에게까지 소급하고 있다. 이처럼 족보가 다루는 시대의 차이 때문에 마태의 족보에서는 42명, 누가의 족보에서는 77명의 이름이 소개되고 있다.

② 마태는 "아브라함은 이삭을 낳고, 이삭은 야곱을 낳고(…)"와 같은 내림차순인데 비해서 누가는 "요셉의 위는 헬리이고, 그 위는 맛닷이고(…)"와 같은 오름차순을 쓰고 있다. 따라서 마태가 "누가 누구의 자손인가?"를 밝히고 있다면, 누가는 "누가 누구의 조상인가?"를 밝히고 있는 셈이다.

③ 누가가 예수로부터 위로 소급해 올라가면서 77명의 조상 이름을 연속적으로 소개하고 있는데 비해서, 마태는 42명의 조상 이름을 각각 14명씩 세 단위로, 곧 아브라함으로부터 다윗까지의 14명, 다윗으로부터 바벨론 포로로 잡혀가기까지의 14명, 그 이후부터 예수까지 14명 각각 구분해서 소개하고 있다.

④ 마태복음의 경우 예수의 족보가 그의 복음서 서두에 나오면서 예수의 탄생과 연관되어 소개되고 있다. 마태복음에서는 탄생한 예수께서 어떤 인물인지, 즉 어떤 혈통에서 어떤 족보를 가지고 태어난 인물인지를 밝히는데 관심이 있는 것으로 보인다. 그러나 누가복음의 경우 예수의 족보가 예수의 공생애 이야기 도중, 즉 예수께서 세례를 받는 이야기(마 3:21-22) 직후와 예수께서 광야에 나가 사탄에게 시험을 받는 이야기(마 4:1-13) 직전에 소개되고 있다.

이러한 차이는 두 복음서 저자의 신학적 의도의 차이에서 비롯된다. 따라서 족보의 내용과 문맥상의 차이 때문에 드러나는 두 복음서 저자들의 신학적인 의도는 어떤 것인지를 알아볼 필요가 있다.

(1) 마태복음에 나오는 예수의 족보

마태복음에서 예수의 족보는 ① 아브라함에서 다윗까지 14대 ② 다윗에서 포로로 잡혀가기 이전까지 14대 ③ 포로 생활로부터 그리스도까지 14대로 세 시대로 구분되어 있다. 마태가 이처럼 예수의 족보를 14대씩 세 시대로 구분한 것은 다윗의 이름과 관련이 있는 것으로 해석된다. 다윗이란 이름을 구성하고 있는 세 개의 히브리어 자음(d+w+d)이 갖고 있는 숫자적 가치가 4+6+4=14이기 때문이다. 바로 이런 점에서 다윗의 이름은 마태 족보의 패턴을 이해할 수 있는 열쇠이다. 또 마태가 예수의 족보에서 다윗의 이름을 다섯 번이나 사용하고 있는 것으로 보아 분명히 마태는 다윗을 중심으로 예수의 족보를 구성한 듯하다.

그렇다면 마태의 족보에서 볼 수 있는 마태의 독특한 신학적 관심은 무엇일까? 첫째로 마태복음 1장 1절에서 보듯이 마태는 예수를 "다윗의 자손"으로 제시한다. 마태는 예수의 족보를 "다윗의 자손이며 아브라함의 자손(마 1:1)"으로 시작하면서 아브라함보다도 "다윗의 자손"이란 문구를 먼저 강조하고 있다. 그리고 앞에서 지적했던 바와 같이 예수의 족보 자체를 다윗의 이름을 중심으로 14대씩 세 부분으로 나누어 소개하고 있다. 이것은 곧 이어져 소개되는 예수의 탄생 이야기에서 요셉을 "다윗의 자손 요셉(마 1:20)"이라고 말하는 것과도 밀접히 연관된다. 마태는 예수께서 "다윗의 자손인 요셉"에게서 태어난 "다윗의 자손"임을 강조하고 있다. 즉 예수의 족보를 통해서 예수께서 "다윗의 자손"으로 오신 메시아임을 밝히려는 것이다. 마태는 확실히 예수를 이스라엘을 구원하기 위해 보내진 다윗의 자손이며 왕이신 메시아로 소개하는데 관심이 있다.

둘째로 마태는 예수의 족보를 통해서 "이방인에 대한 관심" 곧 "보편성(universalism)"에 대한 관심을 강하게 드러내고 있다. 마태복음에 나오는 예수의 족보에서 아주 특이한 점은 네 명의 여인이 등장한다는 사실이다. 곧 다말(마 1:3)과 라합(마 1:5)과 룻(마 1:5)과 우리야의 아내(마 1:6)이다. 제1세기 유대교 안에서 족보에 여인의 이름이 기록되는 경우는 거의 없었다(대상 3:1-10의 경우처럼 여인의 이름이 족보에 나오는 예외적인 경우가 있기는 하지만, 거기서는 다윗의 다섯 아들을 각각 설명하기 위해 그들을 낳은 어머니들을 불가피하게 언급하고 있을 뿐이다). 마태의 족보와 비슷한 구약의 족보들(룻 4:18-22, 대상 2:5-15, 3:10-19)에도 여인의 이름은 전혀 나오지 않는다. 그렇다면 마태가 예수의 족보에 여인들을 네 명이나 삽입한 이유와 목적은 무엇인가?

가장 일반적인 해석은 네 여인들 모두 이방인 혹은 이방인과 피를 나눈 사람들이라는 점이다. 성경에 의하면 이 여인들 중 세 사람, 곧 다말과 라합과 룻은 분명히 이방인(다말과 라합은 가나안 여인, 룻은 모압 여인)이었고 네 번째 여인인 밧세바는 비록 이스라엘 여인이기는 했지만 헷 사람(the Hittite)인 우리야의 아내였다(삼하 11:3). 그래서 예수의 족보에 이스라엘 여인 밧세바란 이름 대신에 "우리야의 아내"라는 점을 드러낸 것으로 보인다. 결국 마태가 이 여인들의 이름을 예수의 족보에 올린 목적과 의도는 다윗의 자손 혈통에 이방인들이 개입하였고 다윗의 자손으로 태어난 메시아 예수는 분명히 이방인의 피를 이어받았기에 이방인을 위한 메시아이기도 하다는 점을 드러내기 위한 것이라는 해석이다. 마태의 이런 기록은 마태 공동체가 유대인과 이방인의 혼합 공동체였기 때문에 생겨난 것으로 생각된다. 예수의 혈통이 혼합적이듯이, 마태 공동체도 혼합적이었다.

예수의 족보를 통해 이방인에 대한 관심을 표명하는 마태의 의도는 예수를 "다윗의 자손"이요 또한 "아브라함의 자손"이라고 말한 데서도 드러난다. 다윗은 이스라엘의 "왕 중 왕"으로 유대적인 특징이 아주 강한 인물이지만, 아브라함은 그렇지 않다. 아브라함은 "세상 모든 민족의 복의 근원(창 12:2-3, 18:18, 22:18)"이 되리란 약속을 받은 인물이다. 따라서 이 역시 마태의 이방인에 대한 관심 혹은 보편성에 대한 관심 때문인 것으로 이해해야 할 것이다. 마태가 예수의 족보에 이어 예수의 탄생 이야기를 소개하면서 아기 예수에게 최초로 찾아와 경배한 사람을 "동방의 박사들" 곧 이방인으로 소개하고 있는 것도 같은 이유로 보인다.

이처럼 복음서 서두에서 이방인에 대해 관심을 보여준 마태는 복음서 말미에서 제자들을 향해 "모든 족속에게로 가서 제자를 삼으라"고 명령하시는 예수의 말씀을 통해서 다시금 그의 보편성, 혹은 이방성에 대한 관심을 드러낸다. 때문에 마태복음을 가리켜 "이방적 편향성(the Gentile Bias)"을 가진 복음서라고 부르는 것이다.

(2) 누가복음에 나오는 예수의 족보

누가도 예수의 족보를 소개하고 있지만 마태의 신학적 목적과 의도와는 확연히 다르다. 그 차이를 알아보기 위해서는 두 가지 점에 주목할 필요가 있다. 첫째는 누가가 예수의 족보를 소개하는 문맥이 마태와 아주 다르다는 사실이고, 둘째는 누가는 예수의 조상을 "아담"에까지 소급시키고 있다는 사실이다.

첫째로 누가가 예수의 족보를 소개하는 문맥이 마태와 다른 것은 무엇 때문일까? 어떤 신학적 의도가 그 배경에 있는 것일까? 본문(text)은 언제나 문맥(context) 가운데서 해석되어야 한다. 마태는 예수의 족보를 복음서 서두에서 예수의 탄생 이야기와 연결시켜 편집하였다. 예수께서 어떤 혈통으로부터 출생했는지를 밝히기 위해서 족보를 소개하고 있는 셈이며, 족보를 통해서 예수께서 다윗 계통에서 태어난 "다윗의 자손"이며 그의 혈통에는 이방인들의 참여가 있었음을 증거하고 있다. 반면에 누가는 마태와 달리 예수의 족보를 누가복음 3장, 즉 예수께서 공생애 활동에 나서기 위해 세례를 받으셨다는 이야기(눅 3:21-22) 직후와 예수께서 공생애 활동에 나서기 전에 광야에서 사탄에게 시험을 받으셨다는 이야기(눅 4:1-13) 직전에 소개하고 있다.

누가가 이처럼 예수의 족보를 그의 생애 한 가운데서 소개하는 이유는 무엇일까? 이 질문의 답을 찾기 위해서는 먼저 누가복음에서 예수의 족보가 예수께서 세례를 받으신 것과 어떤 관계가 있는지를 살펴볼 필요가 있다.

왜 누가는 예수의 족보를 예수께서 세례를 받으신 이야기 직후에 그 이야기와 연관시켜 소개하고 있는가? 그것은 예수께서 하나님의 아들임을 분명히 밝히기 위해서이다. 누가는 예수께서 세례를 받을 때 하늘 음성, 곧 하나님 자신의 음성을 통해서 예수께서 하나님의 아들임을 강조한 것 외에 예수께서 하나님의 아들임을 좀 더 분명히 독자들에게 확인시킬 수 있는 자료를 찾았다. 그것이 바로 예수의 족보였던 것으로 생각된다. 족보를 통해서 누가는 예수가 요셉을 거쳐 아담을 거쳐 하나님에게까지 이르는 하나님의 아들임을 증거하고 있는 것이다. 예수께서는 족보상으로도 하나님의 자손, 하나님의 아들인 것이다. 바로 이런 목적과 의도 때문에 누가는 마태와 달리 예수의 족보를 예수로부터 거슬러 올라가 아담을 거쳐 하나님에게까지 소급하고 있는 것으로 생각된다.

누가의 이런 의도는 예수의 족보 바로 뒤에 예수의 광야 시험 이야기(눅 4:1-13)를 소개하는 것에서도 드러난다. 물론 마태복음에도 예수의 광야 시험 이야기가 거의 같은 형태와 내용으로 소개되고 있지만, 마태복음에서는 예수의 광야 시험과 예수의 족보는 아무런 관련이 없다. 그러나 누가에게 예수의 광야 시험 이야기는 다른 의미에서 아주 중요한 자료였다. 왜냐하면 이 시험 이야기에서 마귀가 시험하고자 했던 내용의 초점은 예수가 과연 하나님의 아들인가 하는 점에 있기 때문이다. 그래서 누가는 마귀가 예수를 시험할 때마다 "네가 만일 하나님의 아들이거든(눅 4:3,9)"이란 말을 반복하고 있음을 강조한다. 따라서 "하나님의 아들"이란 용어와 주제가 세례 이야기(눅 3:21-22)와 예수의 족보(눅 3:23-28)와 광야 시험 이야기(눅 4:1-13)를 꿰매고 있는 주요 연결어(key-word 혹은 catch-word)가 되고 있는 셈이다.

둘째로 누가는 마태와 달리 예수의 조상을 아담에게까지, 아니 아담을 거쳐 하나님에게까지 소급하였다(눅 3:28). 구약성서나 랍비 문헌들 가운데 하나님으로부터 시작하거나 또는 하나님으로 끝나는 족보는 전혀 없다는 점을 고려할 때, 누가가 예수의 조상을 하나님에까지 소급한 것은 아주 특이한 일이다.

누가가 예수의 족보를 아담을 거쳐 하나님에까지 소급한 이유는 무엇일까? 이 질문에 대해서 프란시스 보본(F. Bovon)은 "누가는 아담에까지 소급함으로써 온 인류 전체를 포함시키고 싶었기" 때문이라고 말한다. 달리 표현한다면 아담에게까지 거슬러 올라가는 족보는 예수가 인류 전체를 위해서 갖는 세계사적 의미를 강조하는 것이라고 볼 수 있다. 누가의 보편주의적 관점을 지적하는 말이다.

다른 한편으로 샤론 H. 린지(Sharon H. Ringe)는 "누가복음에서 예수의 조상 목록은 예수를 이스라엘의 구원자로서만 아니라, 땅의 모든 족속과 가족들을 하나의 친척으로 포함시키는 분으로 확증하고 있다"고 말한다. 시므온의 찬양(눅 2:30-32)에서 예수께서 "만민 앞에 베푸신 구원이며 이방사람들에게는 주의 길을 보여주는 빛이라"는 말씀과 또한 누가복음 3장 6절에서 세례 요한이 이사야의 예언을 인용한 설교에서 "모든 사람이 하나님의 구원을 보게 되리라"고 말한 말씀에서 나타난 포괄성의 주제(the theme of inclusiveness)가 족보에서 그대로 볼 수 있다는 점을 지적한다. 예수의 조상인 아담이 하나님의 아들이라면 하나님 안에서 모든 인류는 "하나님의 아들들" 곧 "하나님의 자손"인 셈이다.

앞서 보았듯이 마태복음의 예수의 족보에도 "이방적 편향성"이 나타난다. 그러나 마태복음에서 나타나고 있는 이방적 편향성은 마태의 공동체를 구성하고 있는 유대 기독교인과 이방 기독교인 간의 통합과 화합을 위해 강조하는 것으로 해석되고 있다. 반면 누가복음의 예수의 족보에서 볼 수 있는 "보편주의 사상" 혹은 "포괄성의 사상"은 누가 문서 전체를 통해 강하게 드러내는 이방인 복음 선교에 대한 관심, 곧 세계 선교에 대한 비전에서 나온 것이다. 누가는 이방인이나 유대인이나 모두 같은 조상 아담의 자손이며 하나님의 자손이기 때문에 유대인과 이방인의 구별은 의미가 없다고 보았다. 따라서 우리는 누가가 소개하는 예수의 족보를 통해서 유대인과 이방인 모두를 포괄하는 보편주의 사상(universalism 혹은 globalism)을 보게 되는 셈이다.

서로 다른 두 개의 예수 탄생 이야기
(마 1:18-2:23, 눅 2:1-40)

흔히 크리스마스 스토리라 불리는 예수의 탄생 이야기는 마태복음과 누가복음에만 소개된다. 복음서들이 같은 일을 보도할 때는 그 내용의 줄거리가 비슷하기 마련인데, 예수의 탄생 및 그 직후의 이야기는 상당한 차이를 보인다. 서로 일치하는 것이 거의 없다고 말하는 것이 더 정확할 것이다. 이것을 도표로 비교해 보면 더욱 분명해 진다.

마태복음	예수의 탄생(1:18-25) 동방박사의 방문(2:1-12) 애굽으로의 피난(2:13-15) 유아 학살 명령(2:16-18)[1] 애굽에서의 귀환(2:19-23)	누가복음	예수의 탄생(2:1-7) 목자들의 방문(2:8-20) 할례와 결례(2:21-24) 시므온과 안나(2:25-38) 나사렛에로의 귀환(2:39-40)

---

[1] 헤롯왕이 베들레헴과 그 주변에서 태어난 아기들을 모조리 죽이라고 명령했다는 기록은 그 당시 유대 문헌과 기독교 문헌, 그리고 로마 문헌 어느 곳에서도 찾아볼 수 없다. 헤롯 대왕이 로마 영토 전체에서 가장 유명한 유대인의 왕이었고, 헤롯 대왕에 대한 많은 연대기와 설화들이 전해지고 있는데, 그 어느 곳에서도 이 사건에 대한 언급이 전혀 없다는 사실은 헤롯 대왕의 유아 학살 명령에 대한 마태의 기록이 실제의 역사적 사건이었다기보다는 마태가 마 2:15에서 "내가 애굽에서 내 아들을 불러냈다"는 호세아 11:1의 예언 성취를 알리기 위해서, 즉 예수가 "새로운 모세" 혹은 "제2의 모세"라는 점을 인식시키기 위한 의도로 보인다. 모세가 바로왕의 히브리 아이들의 유아 학살 명령에서 살아남았듯이 예수도 모세처럼 헤롯왕의 유아학살 명령으로부터 살아남은 분임을, 그래서 예수는 모세와 같은 분임을 증거하기 위한 기록으로 생각된다.
이런 점과 함께 우리는 복음서에 나오는 예수 탄생의 이야기들이 모두 후대에 예수를 "그리스도와 하나님의 아들"로 믿는 기독교인들에 의해 기록된 신앙적인 이야기들이란 사실을 기억할 필요가 있다. 어느 누구도 위대한 사람이 출생하는 것을 보기 위해 병원이나 집밖에서 기다리지 않는다. 어떤 사람이 위대한 인물이 되었을 때에야 비로소 그 사람이 어떻게 태어난 사람인지, 그리고 그 사람이 역사 속에 나타나게 된 순간에 대한 관심이 중요하게 된다. 이것의 순서가 뒤바뀌는 경우는 결코 없다.

마태가 전하는 이야기들은 누가복음에 거의 나오지 않으며, 누가가 전하는 이야기들은 마태복음에 전혀 나오지 않는다. 두 복음서 저자가 입수한 예수 탄생에 관한 자료들이 완전히 달랐기 때문일까? 그렇다면 두 복음서의 기록을 상호보완적인 것으로 이해할 수는 있는 것일까? 가령 동방박사가 돌아간 후에 목자가 방문했거나 또는 그 반대 순서로, 혹은 할례나 결례를 끝낸 후에 애굽으로 피난했다는 식으로 말이다. 그러나 복음서 자체가 역사적 사실 보도를 목적으로 하지 않았기 때문에 이런 생각과 시도 자체가 별다른 의미가 없을 것으로 생각된다.

① 마태에 의하면 예수께서는 "헤롯왕 때(마 2:1)" 태어난 것으로 기록되어 있는데, 누가에서는 "가이사 아구스도가 호적 명령을 내렸을 때" 곧 "이 호적은 구레뇨가 수리아 총독이 되었을 때 첫 번째 한 것(눅 2:1)"으로 기록되어 있다. 그런데 헤롯왕은 주전 4년에 죽은 것으로 알려지며, 구레뇨가 수리아의 총독으로 있을 때의 호구 조사는 주후 6년 경에 있었다.[2]

---

[2] 대다수의 학자들은 마태복음의 기록처럼 예수가 "헤롯 왕 때에" 그러니까 기원전 4년경에 태어났을 것으로 보고 있다. 누가가 예수의 탄생을 기원후 6년에 있었던 구레뇨의 호적 등록과 연관시킨 것은 누가의 실수라고 볼 수도 있지만, 오히려 누가의 신학적 의도 때문일 것으로 생각된다. 즉 누가에게 있어서 예수는 나사렛에서 태어난 사람인데(눅 2:39), 당시 기독교를 비방하는 유대인들 중에서는 예수가 나사렛 출신이란 사실을 들어 예수가 메시아일 수 없다고 주장하는 사람들이 있었다(요 7:41-41). 그들은 메시아가 베들레헴에서 태어난다는 예언을 철석같이 믿고 있었기 때문이다. 누가는 이런 비방을 불식시키기 위해서 예수께서 다윗과 같은 마을에서 태어난 사람이란 점을 인식시킬 필요가 있었다. 그래서 누가는 예수의 부모가 호적 등록을 하러 베들레헴에 갔었다는 점(눅 2:4)을 알려주려고 했던 것으로 보인다. 아마도 로마의 지배 아래 있던 누가복음 독자들은 구레뇨의 호적 등록에 관한 누가의 기록이 역사적 사실에 부합되지 않는다는 사실을 잘 알고 있었을 것이다. 왜냐하면 수리아 총독이었던 구레뇨가 헤롯 왕이 죽은 지 10년이 지난 기원후 6년에 호적 등록을 실시했다는 것은 사실이지만, 이 호적 등록 대상은 누가의 말처럼 "로마 천하에" 즉 로마가 지배하던 영토 전체가 아니라, 유대와 사마리아, 이두메에 사는 모든 사람과 노예들이었다. 더구나 호적 등록은 과세를 위한 것이었는데 로마의 법은 개인의 재산을 산정할 때 출생지가 아닌 거주지의 재산을 기준으로 했다. 당시 로마의 문헌 어디에도 다른 방법을 암시하는 내용을 발견할 수 없다. 생각해보라. 모든 로마 국민이 자기 가족을 데리고 거주지를 떠나 멀리 아버지의 출생지로 이동해, 참을성 있게 몇 날 몇 달씩이나 걸려 가족 현황과 거주지에 두고 온 재산의 내용을 신고하고 조사 받는다는 것이 말이 되겠는가? 그때마다 로마의 경제 전체가 위축되지 않겠는가? 그렇기 때문에 거주지가 아닌 고향으로 돌아가서 호적 등록을 했다는 누가의 기록은 상식을 벗어나는 일이기도 하다(cf. 레자 아슬란, 「젤롯」, pp. 70-71).

② 마태에 의하면 천사의 수태 고지는 요셉에게 주어졌다. "다윗의 자손 요셉아, 두려워 말라. 마리아가 아들을 낳거든 이름을 예수라 하라. 그가 자기 백성을 그들의 죄에서 구원하실 것이라(마 1:20-21)" 그런데 누가에 의하면 천사의 수태 고지는 마리아에게 주어지고 있다. "두려워 말라. 마리아여, 네가(…)아들을 낳으리니 아기의 이름을 예수라 하라. 그는 위대한 분이 될 것이요 지극히 높으신 분의 아들이라 불릴 것이다(눅 1:30-32b)" 마태복음에서 요셉은 주요 인물이지만, 누가복음에서는 마리아가 주요 인물로 강조되며 요셉은 곁에서 조역만 하고 있다.

③ 마태에 의하면 요셉과 마리아는 본래 베들레헴에 살았던 것으로 보이며(마 2:1), 그들이 애굽 피난으로부터 돌아와 나사렛에 정착하게 된 것은 하나님의 지시에 의한 것이었다(마 2:13,20,23). 그러나 누가에 의하면 요셉과 마리아는 본래부터 나사렛에서 살았으며(눅 2:4) 베들레헴에 간 것은 인구 조사라는 칙령 때문이었다. 그래서 누가는 나중에 그들이 그들의 "본 동네"인 나사렛으로 귀환했음을 말하고 있다(눅 2:39).

예수의 탄생 설화에서 나타나는 마태와 누가의 여러 차이점들을 우리는 어떻게 이해해야 할까? 그 대답은 두 복음서 모두 예수의 탄생과 관련된 역사적 사실을 그대로 전해주는데 목적을 두고 있기보다는 오히려 예수에 대한 복음서 저자들의 설교라는 점에서 찾아야 할 것이다. 즉 복음서 저자들의 신학이 서로 다르기 때문이고 또한 그들이 예수를 소개하는 목적과 의도가 서로 다르기 때문이라고 보아야 한다는 말이다.

특히 탄생 설화를 통해서 드러나는 복음서 저자의 상이한 신학적 관심, 그리고 그런 관심이 마태와 누가의 신앙 공동체의 실제 사회적이며 경제적인 상황과 어떤 관련이 있는지를 살펴볼 필요가 있다. 마태 교회와 누가 교회가 어떤 상황에 처해 있었는지 안다면 두 복음서 기록들이 차이나는 원인과 이유를 찾아낼 수 있기 때문이다.

먼저 마태의 교회는 주로 부유한 상류층 사람들로 구성되었고, 누가의 교회는 대체로 가난한 하류층 사람들로 구성되었으며 마태와 누가가 그 교회들을 향해 복음서를 기록하였기 때문에 예수의 탄생 설화가 차이를 보이는 것이라는 가설에서부터 출발하고자 한다.

① 마태복음과 누가복음에서 예수의 탄생 장소가 다르다는 점에 주목할 필요가 있다. 대부분의 사람들은 아기 예수는 마구간 말구유에서 태어났다고 알고 있다. 그러나 이런 이해는 전적으로 누가복음의 기록에 의한 것이다. 마태복음에선 말구유나 목자들에 대한 언급조차 없기 때문이다.

누가복음에 따르면 요셉과 마리아가 호적 하러 베들레헴에 이르렀을 때 너무나도 많은 사람들이 몰려든 탓에 "여관에 있을 곳이 없어(눅 2:8)" 첫아들을 낳아 마구간 "구유"에 눕힐 수밖에 없었다고 말한다. 누가에 의하면 예수께서는 마구간 말구유에서 태어난 분이다.[3] 그러나 마태복음은 다르다. 마태복음에 보면 "박사들이(…)동방에서 보던 그 별이 문득 앞서 인도하여 가다가 아기 있는 곳 위에 머물러 있는지라 그들이 별을 보고 매우 크게 기뻐하고(…)집에 들어가 아기와 그의 어머니 마리아가 함께 있는 것을 보고 엎드려 아기에게 경배"했다(눅 2:9-11). 따라서 마태에 의하면 예수께서는 분명히 "집에서" 태어났으며, 거기서 동방박사들의 경배를 받은 것으로 전해진다.

아기 예수가 탄생한 구체적 장소-마태(집)와 누가(구유)-가 다른 까닭은 무엇일까? 아마도 마태 교회의 구성원들, 곧 마태복음의 독자들은 대부분 "집에서" 살 수 있는 경제적 여유가 있는 계층의 사람들이었던

---

[3] 누가의 탄생 설화에서 "구유"란 말이 세 번씩이나 반복되고 있다(눅 2:7,12,16).

반면에 누가 교회의 구성원들, 곧 누가복음의 독자들은 마구간과도 같은 곳에서 살던 아주 가난한 계층의 사람들이 많았기 때문일 것이다. 사실 지금도 이스라엘의 가난한 베두인 목동들은 마구간과도 같은 천막집에서 양들과 함께 살고 있다. 따라서 마태와 누가의 차이는 가능한 범위에서 예수를 독자들의 경제적 사회적 수준에 맞는, 그래서 그들에게 보다 친근한 인물로 소개하려는 저자의 의도로 생각할 수 있다.

② 마태복음에 의하면 아기 예수가 탄생했을 때 유대인의 왕이 나셨다는 소식을 듣고 관심을 기울인 대표적인 사람들은 이방 지역인 "동방에서" 온 박사들과 유대 땅의 헤롯왕과 대제사장들, 율법학자들과 같은 종교 지도자들이었다. 다시 말해 그 당시의 최고위층 혹은 상류층에 속한 사람들이었다. 그러나 누가복음의 경우는 상당히 다르다. 누가복음에서 등장하는 인물은 밤에 들에서 양을 치던 목자들이 고작이다. 천사가 그들에게 그리스도가 나셨다는 기쁜 소식을 전해주었고, 그들은 급히 베들레헴으로 달려가 "마리아와 요셉과 아기 예수"를 만나보았다. 들에서 양을 치던 목자들은 분명히 마태복음의 "동방 박사들"과는 달리 사회의 하류층에 속하는 사람들이다. 누가는 예수께서 그런 사람들의 영접을 받으면서 이 세상에 오셨음을 강조하고자 했을 것으로 보인다. 더구나 마태복음의 "동방의 박사들"은 예수께 경배하며 "황금과 유향과 몰약"을 예물로 바쳤다. 그러나 누가복음의 목자들은 아기 예수께 아무것도 바칠 것이 없었다.

③ 마태는 예수께서 그의 부모의 고향인 베들레헴에 탄생했음을 강조한다. 이런 강조의 배경에는 예수께서 메시아로서 베들레헴에서 태어나야 하며(미 5:1-3, 마 2:6), 족보를 통해서도 강조한 바와 같이 예수께서 다윗왕의 자손임을 밝히려는 의도가 있다. 마태는 예수께서 다윗이 살던 베들레헴에서 태어났으며 그가 다윗의 씨요 다윗 계통의 사람

임을 주장하고 있다. 반면 누가복음에서는 예수께서 "구주이며, 그리스도 주님"이라는 점만이 강조되고 있다(눅 2:11). 마태가 족보와 탄생 이야기를 통해서 예수를 다윗왕의 자손 메시아로 귀하게 높이고 있는데 비해서, 누가는 단순히 예수를 "구주"와 "주님"으로 소개하고 있다.

④ 마태복음에서는 예수께서 부모와 함께 애굽으로 피난을 갔다가 헤롯이 죽었다는 소식을 듣고 이스라엘 땅으로 귀환했지만, 아켈라오가 그의 아버지 헤롯을 이어 유대 왕이 되었다는 말 때문에 다시 갈릴리 지방 나사렛으로 피신해 살았다고 전한다(마 2:19-23). 피난의 형태이기는 했지만 예수께서 애굽까지 외국 여행을 했던 것은 매우 특이하다. 반면 누가복음에서는 요셉과 마리아가 본래 나사렛에서 살다가 호적 명령 때문에 유대 땅 베들레헴으로 갔다가 정결 예식까지 다 마치고 다시 "자기들의 고향 나사렛으로 돌아온 것"으로 되어 있다(눅 2:39). 비록 예수의 애굽 피난이 역사적 사실이기보다는 모세 유형론에 의한 것이라고 하더라도 본문의 이야기 자체는 외국 여행이 낯설지 않은 여유 있는 독자층들을 염두에 둔 것이라고 생각해 볼 수도 있다. 누가의 가난한 독자들이었다면 쉽게 생각하기 어려웠을 것이다.

⑤ 누가는 아기 예수의 정결 예식과 관련하여 예수의 부모가 "산비둘기 한 쌍이나 어린 집비둘기 두 마리를 드려야 한다"는 율법에 따라 희생 제물을 바쳤다고 전한다. 정결 예식으로 "산비둘기 한 쌍이나 어린 집비둘기 두 마리"는 가난한 사람이 드리는 제물이었다. 누가는 분명히 예수를 가난한 가정에서 태어난 분으로 소개하고 있다. 가난한 독자층들을 염두에 두었기 때문일 것이다. 이것은 예수께서 마구간 말구유에서 태어났다고 언급했던 것과도 밀접히 연관된다.

지금까지 마태의 교회는 주로 부유한 사람들로 구성되었고, 누가의 교회는 비교적 가난한 사람들로 구성되었다는 전제에서 예수의 탄생 이야기를 비교해 보았다. 그리고 두 복음서에 나오는 예수의 탄생 이야기들이 그런 전제를 강력하게 뒷받침해주고 있음을 확인하였다. 이제는 복음서의 다른 부분을 통해서 이 가설의 타당성을 다시 확인해보고자 한다.

마태복음과 누가복음에서 사용된 화폐들을 비교해보면 마태복음에서 사용된 화폐 단위가 비교적 높은 단위임에 비해서 누가복음에서 사용된 화폐 단위는 비교적 낮은 단위라는 사실을 알게 된다. 예를 들어 복음서의 화폐 단위들 중 가장 고액권에 속하는 "달란트"가 마태복음에서는 14번 사용되고 있는데, 누가복음에서는 한 번도 사용된 적이 없다. 반대로 복음서에 나오는 화폐 단위들 중 가장 낮은 단위의 화폐인 "렙돈"은 누가복음에(그리고 마가복음에서도) 나오는 과부의 헌금 이야기에 등장하는데, 마태복음에서는 과부의 헌금 이야기는 물론 "렙돈"이란 화폐 단위가 전혀 사용되지 않는다.

"은전", "금전" 그리고 "달란트"라는 용어들은 마태복음에서는 최소한 28번 나오는데, 마가복음에서는 "은전"이란 단어가 오직 한 번만 사용되며, 누가복음에서는 4번 사용될 뿐이다. 더욱 흥미로운 것은 마태복음 25장의 예수의 "달란트" 비유가 거의 비슷한 형태와 내용으로 누가복음 19장에서 소개되고 있는데, 누가복음에서는 "므나" 비유로 화폐 단위만 바뀌어져서 소개된다는 점이다. "달란트"와 "므나"의 화폐 가치를 비교해 보면 약 60:1로 달란트가 훨씬 고액권이다.

따라서 마태의 달란트 비유와 누가의 므나 비유로 보아 예수의 똑같은 비유가 마태의 손에서는 마태 교회 교인들의 경제 수준에 적합한 화폐 단위인 "달란트"를 통해 소개되었고, 누가는 달란트와 같은 고액권 사용에 익숙하지 않은 가난한 계층의 교회 교인들을 염두에 두고 그들의 생활수준에 어울리는 화폐 단위인 "므나"로 소개한 것으로 보인다.

만약 이것이 사실이라면 마태 교회는 분명히 누가 교회에 비해서 경제적으로 상당히 부유한 수준에 있었던 교회임이 틀림없어 보인다.

다음과 같은 점도 이러한 사실을 뒷받침한다. 마태가 예수의 축복 선언 중 누가복음의 "가난한 자는 복이 있나니(눅 6:20)"를 "심령이 가난한 자는 복이 있나니"로 고친 것이라던가, 누가복음의 "주린 자는 복이 있나니(눅 6:21)"를 "의에 주리고 목마른 자는 복이 있나니"로 각각 수정했던 것도 마태 교회 교인들에겐 물질적인 가난이나 육체적인 주림이 문제가 아니라 영적인 의미에서 "심령이 가난하고", "의에 주리는" 것이 오히려 문제가 되었기 때문으로 보인다. "땅 위에 보물을 쌓아 두지 말라(마 6:19)"는 명령과 상인과 지주에 대한 언급(밭에 감추어진 보화와 진주 비유, 포도원 일꾼과 용서하지 않는 종의 비유 등등)들이 마태복음에 많이 나오는 이유도 마태 교회의 상황이 부유한 계급들로 구성된 공동체였기 때문일 것이다.

일부 학자들은 마태 교회는 경제적으로 여유 있는 도시 교회이고 누가 교회는 농촌 교회였을 것이라고 주장하기도 한다. 마태복음에는 "마을"이란 표현이 단지 4번 사용되는데 비해 "도시"라는 표현은 26번 사용된다. 예수의 활동 역시 주로 도시에서 이루어지는데 가령 예수께서 자라난 나사렛도 마태복음 2장 23절에서는 도시로 표현되어 있으며, 예수의 갈릴리 활동의 본거지인 가버나움도 "그의 도시(마 9:1)"라고 묘사되어 있다.

이런 사실들과 복음서 속의 증거들은 우리의 처음 가설, 곧 마태 교회는 주로 부유층 교인들로 구성된 부자 교회였고, 누가 교회는 대체로 가난한 교인들로 구성된 가난한 교회였다는 사실을 정설로 받아들이기에 충분하게 한다.

결국 마태는 상류층("헤롯왕과 대제사장과 서기관들(마 2:4)")을 배경으로 아기 예수가 "다윗 자손"의 "왕(king)"으로 태어났음을 전한다면,[4] 누가는 주로 하류층("밤에 들에서 양떼를 지키던 목자들(눅 2:8)")을 상대로 아기 예수가 "구주(savior)"로 태어났음을 증거하고 있다.[5]

---

4) "유대인의 왕(king)으로 나신 이가 어디 계십니까?(…)우리가(…)경배하러 왔습니다"(마 2:2).
5) 천사가 목자들에게 "오늘 너희에게 구주(savior)가 나셨느니라"(눅 2:11).

04 "구주" 혹은 "구세주"로 오신 예수
(눅 2:11)

예수의 탄생을 알리는 첫 번째 크리스마스 이야기는 오직 마태복음과 누가복음에만 나온다. 하지만 마태복음과 누가복음의 기록은 서로 아주 다르다. 그것은 마태가 전하고자 하는 예수와 누가가 전하고자 하는 예수가 서로 다르기 때문이다.

마태가 전해주는 예수 탄생 이야기에 의하면 예수께서는 헤롯왕 때에 유대 땅 베들레헴에서 탄생했고, 새 왕이 태어났다는 소문 때문에 헤롯왕과 유대 종교 지도자들이 매우 불안해했다. 한편 새 왕이 태어났다는 소식을 들은 동방박사들은 황금, 유향, 몰약과 같은 귀한 예물을 갖고 예수를 찾아와 경배하였다. 헤롯왕은 새로 태어났다는 왕을 제거하기 위해 베들레헴에 태어난 두 살 이하 아이들을 다 죽이라는 명령을 내렸고, 예수의 부모는 아기 예수를 데리고 애굽으로 피난을 가게 되었다. 이처럼 마태복음의 크리스마스 이야기에서는 "왕으로 태어난 예수"가 크게 돋보인다. 우리가 크리스마스에 많이 듣는 헨델의 "메시아"에서 "왕의 왕(the King of the kings)"이란 가사가 강조되고 있는 것은 마태복음의 성탄 메시지를 주제로 삼았기 때문이다.

그러나 이러한 예수의 탄생 이야기들(동방박사의 방문, 헤롯 왕의 유아 학살 명령, 애굽으로의 피난)은 물론이고, 마태가 강조하고 있는 "왕으로 태어난 아기 예수"란 주제 등은 누가복음에서는 전혀 찾아볼 수 없다. 누가복음에서는 마태복음에는 전혀 기록되지 않는 아주 다른 이야기들과 다른 주제가 소개되고 있다. 대표적인 것이 요셉과 마리아가 베들레헴에 갔다가 여관방이 없어서 마구간에서 아기 예수를 낳아 말구유에 누였다는 이야기와 천사가 전해준 소식을 듣고 밤에 들에서 양을 치던 목자들이 아기 예수를 찾아와 경배했다는 이야기이다.

우리는 누가의 이야기를 통해서 누가가 전하고 싶어 했던 크리스마스 메시지는 과연 무엇이었는지, 누가가 마태와 달리 전하고자 했던 예수는 어떤 분이었는지를 한번 생각해보고자 한다.

누가복음 2장 1절에 의하면 예수께서는 구레뇨가 수리아 총독으로 있을 때, 아구스도 황제가 로마 천하에 호적등록을 하라는 칙령을 내렸을 때 태어나셨다. 로마 황제가 내린 호적 명령은 단순한 인구 조사를 위한 것이 아니라, 로마제국이 지배하고 있는 지역의 농업 생산량, 가축의 숫자, 기타 재산 내용 등 모든 자료를 확보하여 그것을 바탕으로 세금을 최대한으로 걷어내기 위한 일종의 착취였다. 따라서 백성들의 입장에서 본다면 호적 명령 곧 인구조사는 착취를 통한 심한 빈곤을 예상케 하는 일이었다. 이런 이유 때문에 아구스도 황제의 호적 명령은 곧바로 갈릴리 사람 유다의 반항 운동의 촉진제가 되었다. "그 후 호적할 때에 갈릴리의 유다가 일어나 백성을 꾀어 따르게 하다가 그도 망한즉 따르던 모든 사람들이 흩어졌느니라(행 5:37)"

이와 같은 상황을 전하는 누가복음의 기록을 고려할 때 밤중에 양치는 목자들의 이야기는, 우리가 성탄절 연극이나 카드에서 볼 수 있는 것처럼 그렇게 목가적이거나 서정적으로만 읽을 일이 아니라는 것을 느낄 수 있다. 이것은 깨끗한 병실에서 나이팅게일 같은 간호사들의 정성어린 도움을 받으며 지내는 환자의 모습을 낭만적으로 볼 수 없는 것과도 마찬가지이다. 가난한 목자들은 밤과 낮을 가리지 않고 들에서 자기의 양을 지켜야만 했다. 들짐승들로부터만 지키는 것이 아니었다. 인구조사도 그들에게는 새로운 위협이었다. 오히려 들짐승들보다 더 무서운 대상이었을 것이다. 로마 황제의 인구조사는 목자들의 재산인 가축의 숫자까지도 정확히 파악하여 좀 더 많이 빼앗으려는 목적을 갖고 있었기 때문이다. 목자들은 자기 양들을 지키기 위해서 들짐승들과는 맞서 싸울 수 있었지만 인구조사와는 감히 맞서 싸울 수도 없는 형편이었다. "목자들이 밤새워 양떼를 지키느라고 들에 있었다"는 성경 구절의 의미를 그 당시 그들의 상황에 비추어서 다시 생각해 볼 일이다.

그런데 바로 그 때에 주의 천사가 목자들에게 나타났다. 천사는 "큰 기쁨의 소식"을 그들에게 전해주기 위해 나타났고, 그 "큰 기쁨의 소식"은 "오늘 다윗의 동네에 너희를 위하여 구주가 나셨다(눅 2:11)"는 메시지였다. 이 구절은 신약성서에서 아주 중요한 의미를 갖는다. 왜냐하면 신약성경에서, 특히 예수의 탄생과 관련하여 예수를 "구주" 혹은 "구세주(the savior)"라고 말한 것은 오직 누가복음의 이 곳뿐이기 때문이다.

구주란 명칭은 신약성경에서 자주 사용되는 단어가 아니다. 신약성경 전체에서 구주란 단어는 누가복음 포함 총 4번 사용되었다. ① 요한복음 4장 42절에서 수가 동네 사마리아 여인이 예수를 만난 후 동네에 들어가 예수를 가리켜 "세상의 구주"라고 전했다. ② 에베소서 5장 23절에서 "예수 그리스도는 몸인 교회의 구주라"고 증거하고 있다. ③ 디모데전서 4장 10절에서는 하나님을 가리켜 "구주"란 말을 사용한다.

이처럼 신약성경에서는 희귀한 구주란 용어를 복음서 저자들 중 오직 누가만이 예수께 사용했다는 점에 주목할 필요가 있다. 누가는 천사들이 목자들에게 전해준 큰 기쁨의 소식으로 "너희를 위하여 구주(savior)가 나셨다"고 증거한다. 누가가 그의 복음서를 통해 말하고자 하는 예수는 "구주로 오신 분"이다. 실제로 구주란 명사의 동사형인 "구원하다"란 말도 복음서들 중 누가복음에서 제일 많이 사용되고 있다(마태복음 16번, 마가복음 15번, 요한복음 6번, 누가복음 19번).

이처럼 누가가 새로이 태어난 예수를 "구주" 또는 "구세주"라고 말하는 것은 당시 상황에 비추어 볼 때 아주 중요한 의미가 있다. 이제 태어난 아기 예수는 앞으로 목자들처럼 캄캄한 밤중에, 그것도 마을에서 멀리 떨어진 외로운 들판에서 소외와 억압을 경험하며 살고 있는 사람들을 구원해 줄 구주, 곧 그들의 고통스런 삶으로부터 해방시켜줄 구세주란 의미이기 때문이다.

누가는 예수 탄생 이야기를 이렇게 기록한데 이어 예수의 공생애 첫 설교를 "하나님 나라가 가까웠다"고 전하는 마가(막 1:14)나 마태(마 4:17)와는 달리, "가난한 자에게 복음을, 포로 된 자들에게 자유를(…) 눌린 자를 자유롭게 하고 주의 은혜의 해를 전파하게 하려 하심이라(눅 4:18-19)"고 소개하고 있다. 그리고 예수의 공생애 활동의 첫 이적을 더러운 귀신들려 고통당하고 있는 사람을 구해주는 것으로 기록한다. 이처럼 예수께서 그의 백성들을 고통과 아픔으로부터 구원해준다는 사실을 강조하고 있다.

누가는 예수께서 문둥병자를 깨끗이 고쳐주어 버림받은 광야 동굴 생활로부터 가정과 사회로 돌아가 살 수 있게 해주었고, 혈루병 때문에 부정한 여인이라고 간주되어 다른 사람들과 더불어 살지 못하게 된 여인을 향해 "여인아 네 믿음이 너를 구원했다. 평안히 갈 지어다"라고 선포하여 다시 가정과 사회로 돌아가게 해주었다. 누가가 그의 복음서에서 소개하는 예수 활동의 대부분은 이처럼 다른 사람들로부터 버림받고 사회로부터 밀려나 육체적으로나 정신적으로 고통을 당하고 있는 사람들을 구원해주는 일이었다.[1]

누가는 5장에서 예수께서 문둥병자를 고쳐주신 이적 이야기를 전해준다. 문둥병자는 율법에 의해 가정과 사회로부터 강제로 격리되어 광야나 그곳에 있는 동굴, 마치 "한밤중의 광야 들판"에서 인간 이하의 처참한 생활을 할 수밖에 없었다. 예수께서는 그 사람에게 가까이 다가가 친히 손을 만지면서 고쳐주었고, 그가 다시 가정과 사회로 되돌아가서 인간답게 살 수 있게 해주었다. 누가복음에서 예수의 구원은 정치적인 구원 혹은 종교적인 구원만을 의미하는 것이 아니다. 인간이 당하고 있는 모든 종류의 억압과 고통의 지배로부터의 구원이라는 것을 기억할 필요가 있다.

또 8장에서는 세 종류의 구원 이야기를 연속적으로 전해주고 있다. 구원받은 이들은 모두 다른 사람들로부터 소외와 차별의 삶을 살던 사람들이었다. 첫째는 거라사 지방의 귀신들린 사람을 고쳐준 이야기이고, 둘째는 열두 해를 혈루병으로 앓던 여인을 고쳐준 이야기이고, 셋째는 야이로의 딸을 고쳐준 이야기이다.

세 이야기 중에서 거라사의 귀신들린 사람을 고쳐준 이야기는 이방 땅에서 일어난 이야기이고, 혈루병 여인과 야이로의 딸을 고쳐준 이야기는 유대 땅에서 일어난 이야기이다. 예수께서는 유대 땅이나 이방 땅

---

1) 예수를 단지 로마의 정치적 억압과 탄압으로부터 구원해주는 정치적 구원자로만 생각할 일은 아니다. 또 마태의 "그가 자기 백성을 그들의 죄에서 구원하실 것이라(마 1:21)"라는 말처럼 우리를 죄로부터 구원해주는 종교적이며 영적인 의미로만 받아들일 일도 아니다. 누가가 목자들에게 태어날 예수를 가리켜 구주 혹은 구세주라고 말한 것처럼 예수는 마태처럼 종교적인 의미뿐 아니라 우리 인간을 괴롭히는 모든 사회적이며 인간적인 억압과 차별과 소외로부터, 특히 한밤중에 들판에서 양을 치고 있던 목자들처럼 다른 사람들이 살고 있는 밝은 곳에서 멀리 떨어진 어두운 곳에 있는 사람들을 구원해주는 구세주란 의미도 있다는 사실을 기억할 필요가 있다.

에서, 유대인이나 이방인을 가리지 않고 고통을 당하고 있는 사람들을 모두 고쳐주고 구원해주셨다. 또 사회의 상류층인 회당장 야이로의 딸만 구원해준 것이 아니라, 사회의 하류층에 살던 이름 없는 한 여인에게도 구원의 은총을 베풀어 주었다. 이처럼 누가에게 예수는 천사가 목자들에게 전해준 그대로 인종, 사회적 지위, 성별에 관계없이 모든 사람들을 그들의 고통으로부터 구원해주시는 구주요 구세주이다.

또 이러한 사실 외에도 주목해야할 부분이 있다. 사람들의 관심 밖으로 밀려난 자들을 안으로 다시 불러들이고 있다는 점, 그래서 개인과 공동체 전체를 다시금 온전히 회복시키고 있다는 것이다. 첫째로 거라사 귀신들린 사람은 귀신에 들렸다는 이유 때문에 무덤으로 밀려나 마치 죽은 사람처럼 시체들 곁에서 살고 있었는데 예수께서는 그를 고쳐주어 그의 가정과 공동체로 다시 돌아가 살게 하셨다. 둘째로 혈루병 여인도 율법에 의해 부정하고 불결한 취급을 받으며 공동체로부터 버림받고 정결한 사람들과 함께 살지 못했는데 예수께서 그녀를 고쳐주어 다시 정결한 사람들과 함께 살 수 있도록 해주었다. 셋째로 야이로의 가정에서 사랑을 받던 딸이 죽어 가족들과 영영 이별할 수밖에 없었는데 예수께서 그 어린 딸을 다시 살려주어서 사랑하는 가족들의 품으로 돌아가게 되었다.

유대교 율법의 관점에서 본다면 예수는 유대인은 들어가면 안 되는 부정한 이방인의 땅에 들어갔으며, 부정하다고 판정되어 결코 접촉해서는 안 되는 여인과 접촉했으며, 시체를 만지면 부정하게 된다는 율법을 알면서도 죽은 아이의 손을 만졌다. 예수께서는 개인과 공동체의 구원이 어떠한 율법 규정보다 중요했기 때문이다. 온 천하보다도 귀한 생명을 구원하는 일이 가장 중요하다고 생각했기 때문이다. 예수는 개인과 공동체를 갈라놓는 율법을 넘어 개인과 공동체를 구원하러 오신 구주이기 때문이다.

　이런 이야기들이 오늘 우리들에게 전해주는 메시지는 무엇일까? 예수께서 고친 것은 단순히 거라사 광인, 혈루병 여인과 야이로의 딸을 지배한 귀신과 질병과 죽음이 아니었다. 거라사 귀신들린 사람은 "오랜 동안" 집에서 쫓겨났으며, 혈루병 여인은 부정하다는 이유로 "열두 해" 동안 배척을 받았고, 야이로의 딸 역시 "열두 해" 동안 가족들과 누렸던 사랑과 기쁨을 완전히 잃게 된 사람이었다. 보다 깊은 의미에서, 아니 보다 진정한 의미에서 예수께서 이 세상에서 고치고자 했던 진짜 질병과 쫓아내고자 했던 진짜 귀신은 병든 사람을 배척하고 사람을 갈라놓으면서 더불어 살지 못하게 만드는 이 세상의 소외와 차별과 배척의 귀신들이었다. 예수께서 세 이야기에서 쫓아내고 몰아낸 것은 오늘날 우리들에게도 역사하는 소외와 배척의 귀신들이라는 사실을 기억하는 일이 중요하다. 비록 정도와 양상의 차이는 있을지라도 우리도 부모와 자식들로부터, 친구와 사회로부터 소외당한 채 영육 간에 아픔을 당하고 있는 사람일 수 있다.

　우리는 예수의 탄생이 왜 "기쁨의 큰 소식"인지를 다시 생각해보아야 한다. 예수 탄생을 축하하는 일은 예수께서 구주 혹은 구원자로 오신 것을 축하하는 일이다. 새로 태어난 구주 혹은 구원자는 단지 우리를 죄로부터 구원해주시는 영적인 구주만이 아니다. 정치적인 억압으로부터 구원해주시는 정치적 메시아만도 아니다. 그에 못지않게 인간과 공동체를 지배하고 있는 차별과 증오의 귀신들로부터의 구원자이기도 하다는 점을 기억할 필요가 있다.

　하나님께서 성탄절에 우리에게 주신 기쁨의 큰 소식이 이러한 것이라면 우리는 그동안 우리를 괴롭혔던 세상의 온갖 고통과 아픔으로부터, 그것이 질병이든 세상적인 번민이든 증오와 미움의 감정이든 간에 거기서 해방되며 구원받을 수 있어야 할 것이다. 그리고 거기서 더 나아가 우리가 이웃들에게 괴롬을 주었던 온갖 차별과 편견, 증오와 미움의 귀신들로부터도 우리도 고침 받아야 할 것이다. 그래서 우리의 구주로 오신 예수께서 우리 자신들은 물론 주변의 보다 많은 이웃들을 위해서도 "기쁨의 큰 소식"이 될 수 있어야 할 것이다.

05 세례 요한에게 세례 받은 예수
(막 1:9-11, 마 3:11-17, 눅 3:21-22)

요한복음을 제외한 복음서에는 예수께서 공생애 활동 초기에 세례 요한으로부터 세례를 받았다는 이야기가 소개되고 있다. 일부 외경들까지 그 사실에 대해 기록하고 있다는 점과 초대 교인들 사이에서 죄가 없는 예수께서 왜 죄 사함을 받게 하는 요한의 세례를 받았을까하는 문제로 적지 않은 논란이 있었던 사실[1]만 보더라도 예수께서 세례 요한의 세례를 받은 것은 부인할 수 없는 역사적 사실로 여겨진다.

---

[1] 제2세기 중반에 기록된 것으로 알려진 외경 〈나사렛인의 복음서〉에는 다음과 같은 기록이 나온다: "주의 모친과 형제들이 그(예수)에게 말하기를 '보라, 세례 요한이 사죄를 위한 세례를 베풀고 있다. 우리도 가서 그에게 세례를 받자'고 했다. 그러나 그(예수)는 '내가 무지해서가 아니라면 내가 무슨 죄를 범했기에 그에게 세례를 받아야 합니까?'" 이 기록은 예수께서 왜 세례 요한에게 세례를 받아야했나 하는 문제와 그가 세례를 받았다면, 무죄하지만 혹시 무지의 죄를 범했을 가능성 때문에 요한의 세례를 받았다는 사실을 설명하려는 의도를 반영하고 있다.

(1) 마가가 전하는 예수의 수세 이야기(막 1:9-11)

복음서들 가운데서 예수께서 세례 요한의 세례를 받았다는 사실을 최초로 전해주고 있는 복음서는 마가복음이다. 마가가 전해주는 내용은 다음과 같다.

> 그 무렵에 예수께서 갈릴리 나사렛에서 오셔서 요단강에서 요한에게 세례를 받으셨습니다. 그리고 물에서 올라오시자마자 하늘이 갈라지고 성령이 비둘기 같이 자기에게 내려오는 것을 보셨습니다. 그때 하늘에서 소리가 들려왔습니다. '너는 내 사랑하는 아들이요 내 기뻐하는 자' (막 1:9-11)

마가는 예수께서 세례 요한으로부터 세례를 받았다는 사실을 한 구절로 간단히 언급한 후에, 두 구절을 더 할애해서 그때 있었던 세 가지 사건에 관심을 돌리고 있다.

① 하늘이 갈라졌다.
② 성령이 비둘기 같이 예수에게 내려왔다.
③ "너는 내 사랑하는 아들이 내 기뻐하는 자다"란 하늘 음성이 들렸다.

마가는 이 이야기에 앞서 세례 요한의 입을 통해 자신은 물로 세례를 주지만, 자기 뒤에 오실 분은 "성령으로 세례를 주실" 분이라고 말한 바 있다(막 1:8). 이는 예수께서 그를 따르는 사람들에게 성령을 주기 위해서는 자신이 먼저 성령의 부음을 받아야만 했다는 점을 먼저 강조하고 있는 것으로 보인다. 누가도 예수께서 그의 공생애 활동 첫 번째 설교에서 "주의 성령이 내게 임하셨으니(…)복음을 전하게 하시려고 내게 기름을 부으셨다(눅 4:18)"라고 말한 바 있다.

마가는 그의 복음서 첫 구절에서 예수를 "하나님의 아들(막 1:1)"이라고 불렀다. 마가는 이 점을 예수의 공생애 활동 시작 부분에서 "하늘 음성"을 통해, 즉 하나님께서 직접 예수를 가리켜 "너는 내 사랑하는 아들이라"고 선포한 것을 통해 확인시켜주고 있다(막 1:11). 또 그의 복음서 한복판인 변화산 사건에서도 하늘 음성을 통해 "너는 내 사랑하는 아들이라(막 9:7)"고 예수께서 하나님의 아들임을 선포하며, 마지막으로 예수께서 십자가 위에서 처형되는 장면에서 처형을 지휘하던 백부장의 입을 통해 "이 사람은 진실로 하나님의 아들이로다(막 15:39)"라고 예수께서 하나님의 아들임을 확인시켜주고 있다.

마가는 예수께서 세례 요한에게 세례를 받기 전에 서론 형태로 세례 요한의 출현과 그의 메시지를 전해주고 있다. 여기서 가장 주목할 만한 하나는 마가가 세례 요한을 "주의 길을 예비하러 온 자"로 소개하고 있다는 점(막 1:2)이며 또 하나는 마가가 세례 요한의 입을 통해 "자기 뒤에 오는 분이 더 능력이 있는 분"이라고 증거하고 있는 점이다(막 1:7). 비록 예수께서 세례 요한으로부터 세례를 받았지만 세례 요한은 다만 주의 길을 예비하러 온 선구자일 뿐이며, 그런 점에서 세례 요한은 능력이 더 많은 예수보다 못한 존재라는 사실을 말하고 있는 것이다.

(2) 마태가 전하는 예수의 수세 이야기(마 3:11-17)

마가는 예수의 수세 이야기를 3구절로 소개했는데 마태복음에서는 5구절로 확대되어 있다. 우리는 마태가 마가가 전한 예수의 수세 이야기를 소개하는 과정에서 첨가 확대한 내용이 무엇인지, 그렇게 별도의 내용을 첨가 확대한 이유는 무엇인지부터 알아보기로 하자.

마태복음의 장면은 마가복음과 세 가지 차이를 보이고 있다. 이 차이들은 마태가 예수와 세례 요한에 대한 자신의 이해를 밝히는데 그 목적이 있는 것으로 생각된다.

① 예수께서 요단강으로 간 목적에 대한 분명한 언급(마 3:13)

② 예수와 세례 요한 간의 대화(마 3:14-15)

③ 하늘 음성의 내용(마 3:16-17)

첫째, 마태복음에만 예수께서 "세례를 받기 위해서" 갈릴리로부터 요단강으로 갔다는 말이 나온다(이것은 마치 마태복음 4장 1절에서 예수께서 "시험 받기 위해" 광야로 인도함을 받았다고 말하는 것과 동일하다). 마태는 목적을 밝히는 이런 구절을 통해서 예수께서 하나님의 길을 택하기 위해 세례 요한의 세례를 받으려는 분명한 의도를 갖고 있었음을 밝히고자 하였다. 이런 의도는 마태복음 3장 15절에 나오는 "이제 허락하라. 우리가 이와 같이 하여 모든 의를 이루는 것이 합당하니라"고 말했던 예수의 말에서 드러나고 있다.

둘째, 마태만이 예수께서 요단강에서 요한에게 세례를 받을 때 요한과 예수 간에 있었던 대화(마 3:14-15)를 소개하고 있다. 마태가 이 대화를 삽입한 이유에 대해서 어떤 성서학자는 다음과 같이 말한다. "요한과 예수 간의 대화는 오직 마태복음에만 기록되었는데, 예수께서 세례를 받았다는 사실이 그 당시 초대교회를 당혹하게 만드는 일이었음을 암시해준다. 이 당혹감의 원인은 예수께서 죄 사함을 위한 회개의 세례인 세례 요한의 세례를 받은 것 때문에 예수의 무죄성에 대한 신앙이 의문시되었기 때문이거나 아니면 예수께서 세례 요한의 세례를 받은 것 자체가 예수께서 세례 요한보다 열등하다는 것을 의미하는 것으로 생각되었기 때문일 것이다."

또 다른 성서학자는 다음과 같이 설명했다. "14절은 분명히 예수께서 세례를 받은 것이 마태 공동체에 불러일으킨 문제를 표현해주고 있다. 세례 요한이 여기에서 예수에게 말했던 것과 같은 말을 했을 수는 없다. 만약 그가 정말 예수가 누구인줄 알았다면, 왜 세례 주는 일을 끝내고 제자가 되지 않았을까?"

마태에는 예수께서 세례 요한으로부터 세례를 받은 것이 세례 요한

보다 열등해서가 아니라는 점을 강조하려는 의도가 엿보이는데, 이런 의도는 외경인 〈에비온인의 복음서〉에서도 나타나고 있다. 〈에비온인의 복음서〉에는 요한이 예수에게 세례를 베푼 후에 "큰 빛"을 보고는 예수 앞에 엎드려 말하기를 "주여 구하옵나니 내게 세례를 베풀어 주소서"라고 말하고 있다. 왜 마태는 마가복음에는 없는 예수와 세례 요한 간의 대화를 삽입하여 예수께서 세례 요한에게 세례를 받았다는 사실이 예수께서 세례 요한보다 열등하다는 것을 의미하는 것이 아니라는 점을 인식시켜야 했을까? 그것은 그 당시 세례 요한이 예수보다 더 훌륭하며, 세례 요한이 메시아라고 믿고 따르는 제자 그룹이 존재하고 있었기 때문이다.

셋째, 예수께서 세례를 받으실 때 하늘로부터 들려온 음성의 내용이 마가와 누가의 경우와 다르다. 마가와 누가에 의하면 예수께서 요한에게 세례를 받을 때 많은 무리들이 있었는데, 마태에서는 다른 무리나 백성들에 대한 언급은 전혀 없다. 그래서 마태의 수세 장면은 "순전히 사사로운 세례(a purely private baptism)"인 것 같은 인상을 준다.

그러나 그보다 더 중요한 점은 마태복음의 하늘 음성의 내용이 마가복음이나 누가복음처럼 "너는 내 사랑하는 아들이다(You are my beloved son)"가 아니라 "이 사람은 내 사랑하는 아들이다(This is my beloved son)"이라고 기록된 사실이다. 이것은 분명히 하늘의 음성이 하나님께서 예수를 향해 개인적으로 선포한 내용이 아니라, 모든 사람 특히 마태복음 독자들을 향한 대중적이며 공개적인 선포임을 반영하고 있는 것이다. 여기에 대해 어느 성서학자는 다음과 같이 말했다. "이인칭으로부터 삼인칭으로 바꾼 것은(…)예수에게 확신을 주는 선언으로부터 마태의 독자들에게 도움이 되게끔 예수께서 하나님의 아들이라는 점을 밝혀주는 선포로 바꾼 것이다."

마태에게 예수는 처음부터, 그의 탄생 때부터 하나님의 아들이었기에 세례를 통해서 그 사실을 처음 알게 된 것이 아니었다. 따라서 하늘 음성은 자신의 정체를 알고 있는 예수를 향한 음성이 아니라 도리어 세례 요한과 특히 3장 5절에서부터 함께 있는 많은 무리들을 향한 음성이라고 생각된다.

덧붙여 다음과 같은 마태와 마가의 차이도 지적될 수 있다. 예수께서 세례를 받으시고 "곧 물에서 올라오셨다"고 말할 때 마태는 마가복음 1장 10절의 "물로부터(out of the water)"를 "물에서(from the water)"로 바꾸었다(마 3:16). 마태의 이런 수정은 예수께서 받은 세례가 "침례"를 의미하는 것이 아니라는 점을 분명히 밝히기 위한 의도에서 나온 것이 아닌가 하는 생각을 갖게 만든다.

(3) 누가가 소개한 예수의 수세 이야기(눅 3:21-22)

마가가 3구절, 마태가 5구절로 세례 이야기를 전하는데 비해 누가는 오직 2구절만 할애하고 있다. 가장 축소된 형태의 기록인 셈이다. 이처럼 축소된 누가복음의 기록에서 우리가 주목해야 할 가장 중요한 점은 예수께서 "요한에 의해서" 세례를 받았다는 사실도, "요단강에서" 세례를 받았다는 사실도 전혀 언급되지 않는다는 사실이다! 마가와 마태는 예수께서 세례를 받는 이야기를 소개할 때 "세례 요한으로부터", "요단강에서" 세례를 받았다는 사실(막 1:9, 마 3:13)을 분명히 언급하고 있다. 그러나 누가는 세례 요한이란 이름과 요단강이란 지명을 삭제했다. 예수께서 "백성이 다 세례를 받을" 때 함께 세례를 받기는 했지만(눅 3:22), 어디에서 누구에게 세례를 받았는지에 대한 언급은 전혀 없다.

누가는 세례 요한과 요단강이란 문구를 의도적으로 삭제한 것으로 보이는데, 이는 예수께서 "요단강에서 세례 요한으로부터 세례를 받았다"는 사실을 알리지 않으려는 의도 때문인 것으로 생각된다. 앞서 언급했듯 예수께서 세례 요한으로부터 세례를 받은 사실 때문에 사람들이 예수가 세례 요한보다 열등한 존재가 아닐까 하는 의구심을 처음부터 완전히 제거하기 위함이다.

누가가 이 이야기를 소개한 문맥도 다른 복음서와 아주 달라서 우리의 주목을 끈다. 첫째로 마태와 마가가 요한의 투옥을 훨씬 나중에 기록하고 있는데(마 14:3-4, 막 6:17-18), 누가는 요한의 투옥(눅 3:19-20)을 예수의 수세 본문(눅 3:21-22) 바로 직전에 소개하고 있다. 그렇게 한 이유가 무엇일까?

누가는 예수께서 세례를 받을 때 요한이 옥에 갇혀있었다는 점을 분명히 밝힘으로써 예수께서 세례 요한으로부터 세례를 받을 수 없었다는 점을 이야기하려고 했던 것으로 보인다. 누가복음 어느 곳에서도 요한이 예수에게 세례를 준 사람이란 언급이 없다. 뿐만 아니라 "세례 요한(John the Baptist)"이란 용어 자체를 전혀 사용하고 있지 않다. 누가는 단지 "요한"이라고만 말하면서 세례 요한의 세례자(the baptist)로서의 존재와 역할 자체에 대한 언급을 피하고 있다.

누가가 전해주고 있는 예수의 수세 이야기에서 우리가 주목해야 할 또 다른 점은 예수께서 하늘 음성을 듣게 된 "때"가 다른 복음서들처럼 세례를 받고 "물에서 올라왔을 때"가 아니라, 세례를 받고난 다음 "기도할 때"였다고 기록한 점이다.

> 백성이 다 세례를 받을 새 예수도 세례를 받으시고, 기도하실 때에, 하늘이 열리고 (눅 3:22)

누가는 하늘이 열리고 하늘 음성이 들린 사건을 예수의 세례와 관련시키기보다는 예수의 기도와 직접 연관시키려 했다. 이런 점 때문에 우리는 다음과 같은 주장에 동의하지 않을 수 없다. "누가복음 3장 21-22절은 예수께서 기도하시는 장면이며, 예수의 수세는 오직 그 배경막일 뿐이다. (…)복음서 저자는 예수의 수세에 관한 이야기를 기도에 관한 에피소드로 바꾸었다." 이와 같은 주장은 예수의 수세 사건과 아주 비슷한 변화산 사건에서도 예수께서 "기도할 때" 하늘의 음성을 통해 하나님의 아들로 선포되고 있는 점에 의해서도 강력히 뒷받침되고 있다.

따라서 흔히 예수의 수세 이야기를 전하는 것으로 알려진 누가의 본문(눅 3:21-22)을 "예수의 수세 이야기"라고 부르는 것은 누가의 의도를 정확히 이해하지 못한데서 나온 잘못된 명칭이다. 누가는 아마도 반(反)세례 요한적인 관심과 기도의 주제 혹은 예수께서 하나님의 아들이란 주제를 강조하기 위해서 공관복음의 수세 이야기를 자신의 기록 목적에 맞게 변형시킨 것으로 생각된다. 이처럼 현재 누가의 본문이 누가 자신의 의도적인 편집의 결과라고 볼 때, 누가복음 3장 21-22절은 "예수의 수세 이야기"라기보다는 "기도할 때 하나님의 아들로 선포되신 예수 이야기"라고 불리는 것이 더 적절할 것으로 보인다.

(4) 복음서마다 세례 요한 이야기로부터 시작하는 이유는 무엇일까?

예수 당시 그리고 복음서가 기록될 당시, 초대 기독교인 주변에는 세례 요한을 메시아로 믿고 따르는 세례 요한의 제자 그룹(the Baptist group) 혹은 세례 요한 종파(the Baptist sect)가 존재하고 있었다. 이런 사실은 예수를 믿고 따르는 초대 기독교인에 의해 기록된 복음서 본문들에서 분명히 드러난다. 다음과 같은 본문들이 대표적인 것들이다.

> 요한의 제자들과 바리새파 사람들은 금식하고 있었습니다 (막 2:18)

주님, 요한이 그의 제자들에게 기도를 가르쳐준 것처럼 저희에게도 기도를 가르쳐 주옵소서 (눅 11:1)

요한이(…)자기 제자들을 보내 당신이 오실 그분입니까? (마 11:2)

다음날 요한이 자기 제자 두 사람과 같이 서 있다가 (요 1:35)

요한의 제자들이 요한에게 와서 말했습니다 (요 3:26)

누가복음에는 요한의 제자들이 자기들의 선생인 세례 요한을 메시아로 믿고 따르고 있었을 뿐만 아니라, 당시 유대 백성들 중에서도 세례 요한이 메시아(그리스도)일지도 모른다고 생각하는 사람들이 많이 있었다는 사실이 기록되어 있다(눅 3:15). 외경 문서인 클레멘트의 〈헌사(Recognitions) 54장〉에는 "요한의 제자들 중 몇 사람들이 백성들로부터 자신들을 분리하여 그들의 선생을 그리스도로 선포하였다"는 말이 나온다.

초대 기독교인들은 한편으로 예수를 메시아로 믿지 않는 유대교인들과 맞서 예수가 메시아라는 논쟁을 벌이기도 했지만, 다른 한편으로는 세례 요한을 메시아로 믿는 세례 요한의 제자들과 세례 요한이 아니라 예수가 메시아라는 논쟁을 벌이고 있었다. 외경 문서인 클레멘트의 〈헌사(Recognitions) I.60〉에서도 세례 요한의 제자들과 예수의 제자들 간에 세례 요한과 예수 중 누가 더 위대하며 누가 진짜 그리스도인가의 문제를 두고 논쟁을 벌이는 장면이 소개되고 있다.

"요한의 제자 중 하나가 '요한이 그리스도이지 예수는 아니다'라고, 더군다나 예수 자신이 '요한이 모든 사람과 모든 예언자들보다 더 위대한 인물이라'고 선언했다고 주장하였다(정경 복음서 중에도 여자가 낳은 자 중 세례 요한이 가장 큰 자라는 예수의 말이 소개된 바 있다). 그렇기 때문에 만일 요한이 모든 예언자들보다 더 위대한 인물이라면, 그가 모세보다도, 그리고 예수 자신보다도 더 위대하다고, 그리고 만일 그가 모든 사람들 중에서 가장 위대한 사람이라면, 그가 그리스도임에 틀림없다고 주장하였다. 그런데 이런 주장에 대해서 예수의 열두 제자 중 한 사람인 가나안 시몬이 다음과 같이 대답한다: '요한이 정말로 모든 예언자들과 또한 여인이 낳은 모든 사람들보다 위대하지만, 그러나 그가 인자(예수)보다 더 위대하지는 않다. 따라서 예수가 그리스도이고 요한은 오직 한 사람의 선지자일 뿐이다.'"

이런 상황에서 복음서 저자들은 이미 많은 사람들이 메시아로 생각하고 있는 세례 요한의 정체에 대해서 기독교적인 이해를 갖도록 설명해 줄 필요가 있었다. 그래서 복음서마다 세례 요한을 거론하면서 그는 "예수의 길을 예비하러 온 선구자"일 뿐이며, 세례 요한이 직접 자기 뒤에 오시는 예수를 가리켜 "나보다 능력이 더 많으신 분"이며 자기는 그분의 들메끈도 풀만한 사람이 못 된다고 말했다고 전한다. 마태복음의 경우 앞에서 살펴보았듯이, 예수께서 세례 요한에게서 세례를 받기는 했지만 실상은 세례 요한이 예수에게 세례를 받아야 마땅했다고 강조한다. 요한복음의 경우 예수께서 세례 요한에게 세례 받은 사실 자체를 소개하지는 않으면서 세례 요한은 빛이 아니라 빛에 대해 증거 하러 온 사람일 뿐이고(요 1:8), "세상의 빛은 오직 예수"라고 강조한다(요 8:12, 9:5). 그리고 거기서 더 나아가 세례 요한 자신이 자기는 메시아가 아니라고 분명히 밝혔다는 사실을 거듭 전해주고 있다(요 1:20, 3:28). 누가도 사도행전에서 세례 요한이 "그대들이 나를 누구라고 생각하시오? 나는 그리스도가 아니요. 내 뒤에 오시는 이가 계신데 나는 그의 들메끈을 풀 만한 사람도 못 되오(행 13:35)"라고 말했음을 전해주고 있다.

따라서 신약성경, 특히 복음서들에 기록되어 있는 세례 요한에 대한 이런 증언들은 모두 기독교인의 관점에서 보는 기독교적 이해를 반영해 주고 있는 것이다.

광야에서 사탄에게 시험 받은 예수
(막 1:12-13, 마 4:1-11, 눅 4:1-13)

예수께서 그의 공생애 활동 초기에 광야에서 사탄에게 시험 받은 이야기는 공관복음 모두에서 전해진다. 그러나 모두 같은 내용은 아니다. 최초로 기록된 복음서인 마가복음은 예수께서 광야에서 시험을 받았다는 단순 사실만 전해주는데 반해 마태복음과 누가복음은 예수께서 사탄으로부터 받았던 시험 내용 세 가지를 구체적으로 소개하고 있다.

마가복음의 간단한 광야 시험 이야기가 나중에 마태복음과 누가복음에서 확대 발전된 것이라고 생각되지는 않는다. 또 마태복음과 누가복음의 비교적 길고 상세한 시험 내용을 마가가 간단히 축소시킨 것이라고 생각되지도 않는다. 마태와 누가가 마가복음의 본문과는 상관없이, 마가복음이 아닌 문서 자료(Q자료)에서 광야 시험 이야기를 인용한 것으로 생각된다. 그러나 마태와 누가의 본문에도 적지 않은 차이가 있다(이하 참조). 복음서 저자들은 예수의 광야 시험 이야기를 각자 나름의 의도대로 발전시켜 소개하고 있음이 분명하다.

세 본문들 간에 많은 차이점 때문에 이 이야기가 실제 역사적 사실에 근거한 기록이 아니라 신앙적인 혹은 설교적인 교훈을 주기 위해 신학적으로 드라마화해 놓은 것(theological dramatization)이란 주장이 일찍부터 제기되어 왔었다. 이런 주장의 근거로 다음과 같은 점들이 구체적으로 지적되었다.

① 공관복음서들 간에 내용의 일치점이 없다. 더구나 제일 먼저 기록된 것으로 알려진 마가복음에는 마태와 누가처럼 세 가지 시험 내용에 대한 언급이 전혀 없다. 또 마태와 누가의 경우에도 시험의 순서가 서로 일치하고 있지 않다.

② 예수의 광야 시험은 예수께서 공생애 활동 전에 있었던 사건이며, 그의 제자들을 부르기 전이여서 어떤 목격자나 증인이 없다. 예수께서 나중에 제자들에게 자신의 과거 경험담을 이야기해 준 것으로 생각해 볼 수도 없다. 그와 같은 전례가 전혀 없기 때문이다.

③ 본문의 내용이 매우 인위적이다. 예수께서 사탄의 요구에 대해 번번이 성경 구절을 암송함으로써 응수하고 있는 것이라든가, 출애굽 때 이스라엘 백성이 "인도되어", "광야에서", "40년" 동안, "시험" 받았다는 이야기와 용어, 주제에 있어 아주 유사하다. 더구나 온 세상 나라를 다 내려다 볼 수 있는 높은 산으로 예수를 이끌고 올라갔다는 것도 너무나 허구적인 표현이다. 따라서 이 이야기는 역사적 사실에 근거했다기보다는 교훈적인 혹은 설교적인 목적을 가진 신학적 구성으로 여겨진다.

그러나 예수의 광야 시험 이야기가 아무런 역사적 근거가 없는 완전한 "무로부터의 창조(creatio ex nihilo)"는 아니라는 지적도 있다. 요한복음 6-7장에서 예수의 광야 시험 이야기에 대한 믿을만한 역사적 근거를 어느 정도 찾아볼 수 있다는 주장이 제기되었기 때문이다.

① "예수께서 사람들이 와서 자기를 억지로 데려다가 임금으로 모시려는 것을 아시고 혼자서 다시 산으로 물러가셨습니다(요 6:15)" 예루

살렘 입성 때 예수를 "이스라엘의 왕"으로 세우려는 시도가 있었으나, 예수를 이 세상의 왕으로 만들려는 유혹은 분명히 사탄적인 것이다.

② 요한복음 6장 26-34절에서 요한은 "썩을 양식"과 "영원한 생명에 이르게 하는 양식"을 대비시키며, 또 "하나님의 떡은 하늘로부터 내려와서 세상에 생명을 주는 것"이니 하늘로부터 내려오는 생명의 떡을 먹어야 한다고 강조한다.

③ 요한복음 7장 1-4절에서 예수의 형제들이 예수께 와서 "당신은 이 지방을 떠나 유대로 가서 당신이 하는 큰일을 거기 있는 당신의 제자들에게 보이시오(…)당신이 이런 일을 하는 바에는 자신을 세상에 나타내십시오"라고 말한다. 이적을 통해서 자신을 세상에 드러내라는 요구이다. 그러나 예수께서는 내 때가 아직 오지 않았다고 말하면서 그냥 갈릴리에 머물러 계셨다(요 7:6,9).

그래서 일부 학자들은 예수의 공생애 활동 중에 있었던 실제의 역사적 사실이 구전전승으로 형성되어 전해졌고, 공관복음이 이것을 근거로 신앙적인 혹은 신학적인 목적을 위해 예수와 사탄 간의 세 가지 시험형태로 드라마화한 것이라고 생각한다. 위와 같은 주장을 따른다면 복음서에 나오는 예수의 광야 시험 이야기는 완전히 무로부터 창조된 것이 아니라, 어느 정도 실제의 역사적 사실에 근거하여 교훈적인 목적으로 재구성된 이야기라고 생각할 수 있게 된다.

다른 한편으로 많은 학자들은 예수의 광야 시험에 관한 본문이 실제 역사적 사건보다는 구약성서 본문, 곧 신명기 6-8장에 대한 신학적 성찰로부터 나온 일종의 학가다적 이야기(a haggadic tale)[1]로 보고 있다. 즉 하나님의 아들이신 예수께서 구약에서 이스라엘 백성들이 출애

---

1) haggadah는 유대인들이 성서를 이야기로 풀어 해석하는 방법을 가리키는 말이다.

굽하며 광야에서 경험했던 것과 비슷한 시험과 유혹을 반복하고 있는 것으로 소개한다는 것이다.

예수께서 요단강에서 세례를 받은 직후에 광야에서 시험을 받은 것이나, 이스라엘이 홍해 바다를 건넌 직후에 광야에서 시험을 당한 것이 비슷하다. 또 예수께서 40일 동안 굶주림의 시험을 당한 것과 이스라엘이 40년 동안 먹는 굶주림의 문제(만나와 메추라기)와 관련하여 시험을 받은 것이 유사하다. 그리고 이스라엘이 금송아지의 시험을 받았던 것과 마찬가지로 예수도 마귀에게 경배하라는 우상 숭배의 시험을 받았다. 따라서 예수께서 광야에서 시험 받은 이야기를 이해하기 위한 중요한 열쇠는 출애굽 때 이스라엘이 광야에서 당했던 시험을 언급하는 신명기 8장 2-3절이다.

> 네 하나님 여호와께서 이 사십 년 동안에 너로 광야의 길을 걷게 하신 것을 기억하라. 이는 너를 낮추시며 너를 시험하사 네 마음이 어떠한지 그 명령을 지키는지 아니 지키는지 알려하심이라. 너를 낮추시며 너로 주리게 하시며, 또 너도 알지 못하며 네 열조도 알지 못하던 만나를 네게 먹이신 것은 사람이 떡으로만 사는 것이 아니요 여호와의 입에서 나오는 모든 말씀으로 사는 줄을 너로 알게 하려 하심이니라

(1) 광야 시험 이야기의 문학적 Context: 예수의 수세 이야기와의 연관성

① 예수께서 세례를 받을 때 "너는 내 사랑하는 내 아들"이란 하늘 음성이 들려온 이야기와 광야에서 사탄이 예수에게 "네가 과연 하나님의 아들이거든"이라고 시험하는 이야기가 나란히 편집되면서 "예수는 하나님의 아들이다"란 주제가 세례 이야기와 시험 이야기를 연결 짓는다.

② 예수께서 세례를 받을 때 하늘로부터 그에게 임했던 "성령(the Spirit of God, 마 3:16)"과 예수를 광야로 인도했던 "성령(the Spirit)"은 같은 성령이다. "성령"이란 단어에 의해 예수의 수세 이야기와 광야 시험 이야기가 연결되어 있다.

어느 성서학자는 마태가 광야 시험 이야기와 예수의 수세 이야기를 연결시켜 편집한 의도를 다음과 같이 설명한다. "예수께서 마귀에게 대답한 세 말씀 모두 신명기에 나오는데 그 말씀들은 이스라엘이 홍해 바다를 건넌 후 광야에서 당한 시험을 가리키고 있다."

만일 복음서 저자가 예수께서 요단강에서 세례를 받고 물에서 올라온 이야기를 기록할 때 마음속에 이스라엘이 홍해바다를 건넌 것을 염두하고 있었다면, 그가 예수의 광야 시험 이야기를 기록할 때도 당연히 신명기가 기록하고 있는 이스라엘의 광야 시험을 염두에 두었을 것이란 설명이다.

(2) 광야 시험 이야기를 전하는 세 복음서의 차이점

① 마가는 오직 성령이 예수를 광야로 쫓아내 거기서 40일 동안 "사탄"에게 시험받았고 그 때 들짐승들이 예수와 함께 있었다고 말한다. 그러나 마태와 누가는 예수께서 성령에 의해 광야로 인도되어 40일 동안 "마귀"로부터 세 가지 종류의 시험을 받은 것을 소개한다.

② 누가는 "40일 동안" 시험 받았다고 말하는데, 마태는 "40일을 밤낮으로" 시험받았다고 말한다. 마태가 40낮(the forty days)에 40밤(forty nights)란 말을 첨가하여 "40주야"라고 표현한 것은 신명기 9장 9-18절에서 모세가 "40주야(days and nights)"를 금식한 것과 일치시키기 위해서이다. 마태가 예수의 광야 시험을 소개할 때 이스라엘 백성의 광야 시험을 염두에 두고 있었다는 의미이다.

③ 오직 마태만이 "금식(fasting)"이란 단어를 사용한다. 마가에는 금식에 대한 언급이 전혀 없고 누가에서는 "아무 것도 잡수시지 않았다"

고만 말한다. 마태가 그의 특수 자료인 6장 16-18절과 9장 14-15절에서 "금식"이란 말을 사용하는 것을 보아 예수 자신의 금식을 우리가 따라야할 일종의 모범으로 제시하고 있는 것이란 설명도 있다.

④ 마귀의 첫 번째 시험에 대한 대답으로 누가는 "사람이 떡으로만 사는 것이 아니다"란 말만 소개하는데, 마태는 거기에 "하나님의 입으로 나오는 모든 말씀으로 사는 것이다"란 말을 첨가한다. 즉 마태는 신명기 8장 3절을 누가보다 더 확대시켜 인용하는데, 이런 확대는 예수께서 얼마나 하나님의 말씀에 충실하고 순종하시는 분인지를 보여주려는 의도에서 나온 것으로 생각된다.

⑤ 가장 중요한 차이는 시험 내용의 순서이다. 누가복음에서는 마귀가 천하만국을 보이며 그 권세와 영광을 주겠다고 약속한 것이 두 번째, 성전 꼭대기에서 뛰어내리라는 것이 세 번째로 소개되는데, 마태복음에서는 그 순서가 바뀌어 성전 꼭대기에서 뛰어내리라는 것이 두 번째, 천하만국을 주겠다는 것이 세 번째로 소개된다.

두 복음서간에 이런 차이는 어떻게 이해해야 할 것인가? 마태의 순서가 원래적인 것이라고 보는 해석이 있는데, 그 이유는 마태복음에서 세 시험 중 처음 두 개가 같은 식으로 시작되기 때문이다("만약 네가 하나님의 아들이어든"). 그런가 하면 마태가 세 번째 시험 장면을 "지극히 높은 산(very high mountain)"으로 잡은 것은 구약성서의 영향으로, 마태가 예수를 모세와 연관시키려는(Jesus-Moses theme) 것으로 설명하는 해석도 있다. 신명기 34장 1-4절을 보면 여호와께서 느보산 꼭대기에서 모세에게 약속의 땅을 보여주며 가나안땅을 모두 주겠다고 약속한다. 그런데 마귀도 "지극히 높은 산"에서 온 땅을 예수에게 보여주며 자기에게 엎드려 경배하면 모두 주겠다고 약속한다. 마태는 이런 식으로 예수의 광야 시험을 기록하면서 메시아에게 세상의 권력과 영광은 사탄적인 제안이며, 세상의 정치적 지배 이상이 겸허한 순종과 고난을 통해 하나님과 인류를 섬기려는 자에 의해 거부되었음을 말하고 있다는 것이다.

누가복음의 시험 순서에 관해서는 다음과 같은 설명이 있다. "일반적으로는 누가가 예루살렘에서의 시험을 마지막에 놓음으로써 누가복음의 순서를 지배하고 있는 예루살렘을 향한 점진적인 발전이란 신학적 주제를 뒷받침하고 있는 것으로 생각된다." 또 "성전과 예루살렘에 대한 누가의 관심이 성전에서의 시험 장면을 마지막 클라이맥스로 옮겼을 것이라"고 보는 견해도 있다.

(3) 예수의 광야 시험 이야기가 갖고 있는 신학적 의미

흔히 예수의 광야 시험 이야기는, 특히 마태의 본문은 모세 유형론(혹은 출애굽 유형론 또는 신명기 유형론)에 근거하고 있는 것으로 해석되었다. 앞에서도 잠깐 지적했듯이 예수의 광야 시험 이야기는 이스라엘 백성의 광야 시험 이야기와 다음과 같은 유사성을 갖는다.

① 이스라엘은 "40"년 동안, 예수께서는 "40"일 동안 각각 "광야에서(in the wilderness)" 시험 받았다.

② 이스라엘은 모세에, 예수께서는 성령에 "인도되어(being led)" "시험을 받았다(tempted)".

"40"이란 숫자와 "인도되어(being led)"란 동사, "광야에서"와 "시험을 받았다"는 문구들은 이스라엘의 광야 시험과 예수의 광야 시험 이야기를 연결시켜준다. 더구나 이스라엘도 광야에서 먹는 것(메추라기와 만나 등)과 하나님의 보호에 관한 믿음에 대해 시험을 받았다. 더구나 예수께서 사탄의 세 가지 시험에 출애굽 때 광야의 이스라엘 백성들과 관련된 신명기 본문으로 응수하고 있는 점에 주목할 필요가 있다. 첫 번째 시험에 대해서는 신명기 8장 3절, 두 번째 시험에 대해서는 신명기 6장 16절, 세 번째 시험에 대해서는 신명기 6장 13절로 응수하면서 시험을 거부하고 있다. 이런 본문 구성은 의도적으로 출애굽 때의 이스라엘의 광야 시험을 상기시키고 있는 것으로 생각된다. 마태의 의도는 하나님의 아들이신 예수께서 광야에서의 이스라엘의 경험을 반복하는 것이며, 과거 이스라엘은 그 시험에 실패한 반면에 예수께서는 시험에 승리하였다는 점을 강조하려고 했던 것으로 보인다.

누가의 본문은 마태와 달리 아담 유형론(혹은 창세기 유형론)을 반영하는 것으로 해석된다. 아담이 에덴동산에서 받은 시험과 예수께서 광야에서 받은 시험 간에 유사성이 뚜렷하기 때문이다. 아담이 에덴동산에서 뱀에게 당한 시험(창 3:6)은 "먹음직하고, 보암직하고, 지혜롭게 할만하다"는 것이었는데, 예수의 시험 내용도 그와 비슷하다. 예수의 첫 번째 시험은 먹는 것에 대한 시험이며, 두 번째 시험은 눈을 통해 볼 수 있는 가시적인 시험이며, 세 번째 시험은 세상을 다스리는 지혜와 영광에 대한 시험이다. 또 누가는 예수께서 광야에서 시험을 받은 이야기(눅 4:1-13)를 "아담"을 예수의 조상으로 소개한 예수의 족보(눅 3:23-38) 바로 뒤에 편집하여 소개한다. 아마 예수를 아담의 자손으로 소개한 후에 첫 번째 아담이 에덴동산에서 뱀(사탄)에게 시험을 받았던 것처럼, 두 번째 아담인 예수도 광야에서 사탄에게 시험을 받았으며, 첫 번째 아담은 뱀의 시험에 넘어졌지만 두 번째 아담은 마귀의 시험을 이겨냈음을 말하려고 했던 것으로 해석된다.

다른 한편으로 예수의 광야 시험 이야기는 예수의 십자가 처형 이야기와도 비슷하다. 예수 광야 시험의 중요한 주제는 예수께서 하나님의 아들이라는 점인데, 똑같은 주제와 비슷한 이야기가 예수의 십자가 처형 이야기에서도 그대로 나타나고 있다. 특히 예수께서 십자가에 처형

당할 때 다음과 같은 세 가지 시험이 있었다.

① 먹는 것에 대한 시험: "그들은 쓸개를 탄 포도주를 예수께 드려 마시게 했으나(…)마시려하지 않았습니다(마 27:34)"

② 보여 증명하라는 시험: "네가 하나님의 아들이거든 너 자신을 구원하고 십자가에서 내려오라(마 27:40)"

③ 세상 권세에 대한 시험: "이스라엘의 왕이여 지금 십자가에서 내려오시지! 그러면 우리가 믿겠는데! 그는 하나님을 의지하고 있으니 하나님이 원하시면 이제 그를 구원하시겠지! 스스로 하나님의 아들이라고 했으니까(마 27:42-43)"

그리고 "네가 하나님의 아들이거든"이란 문구가 마태복음 4장 6절과 27장 40절에서 똑같이 나온다.

네가 만일 하나님의 아들이어든 (성전 꼭대기에서) 뛰어내리라 (마 4:6)

네가 만일 하나님의 아들이어든(…)십자가에서 뛰어내리라 (마 27:40)

마태는 예수의 십자가 처형 이야기와 예수의 광야 시험 이야기를 강하게 연관시킨다. 더구나 초대 기독교인들은 예수의 수난과 죽음을 사탄의 시험으로 이해하고 있었다는 점에 주목할 필요가 있다. 가령 누가복음에서는 예수의 광야 시험이 "마귀가 모든 시험을 다한 후에 얼마 동안 떠나니라(눅 4:13)"란 말로 끝나는데, 예수의 수난 이야기는 "사탄이 가롯 사람 유다에게 들어갔습니다(눅 22:3)"란 말로 시작된다. 요한도 유다의 배반으로 시작되는 예수의 수난과 죽음을 사탄의 일로 이해한다. "악마는 이미 예수를 넘겨줄 생각을 시몬의 아들 가롯 유다의 마음 속에 심어주었습니다(요 13:2)"

즉 마태복음에는 에덴동산에서 시작된 사탄의 시험이 예수의 공생애 초기 광야 시험을 거쳐, 십자가에서 마지막으로 나타난다. 다시 말해 예수의 공생애는 예수께서 시험을 이기고 사탄이 패배함으로써 예수의 궁극적인 승리를 보여주는 것이다.

따라서 예수의 광야 시험 이야기는 실제의 역사적 사실로 읽기보다는 그 이야기를 전하는 복음서 저자들의 신학적 혹은 설교적 메시지로 읽어야 할 것이다.

처음 제자들을 불러낸 예수
(막 1:16-20, 마 4:18-22, 눅 5:1-11)

공관복음서에 따르면 예수께서 공생애 활동에서 가장 먼저 한 일은 갈릴리 바닷가에서 어부 제자들을 불러낸 일이다. 처음 제자들을 불러낸 이야기에서 우리가 주목할 것은 누구를 택했는가, 그들이 할 일이 무엇인가, 부름을 받았을 때 그들의 반응은 어떠했는가, 불러낼 때의 상황은 구체적으로 어떠했는가 등의 부분들이다. 무엇보다도 제자들이 예수로부터 부름 받은 이야기를 기록한 복음서들의 차이를 살펴보아야 한다. 구체적으로 어떤 차이점인지, 그런 차이점들이 나타나는 이유는 무엇인지 알아볼 필요가 있다.

제자들이 부름 받은 이야기를 기록하는 세 복음서의 본문을 비교하여 읽어 보면, 마가복음과 마태복음은 그 분량이나 내용에 있어서 별 다른 차이가 없어 보인다. 그러나 누가복음은 마가복음이나 마태복음과 그 분량과 내용에서 큰 차이를 보인다.

마가복음 1장 16-20절과 마태복음 4장 18-22절을 보면 예수께서 갈릴리 해변을 지나다가 어부 형제들인 베드로와 안드레, 야고보와 요한을 보고 "나를 따르라. 내가 너희로 사람을 낚는 어부가 되게 하리라"고 말씀하셨고, 두 어부 형제들은 "곧(immediately)" 일어나 "그물을 버려두고(cast away or give up, 막 1:18, 마 4:20)", 혹은 "아버지 세베대를 품꾼들과 함께 배에 버려두고(막 1:20, 마 4:22)" 예수를 따랐다고 거의 비슷하게 소개하고 있다.

그런데 누가복음의 이야기는 마가복음이나 마태복음과는 상당히 다를 뿐 아니라 좀 더 복잡한 형태로 되어 있다. 예수께서 제자들을 불러내시기 전에 먼저 시몬의 배에 올라 무리들을 가르치시는 이야기가 나오고(눅 5:3), 이어서 예수께서 밤새도록 고기를 잡지 못한 베드로에게 "깊은 곳에 그물을 내리라"고 말씀하셨고(눅 5:4), 베드로가 그 말씀대로 했을 때 그물이 찢어질 정도로 많은 고기를 잡는 이야기가 나온다(눅 5:6). 이적적으로 많은 고기를 잡아 놀란 베드로가 예수의 무릎 아래 엎드려 "주여, 나를 떠나소서. 나는 죄인이로소이다(눅 5:8)"라고 고백한다. 이런 고백이 있은 후에 예수께서는 베드로에게 "이제 후로는 네가 사람을 취하리라(눅 5:10)"고 말씀하셨고, 이 말씀을 들은 다른 어부들 곧 "세베대의 아들로서 시몬의 동업자인 야고보와 요한(눅 5:10)"이 "모든 것을 버려두고(눅 5:11)" 예수를 따랐다고 기록되어 있다.

누가의 본문에서 "그물", "두 배", "야고보의 두 아들", "사람 낚는 어부", "다 버리고 따랐다"는 문구들이 나오는 것으로 보아 누가가 마가복음 1장 16-20절(cf.마 4:18-22)을 문서 자료로 사용했다는 점은 거의 틀림없어 보인다. 그러나 마가복음의 본문과 여러 면에서 크게 다르다. 첫째는 이 이야기를 소개하는 누가의 문맥이며, 둘째는 앞에서 잠깐 언급한 본문 내용이다.

(1) 마가와 마태 본문과 누가 본문 간의 문맥의 차이

마가복음의 이야기 흐름은 예수께서 요단강에서 세례를 받고, 광야에서 시험을 받은 후, 곧바로 공생애 활동에 나서 하나님나라의 복음을 전파한 직후에 갈릴리 바닷가로 나가서 고기 잡고 있는 어부들을 보시고 그들을 제자로 불러내시는 것으로 되어 있다. 마태복음도 거의 마찬가지다. 예수께서 제자들을 불러내는 일은 글자 그대로 그의 공생애 첫 번째 활동이었다. 그리고 네 명의 어부들이 예수로부터 부름을 받기 전에 예수에 대해 알고 있었다는 언급은 전혀 없다.

그러나 누가복음의 경우 예수는 공생애 활동을 시작한 다음, 즉 고향에서 첫 설교를 마친 후 배척을 받고(눅 4:28-29), 가버나움에서 귀신을 쫓아내고(눅 4:1-37), 베드로의 장모를 고쳐 주는 일(눅 4:38-39) 등, 이미 여러 활동들을 한 후에 갈릴리 바다에 나가서 베드로를 비롯한 어부 제자들을 부르는 것으로 기록되고 있다.

누가가 제자들이 예수의 부름을 받고 따라 나선 이야기를 예수의 공생애 첫 번째 활동이 아니라 다른 활동을 한 후에 소개한 의도는 무엇인가? 우리는 결과적으로 누가의 기록이 다른 복음서 기록들보다 예수의 제자들이 예수를 따르게 된 경위나 동기에 대해 훨씬 더 자연스럽고 이해하기 쉽게 되어 있다는 점에 주목할 필요가 있다.

마가와 마태에 의하면 예수의 첫 번째 제자들은 예수에 대해 전혀 알지 못하고 있던 상태에서, 다른 말로 한다면 처음 만난 젊은 예수로부터 "따르라"는 말을 듣고 곧바로 그냥 따른 것으로 되어 있다. 하지만 누가에 의하면 그들은 이미 예수의 말씀과 이적을 통해 그를 충분히 알 수 있었고 예수의 놀라운 능력을 경험할 수가 있었다. 그리고 이런 경험이 있었기 때문에 그들은 쉽게 예수를 따라나서는 용단과 결단을 내릴 수 있었다.

베드로의 경우 자신의 장모가 예수를 통해 열병을 고침 받았으며, 직접 예수의 말씀에 의해 이적적으로 고기를 잡는 경험을 했다. 또한 게네사렛 호숫가에서 예수께서 배에 올라 무리들을 가르칠 때 베드로는 바로 그 배(그것도 자신의 배) 안에서 예수의 말씀을 직접 들을 수 있는 경험도 했다. 따라서 누가복음의 문맥은 베드로와 다른 어부들이 예수를 따르게 된 동기와 계기에 대해 보다 더 쉽게 이해할 수 있도록 구성되어 있는 셈이다.

(2) 마가와 마태 본문과 누가 본문의 내용적 차이

마가복음과 마태복음의 경우 먼저는 베드로와 안드레 형제가, 그 후에 요한과 야고보 형제가 각각 제자로 부름을 받는다. 그러나 누가복음에서는 베드로를 부르는 것이 이야기의 중심을 이루고 있다. 본문에서 베드로 혹은 시몬이란 단어가 모두 7번(시몬 6번, 베드로 1번)이나 사용된다는 점에서 분명히 알 수 있다. 그리고 "너는 사람을 낚는 어부가 될 것이다."란 말도 마가나 마태와는 달리 누가복음에는 오직 베드로에게만(그래서 이인칭 단수로) 주어지고 있다. 게다가 안드레가 전혀 언급되고 있지도 않으며, 세배대의 아들인 야고보와 요한은 배경 인물로만 등장하고 있다. 따라서 마가복음이나 마태복음이 "네 명의 어부 제자들이 부름을 받는 이야기" 형태라면, 누가복음은 오직 "베드로가 부름을 받는 이야기", 즉 예수와 베드로와의 만남이 중심 주제로 되어 있다.

이처럼 우리는 누가의 본문에서 베드로 중심성을 보게 된다. 누가가 베드로에게만 초점을 맞추어 이야기를 구성한 이유는 무엇일까? 그 대답은 당연히 누가가 다른 복음서와 달리 베드로를 특별히 부각시키려고 했기 때문이다. 누가가 누가복음에 이어 속편으로 기록한 사도행전에서도 볼 수 있듯이 초대교회 안에서 베드로의 중요성과 그의 사도적 권위를 확립시키기 위해 이 본문을 베드로를 중심으로 소개하고 있는 것으로 보인다. 특히 누가는 예수께서 오직 베드로를 향해서만 "앞으로 '너'는 사람을 산 채로 취하는 어부가 될 것이라"고 말하는 것으로 기록한다. 마태가 열두 제자 명단에서 베드로의 이름 앞에 "첫째로"란 부사를 첨가함으로써 베드로를 수제자로 강조한다면, 누가는 베드로를 맨 처음으로 부름 받은 제자로서, 사람을 산 채로 취할 어부로서, 계속 제자들 가운데서 리더십을 행사할 인물임을 예고한다.

누가의 이런 관심은 누가복음 6장 14절에 나오는 열두 제자 명단에서 베드로를 제일 먼저 언급하고 있는 점, 22장 31-32절에서 베드로가 예수를 세 번 모른다고 부인할 것을 예고하면서도 "시몬아, 시몬아, 조심하라. 사탄이 너를 밀 까부르듯이 까부르려고 한다. 그러나 나는 네 믿음이 넘어지지 않도록 너를 위하여 기도해왔다"는 예수의 말씀을 소개하고 있는 점, 24장 34절에서 베드로를 부활하신 예수의 첫 번째 목격자로도 언급하고 있는 점들에서도 잘 나타나고 있다.

다음으로 누가는 베드로가 예수의 무릎 앞에 엎드려 "주여 나를 떠나소서 나는 죄인이로소이다(눅 5:8)"라고 고백하는 장면을 삽입함으로써 베드로와 베드로가 대표하는 다른 제자들이 예수의 제자로 부름받기 전에 예수의 무릎 아래 엎드려 자기의 죄를 고백하는 일종의 신앙고백이 있었다는 점을 강조하고 있다. 더구나 예수의 부름은 그런 고백이 있은 후에 주어졌다. 자신의 부족함과 죄인 됨에 대한 고백 없이 예수의 부름을 받고 제자가 될 수는 없다는 점과 제자가 되기 전에 마땅히 자신의 죄인 됨과 부족함에 대한 인식과 고백이 중요하다는 점을 강조하려고 했던 것으로 보인다.

또한 누가의 독특성은 부름 받은 어부들이 다른 복음서와 달리 "모든 것을 버리고(눅 5:11)" 예수를 따랐다고 말함으로써 소유의 전적인 포기가 제자직의 전제 조건임을 강조하는 데서도 드러난다. 마가복음과 마태복음에서도 "곧"과 "버리고"란 말을 통해 어부들이 예수를 따를 때 즉각적인 결단과 재물의 포기가 있었음이 강조되기는 한다(막 1:18,20, 마 4:20,22). 그러나 누가는 "곧"은 삭제하고 오직 "버리고"란 말만 취하면서, 그 말 앞에 "모든 것"이란 단어를 첨가하면서 즉각적인 결단과 포기보다는 전적인 포기가 더 중요함을 강조한다. 제자가 되기 위해 "모든 것을 버린다"는 주제는 누가가 복음서에서 계속 강조하는 중요한 신학적 주제이기도 하다(눅 5:28에서의 레위, 14:33, 18:22의 부자 청년, 19:8의 삭개오 등). 모든 것을 버리지 않고는 예수의 제자가 될 수 없다는 것이 누가의 분명한 강조점이다.

이 외에도 특히 우리가 관심을 기울여야 할 중요한 차이점이 하나 더 있다. 마가복음과 마태복음에서 예수께서 어부 제자들을 부르시면서 그들에게 약속한 말씀이 누가복음과 아주 다르다는 점이다.

> 나를 따라오너라. 내가 너희들로 사람들을 낚는 어부들이 되게 하리라
> Come after me, and I shall make ye become fishers of men (막 1:17, 마 4:19)
>
> 두려워하지 말아라. 이제로부터 너는 사람들을 산 채로 취하리라
> Do not be afraid, henceforth you will be catching men alive (눅 5:10)

마가와 마태는 예수께서 네 명의 어부 제자들을 향해서 "내가 너희들로 사람을 낚는 어부들이 되게 하리라"고 약속했는데, 누가는 오직 베드로에게만 "이제로부터 너는 사람들을 산 채로 취하리라"고 말씀하셨다.

베드로가 앞으로 할 일에 대한 주님의 말씀을 누가가 이렇게 바꾼 이유는 무엇일까? 제자들이 앞으로 하게 될 일이 사람들을 구원받게 하는 일이라면, 마가와 마태가 사용한 "사람 낚는 어부(fishers of men)"란

비유적 표현은 분명히 부적절하다는 점을 고려했을 것이다. 실제로 그런 점이 많이 지적되기도 했다. 어부가 고기에 대해 하는 일이 결코 고기를 구하는 일, 살리는 일이 아니기 때문이다. 어부는 먹거나 돈을 벌기 위해 고기를 잡아 팔기 때문이다. 그래서 누가는 그 표현을 좀 더 적절한 '선교적 표현'으로 바꾼 것이다.

누가가 기록한 헬라어 본문의 문자적 번역은 "네가 사람들을 산 채로 취할 것이다"이다. 그 의미는 사람들이 죽음으로부터 구원받아 생명을 위해 보전될 것이란 뜻을 갖고 있다. 앞으로 복음 전도 활동을 하기 위해서는 이 표현이 보다 더 적절하다 생각되었을 것이다. 따라서 누가가 "사람을 낚는 어부"란 표현을 "사람을 산 채로 취하리라"는 의미의 표현으로 바꾼 것은 분명히 복음 전도 활동이란 선교적인 의미를 좀 더 분명히 밝히기 위해서이다.

(3) 요한복음에서의 처음 제자들

마지막으로 요한복음에서는 처음 제자들에 대한 이야기가 어떻게 소개되는지 잠깐 살펴보기로 하자. 공관복음에서 요한복음으로 옮겨가보면 예수의 처음 제자에 대한 언급이 공관복음서와는 아주 다른 것을 발견하게 된다.

요한복음의 경우 예수의 맨 처음 제자가 된 사람은 세례 요한의 제자 가운데 하나였던 안드레이다. 세례자 요한이 자기 제자 두 사람과 같이 서 있다가 예수께서 지나가시는 것을 보고 '보라 하나님의 어린 양이로다'하고 말했는데(요 1:35-36), 요한의 말을 듣고 예수를 따라간 두 사람 중의 하나는 시몬 베드로의 형제 안드레였다(요 1:40). 안드레는 분명 세례 요한의 제자였는데, 요한이 예수를 가리켜 "하나님의 어린 양이라"고 말한 것을 듣고 "예수가 유하는 곳을 찾아가 그 날을 예수와 함께 지낸(요 1:39)" 다음에 예수의 제자가 되었던 것으로 보인다. 그리고 안드레가 다시 자기 형제 시몬을 만나 '우리가 메시아를 만나 뵈었소'라고 말한 후에 시몬을 데리고 예수께로 나아왔고, 예수께서는 베드로를 보고 "너는 요한의 아들 시몬이로구나. 앞으로는 너를 게바라고 부르겠다"고 말씀하셨다(요 1:41-42).

요한복음에 의하면 베드로는 공관복음에서처럼 맨 처음은 커녕 예수로부터 직접 부름을 받은 제자가 아니다. 베드로는 자기 형제인 안드레의 전도와 인도를 받아 예수 앞에 나왔고, 예수께서 그에게 "게바"란 이름을 주시면서 제자로 받아들인 것으로 기록되어 있다.

누가복음이 베드로를 처음 제자로 크게 부각하는 것, 마태복음이 베드로를 위대한 신앙고백을 통한 교회의 반석으로 천국의 열쇠를 받은 자로 중요시되고 있는 것과는 아주 다르게 요한복음은 베드로를 중요하게 다루지 않는다. 세베대의 아들들인 요한과 야고보에 대한 언급도 요한복음에는 전혀 나오지 않는다. 이런 점과 함께 요한복음에는 예수의 처음 어부 제자들은 물론이고, 예수의 열두 제자들 특히 베드로에 대해 무관심하거나 오히려 그들을 무시하는 경향이 드러난다.

이런 특징들이 요한복음에 나타나는 이유는 요한복음을 기록한 요한의 신앙공동체가 예루살렘을 중심으로 열두 제자가 주도하던 초대교회의 주류 공동체가 아니라, 비주류인 종파적 공동체였기 때문으로 알려지고 있다.

08 예수의 공생애 첫 설교

(눅 4:16-30)

누가복음 4장 16-30절은 예수의 공생애 첫 설교이다. 이 본문은 다른 복음서들이 소개하는 예수의 공생애 첫 설교와 아주 판이하다. 약간 다른 정도가 아니라 어떤 면에서는 완전히 다른 설교라고 말하는 것이 더 정확할 지도 모른다.

마가복음이 소개하는 예수의 첫 설교는 예수께서 "갈릴리"에 나타나셔서 "때가 찼다. 하나님의 나라가 가까이 왔다. 회개하고 복음을 믿으라(막 1:14)"는 것이다. 마태복음은 마가복음과 아주 비슷하다. 마태복음에 따르면 예수의 첫 설교는 갈릴리 "가버나움"에서 "회개하라 천국이 가까웠느니라(마 4:17)"이다. 마가와 마태가 소개하는 예수 설교의 주요 특징은 종말론적인 설교라는 점이다. 회개를 강조하고 하나님 나라가 가까이 왔다고 선포하는 내용도 상당히 비슷하다.

그러나 마가복음이나 마태복음과 비교해볼 때, 누가가 소개하는 예수의 첫 설교는 그 형식과 강조점이 다른 복음서들과 다를 뿐 아니라, 내용 자체도 상당히 길고 풍부하다. 본문을 자세히 살펴보면 설교의 내용이 크게 두 부분으로 나뉘어 있는 것을 알 수 있다.

① 전반부인 4장 16-21절, 예수께서 갈릴리 가버나움 회당에 서서 이사야 성경 본문을 펴고 "주의 영이 내게 임하셨도다. 주께서 내게 기름을 부으심은 가난한 자들에게 기쁜 소식을 전하게 하심이라. 주께서 나를 보내심은 포로 된 자들에게 해방을 선포하고 눈먼 자들에게 눈 뜨임을 선포하며 눌린 자들을 놓아주고 주의 은혜의 해를 선포하게 하심이라"고 말씀하시면서 "이 성경 말씀이 오늘 너희에게 이루어졌다"고 해석해주고 있다. 그리고 말씀 직후 22절에서는 이 설교를 들은 사람들이 얼마나 긍정적이며 호의적인 반응을 보였는지에 대해서 "사람들은 모두 감탄하고 그의 은혜로운 말씀에 놀라 '이 사람이 요셉의 아들이 아닌가?'하고 말했습니다"란 말을 덧붙인다.

② 후반부인 4장 24-27절, 예수께서 구약성서 열왕기의 엘리야와 엘리사의 사역을 예로 들면서 하나님이 엘리야를 이스라엘에 있는 많은 과부가 아닌 이방 여인인 "시돈지방 사렙다 과부"에게만 보내셨고, 엘리사 선지자 때에 이스라엘에도 나병환자들이 많이 있었지만 오직 이방인인 "수리아 사람 나아만"만이 깨끗함을 받았다고 말씀하고 있다. 엘리야와 엘리사 선지자가 이스라엘의 과부나 나병환자가 아닌 이방인들에게만 보냄을 받아 특별한 은혜를 베풀었다는 사실을 언급하는 것이다. 그리고 말씀 직후 28-29절에서는 전반부처럼 듣는 사람들의 반응을 소개하는데, 이번에는 그 반응이 아주 부정적이며 적대적이다. "사람들이 회당에서 이 말씀을 듣고 모두 화가 났습니다. 그들이 일어나 예수를 동네에서 쫓아내어 동네 밖 산벼랑까지 끌고 갔습니다. 벼랑 끝에서 예수를 밀쳐 떨어뜨리려고 했던 것입니다."

우리는 누가가 전하는 예수의 공생애 첫 설교와 다른 복음서와의 두 가지 차이점에 주목할 필요가 있다. 첫째는 누가의 본문에서는 구약성서의 이사야 선지자의 글과 엘리야와 엘리사의 행적이 각 언급된다는 점이다. 둘째는 설교를 들었던 무리들이 전반부 이사야 선지자의 글에 관한 설교에 대해서는 아주 호의적인 반응을 보이며 그 지혜를 칭찬했으나, 후반부 엘리야와 엘리사 선지자의 이야기에 대해서는 아주 부정적인 반응을 보이며 예수를 노골적으로 배척하며 죽이려고까지 했다는 점이다. 이사야서를 본문으로 한 전반부 설교는 유대인들을 향한 "희년 선포"였다는 점에서 듣는 사람들이 모두 만족스러운 반응을 보일 수 있었다. 그렇다면 후반부 설교에 대해 사람들이 그토록 분노하며 예수를 배척하게 된 이유는 무엇인가?

그 대답은 25-27절에서 찾아야 한다. 예수께서는 고향 사람들을 향해서 하나님의 특별한 은혜가 구약 시대에 이미 이스라엘 사람이 아닌 이방인에게 주어졌다고 설교했기 때문이다. 유대인의 선지자로 알려진 예수께서 고향 땅 회당 안에서 어떻게 그런 설교를 할 수 있단 말인가? 이방인을 더러운 "개"와 같은 존재로 생각하던 당시 유대인들에게 하나님께서 엘리야와 엘리사 선지자들을 통해서 이스라엘 사람이 아니라 이방인들에게 특별한 은혜를 베풀었다는 설교는 마치 하나님으로부터 특별히 택함을 받은 백성이라는 자신들의 자부심을 부인하며 짓밟는 말씀처럼 들렸을 것이다. 그들이 모두 화를 내면서 예수를 동네 밖 산벼랑까지 끌고 가서 밀쳐 떨어뜨리려고 했던 것은 오히려 당연한 반응이었다.

하지만 누가복음의 예수는 이 설교를 통해서 구약의 두 선지자가 시돈 지방 사렙다 과부와 수리아사람 나아만에게 은혜를 베푼 사실은 하나님이 이방인에게 은혜를 베푸신 구체적인 선례, 혹은 전례라는 점을 강조한다. 게다가 누가는 사렙다 과부를 "시돈 지방 사렙다 과부(눅 4:26)", 나아만을 "수리아 사람(눅 4:27)"이라고 언급하며 이방적 정체성을 아주 분명히 밝히고 있는데, 우리는 이점에 주목해야 한다. 누가의 신학적 관심이 어디에 있는가를 짐작할 수 있게 해주는 대목이기 때문이다.

요셉 피츠마이어(Fitzmyer)라는 누가복음 연구가는 이점을 두고 다음과 같이 말한다. "(엘리야와 엘리사의 사역에 대해 언급하고 있는) 25-27절은 이방인들에 대한 기독교 선교의 정당성을 구약성경으로부터 제공해주고 있다." 만약 예수의 공생애 첫 설교 구성이 누가의 의도적인 편집에 의한 것이라면, 누가는 분명히 이런 기록을 통해서 예수의 사역으로 시작되게 될 이방인 선교를 강조하고자 했을 것이다. 따라서 우리는 누가가 예수의 첫 설교를 통해 이방 선교를 위한 구약성서의 "전례"와 "모델"을 제시하는 것이라고 생각할 수 있다.

또 한편으로 누가복음 4장 18-30절은 앞서 나온 2장 31-32절의 시므온의 예언, 곧 "만민 앞에 베푸신 구원이며 이방 사람을 비추는 빛"이란 예언을 반영하고 있으며 다른 한편으로는 뒤이어 계속 될 예수의 주요 사역 내용을 예시해주는 본문으로 생각할 수 있다.

예를 들어 누가는 이방인 백부장의 종을 고쳐준 이야기(눅 7:1-10)에 이어서 곧바로 나인성 과부의 아들을 다시 살린 이야기(눅 7:11-17)를 나란히 연결시켜 소개하는데, 이는 예수의 첫 설교 메시지(특히 눅 4:25-27)가 예수의 공생애 활동에서 구체적으로 반복되고 있음을 강조하려고 했던 것으로 생각된다. 이런 점에서 누가복음 7장 1-10절과 11-17절은 주제적으로 예수의 첫 설교와 밀접히 연관되어 있으며, 예수의 첫 설교는 7장의 두 이적 이야기의 예표 혹은 그 근거가 되고 있는 셈이다.

이런 생각을 가능하게 해주는 중요한 근거는 누가복음에서 예수께서 나인성 과부의 아들을 살리는 이야기가 구약에서 엘리야가 사렙다 과부의 아들을 살리는 이야기(왕상 17:8-24)와 너무나도 비슷하게 구성되어 있다는 점이다(왕하 4:32-37에서는 엘리사가 수넴 여인의 죽은 아들을 살리는 이야기가 나오기도 한다).

첫째로 두 이야기(왕상 17장과 눅 7장) 모두 예언자 엘리야와 예언자 예수(cf.눅 7:16)가 "과부의 죽은 아들"을 살려주고 있다. 사렙다 과부의 죽은 아들은 엘리야에 의해서, 나인 성 과부의 아들은 예수에 의해서 다시 살아나고 있다.

둘째로 사건이 일어난 장소에 대한 언급이 두 곳 모두 거의 똑같은 문구로 표현되어 있다.

저가(…)성문에 이를 때에
when he come to the gate of the city (왕상 17:10)

(저가) 성문에 가까이 오실 때에
as he drew near to the gate of the city (눅 7:12)

셋째로 다시 살아난 아들을 그의 어미에게 돌려주는 것에 대한 문장도 특히 헬라어에서는 아주 비슷하게 구성되어 있다.

(엘리야가) 그 아이를(…)그 어미에게 주며
delivered him to his mother (왕상 17:23)

(예수께서) 그를 어미에게 주신대
he gave him to his mother (눅 7:15)

넷째로 열왕기에서 엘리야가 사렙다 과부를, 누가복음에서 예수께서 나인성의 과부를 처음 만나는 장면 묘사에 있어서도 문자적으로 아주 비슷하다("behold(…)a widow(왕상 17:9)", "behold(…)a widow(눅 7:12)").

이 같은 문학적인 혹은 문자적인 유사성은 누가복음 7장에 나오는 나인성 과부의 이야기가 열왕기상 17장에 나오는 사렙다 과부의 이야기를 모델로 삼았다는 생각을 가능하게 해준다. 누가는 예수를 하나님이 보내신 "예언자(cf.눅 7:16)"로 소개하되, 특히 엘리야와 엘리사와 같은 예언자, 즉 북부 지방, 사마리아 지역에서 활동하던 예언자의 모습으로 강조하고 있다. 바로 이런 의도 때문에 나인성 과부 이야기를 이방인 백부장의 종을 고쳐준 이야기에 연결시켜 소개하는 것으로 생각된다.

뿐만 아니라 누가복음 17장에서 예수께서 사마리아 문둥병자를 고쳐주고 구원해주는 이야기도 예수께서 첫 번째 설교에서 말씀하셨던, 곧 "예언자 엘리사 시대에 이스라엘에 문둥병자들이 많이 있었지만 그들 가운데 아무도 깨끗함을 받지 못하고 다만 수리아사람 나아만이 깨끗함을 받았다"는 내용을 다시 강조하는 듯하다. 열 명의 문둥병자들이 예수를 통해서 다 같이 고침을 받았지만, 구원의 은혜는 아홉 명의 유대인 문둥병자들이 아니라 사마리아 문둥병자에게만 주어졌다. 예수께서는 이 사마리아 문둥병자를 향해서만 "네 믿음이 너를 구원했느니라"고 말씀하셨다. 이야기의 요점은 병 고침을 받았지만 아무런 감사도 하지 않은 9명의 유대인 문둥병자와 병 고침을 받고 감사하며 구원까지 받은 사마리아인 문둥병자의 차이에 있는 셈이다. 이방인 구원을 염두에 둔 예수 첫 설교가 여기서도 그대로 실현되고 있는 것이다.

누가복음 연구가들이 누가복음 4장에 나오는 예수의 공생애 첫 설교 말씀을 "누가 문서들을 위한 프로그램적인 본문"일 뿐만 아니라 "복음서와 사도행전의 전체적인 개요"이며 또한 "뒤에 이어지는 내용을 모두 읽기 위한 안경"이라고 부르는 이유가 바로 여기에 있다.

따라서 우리는 누가복음에 나오는 예수의 첫 설교가 누가복음에 이어 사도행전에서까지 전개될 예수와 사도들의 복음 전파, 곧 이방 선교 사역에 대한 중요한 프로그램이라는 사실에 다시 한 번 눈을 떠야 할 것이다. 그리고 누가가 누가복음을 기록하면서 얼마나 이방 선교 혹은 세계 선교에 대한 열정에 불타고 있었는지를 읽을 수 있어야 할 것이다.

09 물로 포도주를 만든 예수
(요 2:1-12)

한복음이 소개하는 예수의 첫 번째 이적은 갈릴리 가나에서 물로 포도주를 만든 사건이다. 그러나 요한복음은 이 사건에 대해 공관복음처럼 "이적(dunamis)"이란 용어를 사용하지 않고 "표적(semeion)"이란 단어를 사용하고 있다. 영어 "sign"으로 번역된 헬라어 "세메이온(semeion)"은 이적 사건 그 자체보다는 그 사건의 의미(significance)를 가리키는 것으로 생각된다. 그래서인지 요한복음에서는 예수의 첫 번째 이적 그 자체에 대한 관심은 거의 찾아 볼 수가 없다. 물이 어떻게 포도주로 변했는지에 대한 언급도 전혀 없다.

다른 복음서가 소개하는 이적 이야기는 예수의 특별하신 말씀이나 행동이 강조되고, 그 결과로 이적이 일어난다. 그리고 대부분의 결론에서 예외 없이 "무리들의 놀람"에 대한 언급이 나오는데(막 1:27, 2:12, 7:37 등), 요한복음이 전하는 포도주 이적에서는 그런 언급이 전혀없다. 그래서 어떤 측면에서는 이 이야기를 이적 이야기로 볼 수 없다는 말까지 나오고 있다. 따라서 우리는 물이 포도주가 되었다는 이적적인

사건에 관심을 기울이기보다는 그 사건이 주는 의미 또는 이야기를 통해서 요한복음 저자가 독자들에게 주려던 메시지에 더 관심을 기울여야 할 것이다.

또 한 가지 독특한 점은 요한복음 저자만이 물로 포도주를 만든 사건을 "첫 번째 표적(요 2:11)", 왕의 신하의 아들을 고쳐준 사건을 "두 번째 표적(요 4:54)"이라고 그 순서를 밝히고 있는 점이다. 그렇다고 요한복음 저자가 어떤 이적이 세 번째 것이고 어떤 것이 예수의 마지막 활동인지 밝히고 있는 것도 아니다.

더구나 첫 번째 표적(2장)과 두 번째 표적(4장) 사이 2장 23절에는 예수께서 유월절동안 예루살렘에서 행했던 여러 "표적들"에 대한 언급이 나온다. 3장에서도 니고데모가 예수에게 나아와 "당신이 행하시는 그런 '표적들'을 아무도 행할 수 없습니다(요 3:2)"라고 예수께서 행한 여러 이적들을 언급한다. 때문에 4장에 언급된 "두 번째 표적"이란 말은 역사적 혹은 연대기적인 의미에서 두 번째 표적을 가리키지 않는 것은 분명해 보인다.

오히려 요한이 첫 번째 표적과 두 번째 표적을 모두 "갈릴리 가나에서 행하신(요 2:11, 4:46)" 이적이라고 밝히고 있는 것으로 보아서 "첫 번째"와 "두 번째" 문구는 요한이 이용했던 갈릴리 가나에서 행한 "예수의 이적 수집록"에 붙어있던 것들로 생각해 볼 수 있다. 즉 요한이 말하는 첫 번째와 두 번째 이적은 갈릴리 가나의 이적 수집록의 순서일 뿐이고, 예수께서 다른 곳에서 행하신 이적들 또는 공생애 활동 전체에서 행하신 이적들의 첫 번째와 두 번째를 가리키는 말은 아니라는 말이다. 더구나 다른 복음서에서는 다른 이적들이 예수의 공생애 활동의 첫 번째 이적으로 소개되고 있다(마 8:1-4에서 문둥병자를 고친 이적, 막 1:22-28에서 회당에 들어가 귀신들린 사람을 고친 이적).

따라서 요한복음에만 나오는 "첫 번째", "두 번째"란 말을 사실 그대로의 순서로 생각할 필요는 없다. 요한이, 그리고 다른 복음서 저자들은 정확한 역사를 기록하려고 의도했던 사람들이 아니기 때문이다. 아마 복음서 저자들이 제일 먼저 소개하고 싶은 이적 이야기를 첫 번째로 소개하고 있다고 보는 것이 사실에 가장 가까울 것이다. 우리는 이 이적 이야기가 예수의 공생애 활동 중 첫 번째냐 아니냐를 논하기보다 요한이 왜 이 이적을 제일 먼저 소개하고 있는지 그 의도를 알아보아야 한다.

이 본문은 요한복음 저자가 2장 11절에서 "예수께서 이 첫 번째 표적(sign)을 행하여 그의 영광을 드러냈다"고 말한 사실을 미루어볼 때 이적 이야기라기보다는 "예수의 영광을 드러내기 위한" 표적으로 해석되어야 할 것이다.

예수께서 물로 포도주를 만든 이야기에서 가장 중요한 점은 나중 나온 포도주의 맛이 먼저 나온 포도주의 맛보다 훨씬 더 좋았다는 점이다. 본문의 서두에 보면 예수께서 잔칫집에 도착한 순간에 포도주가 떨어졌다. 그리고 예수의 말씀에 따라 내놓은 포도주가 먼저 것보다 훨씬 맛있어서 손님들이 놀란다. 잔칫집 손님들은 "신랑을 불러 누구든지 먼저 좋은 포도주를 내고 손님들이 취한 뒤에는 덜 좋은 것을 내는데 그대는 지금까지 좋은 포도주를 두어 두었구려"라고 말한다. 예수께서 새 포도주를 준비해서 간 것이 아니다. 이미 현장에 있던 여섯 개의 돌 항아리, 그것도 유대인의 정결 예법에 따라 준비해놓은 돌 항아리에 채워진 물을 변화시켜 먼저 나온 포도주보다 더 맛있고 좋은 포도주를 내놓았다.

그렇다면 요한복음 저자에게 있어서 "먼저 나온 포도주"는 무엇이고, "나중 나온 포도주"는 무엇을 의미하고 있는가? 그리고 나중 나온 포도주가 먼저 나온 포도주보다 훨씬 더 맛있다는 말은 도대체 무엇을 뜻하는가?

이것은 먼저 나타난 종교인 유대교보다 나중에 예수를 통해 주어진 기독교가 훨씬 더 우월하다고 말하는 것이다. 요한복음 저자는 좋은 포도주가 나쁜 포도주를 "대치"했다는 것을, 즉 기독교가 유대교를 "대치"했다는 것을 증거 하는 비유를 만들어냈다. 먼저 나온 유대교에 비해서 나중 나온 기독교가 훨씬 더 질이 좋고 맛도 좋은 종교라는 것을 강하게 말하는 것이다. 따라서 이 이야기는 유대교를 겨냥한 일종의 기독교적 변증으로 해석되어야 한다.

실제로 요한복음이 기록될 당시 활발하게 성장해가고 있는 기독교가 점점 유대교를 대치하고 있었다. 그래서 요한은 예수를 통해서 옛 종교가 새 종교로 대치되었다는 것을, 그리고 나중에 나온 것이 훨씬 더 좋다는 것을 증거하고 있는 것이다. 이것이 요한복음 저자가 이 이야기를 예수의 첫 번째 표적으로 소개하는 까닭이다.

요한복음이 기록되던 당시 대다수의 유대인들은 자신들의 회당 종교에 자부심을 느끼면서 자신들의 오랜 역사적 전통을 자랑했다. 요한 공동체에 속해 있던 기독교인들은 전에는 유대교 전통 속에서 신앙생활을 했었지만, 이제는 유대교로부터 분리되어 예수를 메시아로 믿는 새로운 신앙생활에 전념했다. 그러면서 나중에 나온 자신들의 "새로운" 신앙, 곧 예수를 메시아와 하나님의 아들로 믿는 기독교 신앙이 과거의 유대교 신앙보다 훨씬 더 좋은 것이라는 자부심을 갖고 있었고, 그래서 늘 자신들의 신앙을 자랑하며 널리 증거하고 있었다.

요한복음 저자의 이런 의도는 그가 복음서를 기록할 당시(주후 100년경) 유대교와 기독교 간의 판세를 살펴보면 좀 더 잘 이해할 수 있다. 본래 예수를 메시아와 하나님의 아들로 믿는 요한의 신앙 공동체는 유대인의 회당 가운데서 생겨났다. 즉 정규적으로 회당에 모이던 유대인들 가운데 일부가 예수를 메시아로, 더 나아가 하나님의 아들로 믿기 시작했다. 초대 기독교의 활발한 선교활동의 결과로 그런 사람들의 숫자가 점차 늘어나면서 유대교 회당 당국은 예수를 믿는 사람들을 박해하기 시작했다. 박해의 이유는 주로 다음과 같은 두 가지 신앙적 차이 때문이었다.

① 회당 내에서 다른 유대인들과 달리 예수를 "메시아"로 믿는다는 것!

② 다른 유대인들과는 달리 유일신론을 부정하고 이신론(二神論)을 믿는다는 것!

실제로 기독교인들은 유대교인들과 달리 예수를 하나님의 아들로, 하나님으로 믿고 있었다. 다음과 같은 본문들이 그 점을 분명히 보여주고 있다.

> 유대인들이 이로 말미암아 더욱 예수를 죽이고자 하니 이는 안식일을 범할 뿐만 아니라 하나님을 자기의 친 아버지라 하여 자기를 하나님과 동등으로 삼으심이라 (요 5:18)
>
> 나와 하나님은 하나니라 (요 10:30)
>
> 유대인들이 대답하되 선한 일로 말미암아 우리가 너를 돌로 치려는 것이 아니라, 신성모독으로 인함이니 네가 사람이 되어 자칭 하나님이라 함이로라 (요 10:33)
>
> 유대인들이 (빌라도에게) 대답하되 우리에게 법이 있으니 그 법대로 하면 그가 (=예수가) 당연히 죽을 것은 그가 자기를 하나님의 아들이라 함이니이다 (요 19:7)

박해 과정과 실상에 대해 좀 더 구체적으로 말하자면, 주후 85년경에 랍비 가말리엘 2세가 유대교의 최고 지도자로 있을 때 유대교는 유대교로부터 기독교로 개종하는 사람들을 막기 위한 조치의 하나로 회당 예배 때 사용할 〈18 기도문〉을 새로이 도입했다. 기독교인들에게 특히 관심이 있는 것은 〈18 기도문〉 중 열두 번째 기도문이다.

"박해자들에게는 소망이 없게 하시고, 오만의 지배를 우리 시대에 당장 근절시키오며, 기독교도들과 미님(=이단자들)들을 일순간에 멸하시오며, 그들의 이름을 생명의 책에서 도말하시사, 의인들과 함께 기록되지 않게 하옵소서."

이것을 흔히 "이단자들을 위한 저주 기도문(Birkath ha Minim)"이라고 부른다. 이 기도문을 회당 예배에 도입한 목적은 두 가지였다.

① 유대인들 가운데 기독교로 개종하려는 생각을 사전에 봉쇄

② 이미 기독교 신앙으로 개종했으면서도 회당 예배에 숨어 참석하고 있는 사람들을 색출하여 회당으로부터 축출

그런데 놀랍게도 이런 역사적 사실들은 주후 100년경에 기록된 요한복음에 그대로 반영되어 있다. "이미 유대인들이 누구든지 예수를 그리스도로 시인하는 자는 출교하기로 결의하였다(요 9:22)" 이 구절은 가말리엘 2세 때 있었던 기독교인들에 대한 회당 축출 혹은 파문 결정을 반영하고 있다. "그러나 관리 중에도 그를 믿는 자가 많되 바리새인들 때문에 드러나게 말하지 못하니 이는 출교를 당할까 두려워함이라(요 12:42)" 이 구절 역시 기독교인에 대한 파문 조치 때문에 겉으로는 아닌 것처럼 "숨어있는 기독교인들(the criptic Christians)"을 색출해내기 위해 "이단자들을 위한 저주 기도문"을 회당 예배에 도입한 조치를 반영하고 있다. "사람들이 너희를 출교할 뿐 아니라 때가 이르면 무릇 너희를 죽이는 자가(요 16:2)"가 있으리라는 구절은 유대 당국이 기독교인들을 회당에서 파문하여 축출할 뿐 아니라 나중에는 더 나아가 잡아 죽이기까지 했던 점을 반영하고 있다.

요한의 공동체는 유대교 당국으로부터 극심한 종교적 박해를 받고 있던 교회였다. 이런 상황에서 요한복음 저자는 유대교를 버리고 기독

교로 개종한 교인들을 향하여 나중에 나온 예수를 믿는 기독교 신앙이 먼저 있었던 유대교의 제사 종교보다 훨씬 낫다는 점을 강조할 필요가 있었다. 새로운 기독교 신앙에 대한 자부심을 고취시키기 위한 메시지이기도 한 셈이다.

이런 요한복음 저자의 의도는 본문의 전후 문맥을 통해서도 분명히 드러나고 있다. 요한복음 저자는 이미 1장에서 세례 요한이 예수에 의해서 "대치"되고 있다는 것을 말한 바 있다. 세례 요한이 먼저 왔지만 그는 뒤에 오시는 분의 신들메를 풀기도 감당 못할 사람이다. 뒤에 오시는 예수께서 먼저 온 세례 요한보다 훨씬 앞서 계셨던 분이요, 더 훌륭하고 위대한 분이다. 먼저 온 세례 요한은 빛에 대해 증거 하러 온 것뿐이고, 뒤에 오신 분 곧 예수께서 실제로 "세상의 빛(요 8:2, 9:5)"이다. 그래서 세례 요한 자신도 예수 그리스도를 가리켜 "저는 흥하여야 하고 나는 쇠하여야 하리라"고 말하고 있다.

또한 요한복음 저자는 첫 번째 이적 이야기에 뒤이어 곧바로 예수의 성전 숙정 이야기를 소개하고 있는데, 여기서도 "대치"의 사상이 똑같이 나타나고 있다. 먼저 나온 포도주가 나중 나온 더 맛있는 포도주에 의해 대치되듯이, 먼저 있었던 유대교의 성전 예배가 나중에 나온 더 훌륭한 예수의 부활 신앙에 의해 대치된다는 것이다. 그래서 요한은 예수께서 성전을 숙정하시면서 "이 성전을 허물어라 그리하면 내가 사흘 만에 다시 세우리라(요 2:19)"고 하신 말씀을 강조하고 있다. 유대교의 성전 제사 제도가 먼저 나온 맛없는 포도주라면, 예수 그리스도의 부활 신앙은 나중에 나온 더 맛있는 포도주에 비유되고 있는 것이다.

이런 점에서 예수의 첫 번째 표적으로 알려진 물로 포도주를 만든 이야기는 요한복음 저자에게 있어서 하나의 이적 이야기라기보다는 기독교 신앙의 우월성을 가르치기 위한 일종의 비유적 이야기이다.

요한복음 저자가 복음서를 기록할 당시는 유대교 당국, 회당 당국과의 메시아 논쟁에서 예수를 메시아와 하나님의 아들로 믿고 고백하는 자신들의 새로운 신앙과 새로운 종교인 기독교가 유대교보다는 훨씬 더 온전하고 훌륭하며 질적으로 우수하다고 변증을 벌이고 있던 때였다. 이런 상황에서 저자는 변증적인 설교에 가장 적절하다고 생각되는 이 이야기를 선택하여 예수의 첫 번째 이적으로, 그의 복음서 첫 번째 메시지로 부각시킨 것이다.

10 문둥병자를 고쳐준 예수

(마 8:1-4)

복음서 중 가장 처음 기록된 마가복음에 의하면 예수의 첫 번째 이적은 예수께서 회당에 들어가 더러운 귀신들린 사람을 고쳐주신 사건이다(막 1:21-28). 마가복음을 문서 자료로 사용한 누가복음 역시 첫 번째 이적을 예수께서 회당에서 들어가 더러운 귀신들린 사람을 고쳐주신 사건으로 소개하고 있다(눅 4:31-37). 요한복음의 첫 번째 이적은 우리가 잘 아는 대로 갈릴리 가나의 혼인 잔치에서 예수께서 물로 포도주를 만든 이적이다(요 2:1-12).

그런데 마가복음을 문서 자료로 삼아 의존하던 마태복음은 예수의 첫 번째 이적을 산상 설교를 마치고 산에서 내려와 문둥병자를 고쳐주신 사건으로 소개하고 있다(마 8:1-4). 문서자료인 마가복음에서는 이 이야기가 네 번째 이적으로 소개되고 있는데도 말이다(막 1:40-45). 마태가 자기 문서 자료인 마가복음에 기록된 순서를 바꾸면서까지 문둥병자를 고쳐준 이야기를 예수의 첫 번째 이적으로 소개하는 이유와 의도는 무엇일까?

마태가 이 이야기를 예수의 산상 설교(마 5-7장)에 이어 곧바로 소개한 가장 중요한 이유는 "모세" 때문이다.

마태는 모세를 하나님이 보내신 지도자요 구원자로 높이 신망하고 있는 유대인들을 향해 예수를 "모세와 같은 이"로, 다른 말로 한다면 "새로운 모세(the new Moses)" 혹은 "제2의 모세(the second Moses)"로 증거 하려 했다. 그래서 마태가 의도적으로 예수를 그의 복음서에서 모세의 유형이나 패턴에 따라 소개하고 있다고 주장되기도 한다(cf. Moses Typology). 그러나 마태는 예수를 단지 모세의 유형에 따라 "모세와 같은 이"로 소개하는 것이 아니라, 거기서 더 나아가 예수를 "모세보다 더 위대한 분", "모세보다 더 큰 분"으로 증거 한다.

① 마태복음에 모세 유형론이 가장 분명하고 두드러지는 부분은 예수의 탄생과 관련된 이야기이다. 예수께서 탄생하실 때 헤롯 왕은 두 살 이하의 어린 아이들을 다 죽여 버리라고 학살 명령을 내린다(마 2:16). 이것은 모세가 탄생했을 때 바로 왕이 히브리 족속의 갓 태어난 아이들을 다 죽여 버리라고 명령을 내린 것(출 1:22)을 반영한다. 수많은 아이들이 학살당하는 와중에 모세는 기적적으로 구원을 받아 죽음을 면했고 예수도 애굽으로 피신함으로써 죽음을 모면한다. 그리고 학살 명령을 내렸던 왕이 죽은 후에 모세와 예수는 각각 자기 고향으로 돌아와 거기서 하나님의 사업을 시작한다(출 4:18이하, 마 2:19-21).

② 예수께서는 서른 살이 되어서야 공생애 활동에 나선다. 30년 동안 갈릴리에서 알려지지 않은 삶을 살았던 것이다. 이것은 모세가 애굽에서 태어난 이후 공식적으로 히브리 백성들의 구원 사업에 나서기까지 미디안 광야에서 40년 동안 알려지지 않은 삶을 살았던 것과도 비슷하다.

③ 예수께서 공생애 활동에 나서기 전에 "광야에서(in the wilderness)", "40주야"를 금식한 것은 모세가 시내 산에서 "40주야(forty days and nights)"를 금식한 것과 아주 비슷하다(출 34:28, cf. 신 9:9,18).

다른 한편으로 예수께서 광야에서 40주야를 사탄에게 시험받은 이 야기는 출애굽한 이스라엘 백성들이 홍해를 건넌 후 모세에게 인도되어 광야에서 40년 동안 시험 받은 것과도 아주 비슷하다. 특히 이 이야기에서 사용된 "40", "광야에서", "인도되어", "시험받다"라는 용어는 예수의 광야 시험 이야기에서 그대로 반복되고 있다. 이 때문에 우리는 마태가 예수의 광야 시험 이야기를 의도적으로 모세가 출애굽시켰던 이스라엘 백성들이 광야에서 당했던 시험 이야기에 빗대서 소개하는 것으로 볼 수 있다.

④ 마태가 누가와 달리 소위 예수의 산상 설교를 "평지에서(눅 6:17)"가 아니라 "산 위에서(마 5:1)" 하신 것으로 기록한 까닭은 모세의 옛 법이 시내산 위에서 주어진 것이기 때문이다. 마태는 예수의 새 법(nova lex)이 모세처럼 산에서 주어진 것으로 소개하기 위해 의도적으로 설교의 장소로 "산"을 택했을 것으로 짐작된다. 유대인들은 산을 하나님과 가까운 곳, 그래서 하나님을 만나는 곳 혹은 하나님으로부터 계시나 신탁을 받는 곳으로 생각했다. 실제로 마태는 5장 21-48절에서 이른바 여섯 개의 대구 문장을 통해서 "모세의 옛 법"과 "예수의 새 법"을 대조시키고 있다.

⑤ 마태는 예수의 산상 설교에 이어 마태 8-9장에서 예수의 이적 열 개를 시리즈로 소개하는데, 이것 역시 모세가 바로 왕 앞에서 행했던 열 가지 재앙을 의식한 것으로 보인다.

⑥ 예수께서 갈릴리 바다를 건넌 후에 광야에서 수많은 무리들을 먹인 이적 이야기(마 14:13-21, 15:32-39)도 모세가 홍해 바다를 건넌 후 광야에서 이스라엘 백성들을 배불리 먹였던 것과 아주 유사한 형태로 기록되어 있다. 첫째로 사건의 무대가 각기 바다를 건넌 후(출애굽

기에서는 홍해, 마태복음에서는 갈릴리 바다) 광야 혹은 빈들이다. 둘째로 "떡"과 "물고기"란 단어가 모세의 경우에도 나타난다(cf.출 16:3, 민 11:22). 셋째로 이스라엘 백성들의 불평(출 16:2)과 함께 예수의 제자들의 불평도 나온다(마 14:15). 넷째로 두 경우 모두 무리들이 "먹고 배불렀다" 마태는 예수도 모세와 같이 그의 백성들을 먹이시는 분이라는 사실을 강조하려고 했던 것으로 생각된다.

⑦ 마태복음 17장 1-8절에 예수께서 제자들을 데리고 변화산에 올라가 광채가 나는 모습으로 변화하신 이야기가 나오는데, 이 이야기도 출애굽기에서 모세가 시내산에 올라가 십계명을 받아가지고 내려올 때 그의 백성들이 그의 얼굴을 보니 모습이 변하고 광채가 났다는 기록을 모델로 삼은 것으로 생각된다. 첫째로 마태복음에는 변화산에서 하늘 음성이 들려온 사건이 "엿새 후에(마 17:1)"에 있었다고 기록되는데, 출애굽기에서도 "여호와의 영광이 시내산 위에 머무르고 구름이 '육일 동안' 산을 가리더니 제 칠일에 여호와께서 구름 가운데서 모세를 부르셨다"고 했다(출 24:16). 둘째로 마태에 의하면 예수께서 변화산에 오르실 때 세 명의 제자들(베드로, 야고보, 요한)만 데리고 가셨는데(마 17:1), 모세가 시내산에 오를 때에도 "아론과 나답과 아비후" 세 사람의 이름이 언급되고 있다(출 24:1). 셋째로 출애굽기에 의하면 모세가 산에서 내려올 때 '얼굴 꺼풀에 광채가' 빛났는데(출 34:29-30), 예수도 변화산에서 그 얼굴이 해와 같이 빛났다고 했다(마 17:2).

이처럼 마태가 갖고 있었던 모세 의식 때문에 예수의 이적 이야기를 소개할 때에도 모세와 관련이 있는 이야기를 제일 먼저 소개한 것으로 보인다.

마태복음에서 예수께서 행한 첫 번째 이적인 문둥병자를 고친 이야기 역시 구약성서의 출애굽기 4장 6-7절과 민수기 12장 10-16절에 나오는 이야기의 영향을 받았을 것이다.

출애굽기 4장에는 모세가 처음으로 문둥병에 걸렸다가 곧 그 병으로부터 고침을 받은 기록이 나온다. 하나님께서 모세를 불러 바로 왕에게 가서 하나님의 백성들을 구해내라고 명령했을 때 모세는 자기는 그럴 능력이 없는 사람이라고 회피했다. 그때 하나님께서는 당신이 모세와 함께 하실 것이라는 사실을 확신시키기 위해서 모세더러 네 손을 품에 넣으라고 명령했고, 모세가 그대로 했을 때 모세의 손에 문둥병이 발하여 눈같이 희게 되었다. 그리고 하나님께서 다시 모세에게 네 손을 품에 넣으라고 명령했고, 모세가 그대로 했을 때 손이 다시 처음처럼 깨끗해졌다. 모세가 그의 생애 가운데서 처음으로 문둥병을 경험해보게 된 이야기이다. 민수기 12장에도 모세가 미리암을 문둥병으로부터 고쳐주는 이야기가 나온다. 미리암과 아론이 모세의 말을 듣지 않고 모세를 비방하자 하나님께서는 그들에게 진노하셨고, 그 결과 미리암이 문둥병에 걸려 그의 몸이 눈과 같이 희게 되었다. 그 때 모세가 하나님께 간구하여 미리암을 문둥병으로부터 고침을 받게 하였다.

따라서 마태가 예수의 많은 이적들 중에서 문둥병자를 고쳐준 사건을 그의 복음서에서 예수의 첫 번째 이적으로 선택한 이유는 예수를 모세와 연관시켜 생각하게 하려는 의도 때문이었을 것이다. 게다가 마태는 예수의 첫 이적 이야기를 소개하면서 예수께서 문둥병자를 향해 "가서 제사장에게 네 몸을 보이고 모세가 명한 대로 예물을 드리라(마 8:4)"며 직접 모세의 이름을 거론하는 것으로 기록한다.

그러나 한편으로 마태가 예수께서 문둥병자를 고쳐준 사건을 첫 번째 이적으로 소개한 이유는 모세와의 차이점을 부각시키기 위해서라고 해석되기도 한다.

모세는 분명 구약에서 많은 이적들을 행했지만, 모세가 바로의 궁정에서 행한 열 개의 이적들은 다 부정적이며 파괴적인 이적들이었다. 나일 강의 물을 피로 변화시켜 마시지 못하게 한 것이나, 이, 파리, 개구리 재앙들을 통해서 백성들을 괴롭게 만들고, 메뚜기 재앙이나 흑암 재앙이나 장자를 죽이는 재앙 등등 모두가 파괴적이고 부정적인 이적들이었다.

그러나 예수께서 행하신 이적들은 대부분 병든 사람을 고쳐준다거나 죽은 사람을 살리는 등 긍정적이며 생산적이고 건설적인 것들이었다. 더구나 예수께서 문둥병자를 고치신 사건의 경우, 모세는 율법 규정을 따라 문둥병자들을 부정한 자로 판정하여 가정생활과 사회생활 등 공동체로부터 밖으로 쫓아냈지만 예수는 공동체로부터 쫓겨나서 살던 문둥병자를 고쳐주어 다시금 공동체 안으로 들어가 가족과 더불어 살도록 해주었다.

이점에서 예수는 모세보다 훨씬 훌륭하고 위대한 분임에 틀림없으며, 마태는 바로 그 점을 독자들에게 말하고자 했을 것이다. 그런 까닭에 문둥병자를 고치신 사건을 산상 설교에 이어서 예수의 첫 번째 이적 이야기로 소개했던 것으로 보인다.

마지막으로 예수께서 문둥병자를 고치신 사건은 유대인들이 메시아 시대에나 있을 것으로 기대하던 이적이었다는 점에 주목할 필요가 있다. 그래서 마태는 8-9장에서 열 개의 이적 이야기들을 모두 소개한 후 "오실 이 곧 메시아가 당신입니까?"라고 묻는 세례 요한의 제자들에게 예수께서 "가서 요한에게 소경이 보며 앉은뱅이가 걸으며 문둥이가 깨끗함을 받으며 귀머거리가 들으며 죽은 자가 살아나며 가난한 자에게 복음이 전파된다고 하라(마 11:5)"고 답하셨다고 기록한다. 즉 마태는 예수께서 문둥병자를 고치신 이적을 통해 예수께서 바로 유대인들이 기대하던 메시아라는 사실을 증거하며, 드디어 메시아의 시대가 도래했음을 알리려고 했다.

이런 점들로 미루어 본다면 마태는 문둥병자를 고친 이적 이야기를 그의 복음서에서 예수의 첫 번째 이적으로 소개하며 실제의 역사적 순서가 아니라 자신의 신학적인 목적, 즉 예수는 "모세보다 더 큰 이"라고 전하면서 예수께서 유대인들이 그토록 기다리던 "메시아"임을 선포하고자 했다. 오늘날 복음서 연구가들이 말하듯 복음서는 독자들로 하여금 "예수를 하나님의 아들 그리스도로 믿고 그를 힘입어 생명을 얻게 하려고(요 20:31)" 기록한 신앙적 목적의 기록물이기 때문이다.

이방인 백부장의 종을 고쳐준 예수
(마 8:5-13, 눅 7:1-10)

이 이야기는 마태복음과 누가복음에 거의 비슷하게 소개되고 있다. ① 사건의 무대는 가버나움이다(마 8:5, 눅 7:1). ② 병 고침을 원했던 사람은 이방인 백부장이었다(마 8:5, 눅 7:2). ③ 백부장은 "예수께서 내 집에 들어오시는 것을 감당치 못하겠으니 말씀만 하옵소서"라고 겸손을 표시한다(마 8:8, 눅 7:6-7). ④ 예수께서 백부장의 이런 반응과 태도를 보고는 "이스라엘 중에서는 이만한 믿음을 만나 보지 못하였다(마 8:10, 눅 7:9)"고 백부장의 믿음을 칭찬했다. ⑤ 예수와 병자의 만남이 없는 상태에서 예수께서 말씀으로만 병자를 고쳤다. 이처럼 누가복음 본문과 마태복음 본문이 비슷한 이유는 같은 자료(Q)에서 이야기를 인용했기 때문이다.

그러나 두 본문 간의 차이도 아주 분명하다. 우리는 그 차이를 통해 두 복음서 저자의 의도와 두 복음서 본문에 나타나는 독특한 신학적 관점을 알게 될 것이다.

첫째로 예수의 병 고침이 필요했던 사람이 마태복음에서는 백부장의

"아들(son)"이지만, 누가복음에서는 "종(servant)"이다. 물론 헬라어 단어 "pais"가 "어린아이(child)", "아들", "종"을 다 의미할 수 있다. 그러나 마태가 "백부장의 병든 pais"라고 말할 때는 오직 pais란 단어만 사용한 반면에(마 8:7,8,13), 백부장이 권위의 관계 즉 주인과의 관계에서 말할 때에는 종 또는 노예를 뜻하는 "doulos"란 단어를 구별하여 사용했다(마 8:9). 마태가 백부장의 병든 사람을 말할 때 doulos가 아닌 pais를 일관되게 세 번씩이나 사용한 점으로 보아, 그는 종이 아니라 백부장의 아들일 것이다. 이런 점에서 마태복음 본문에서 "pais"를 "아들"로 번역하여 해석한 율리히 루츠(Ulrich Luz)의 판단이 더 옳다고 생각된다.[1]

반면 누가는 "pais"란 단어를 한 번 사용하긴 했지만(눅 7:7) 계속 종을 가리키는 "doulos"란 단어를 사용하고 있기 때문에(눅 7:2,3,10), 누가복음 본문에서는 병든 사람이 종이었다고 보아야 옳을 것이다. 더구나 누가복음 본문에 따르면 백부장의 종은 요한복음의 경우에서처럼 "병들어 거의 죽게 되었다"고 했는데, 마태복음 본문에서는 아들이 "괴롬을 당하고 있다"고만 했을 뿐이다.

이 같은 차이는 백부장에게 베푼 주님의 은혜가 마태복음보다 누가복음이 훨씬 더 크다는 것을 더욱 드러내 준다. 마태복음에서 중풍으로 괴롬을 당하고 있는 아들을 고쳐 준 것보다 누가복음에서 거의 죽게 된 종을 고쳐 준 경우가 백부장의 입장에서는 더욱 고마운 일이었기 때문이다.

둘째로 누가복음에서는 백부장이 예수께 직접 나아가기를 주저하고 있다. 그래서 자기 대신에 유대인의 장로 몇 사람을 예수께 보내 자기 종을 고쳐달라고 부탁한다. 또 그들이 예수께 백부장의 요청을 들어줘야 할 이유를 길게 설명하고 있다. 그런데 마태복음에서는 백부장은 적극적

---

1) Cf.Ulrich Luz, Matthew 8~20: Commentary(Hermeneia-A Critical and Historical Commentary on the Bible), Minneapolis: Fortress Press, 2001, p. 8.

이나 오히려 예수께서 병 고쳐 주는 것을 주저하는 것처럼 나온다. 물론 마태복음 8장 7절의 예수는 백부장의 직접적인 도움 요청을 받고는 곧바로 "내가 가서 고쳐 주리라"고 말씀하시며 주저함 없이 대응하시는 것처럼 보인다. 더구나 마태복음 8장 7절에 기록된 예수의 이 말씀은 마태복음에만 나오며 평행 본문인 누가복음에서는 찾아볼 수 없다.

그러나 마태복음의 본문은 예수께서 이방인에게 나아가 도움을 주는 일에 대해 상당히 주저하며 조심스런 태도를 보이고 있다는 것으로 해석되기도 한다. 루츠(U. Luz)는 백부장의 요청을 예수께서 "거부했다"고 보는데, 그 이유는 "유대인으로서 예수가 이방인의 집에 들어갈 수 없었기 때문이라"고 말한다.[2] 이런 해석은 루츠가 마태복음 8장 7절을 선언문 "내가 가서 고쳐 주마"로 번역하지 않고, 질문형으로 번역하여 "내가 가서 고쳐 줘야 하나?(Shall I come and heal him?)"라고 읽었기 때문이다.[3] 마태복음 8장 7절의 헬라어 원문 대문자 사본에는 본래 띄어쓰기와 구두점 표시 등이 없기 때문에 선언문으로 번역하거나 질문형으로 번역하는 일이 다 가능하다.

루츠는 후자의 번역을 택했다. 그가 질문형으로 이해하고 번역한 데에는 두 가지 이유가 있다. 하나는 문장의 주어인 "내가(ego)"란 인칭대명사가 문장의 제일 앞에, 즉 강조의 위치에서 사용되고 있는데 이것은 질문형으로 이해할 때에만 의미가 통하기 때문이다. 다른 하나는 연관된 이야기인 마태복음 15장 21-28절에서도 예수께서 이방 여인의 요구를 배척했기 때문이다.[4]

루츠의 번역에 따라 8장 7절을 읽으면 본문은 "내가 유대인으로서 어떻게 이방인의 집에 들어가 고쳐 줄 수가 있나?"라는 의미가 될 수 있다.

---

2) Cf.Ulrich Luz, Matthew 8~20, p. 10.
3) Ulrich Luz, Matthew 8~20, p. 8.
4) Ulrich Luz, Matthew 8~20, p. 8, n.1.

루츠는 마태복음의 예수께서 다른 복음서들보다 훨씬 더 율법에 충실한 분으로 소개되기 때문에 이런 번역과 이해가 더 옳다고 보았다. 그에 따르면 예수께서 처음에는 이방인과의 접촉에 대해 주저 혹은 거부하는 태도를 보였지만 백부장의 믿음을 보고 결국엔 예수께서 고쳐 주었다는 것이다. 따라서 루츠에게는 백부장이 "예수가 유대인으로서 반대하고 거부했음에도 불구하고 포기하지 않았던 이방인", 다시 말해 믿음으로 예수의 반대와 거부를 끝내 극복한 이방인이었던 셈이다.

반면 누가복음에서는 백부장이 감히 예수께 직접 나아와 고쳐 달라고 부탁하지 못하고, 유대인의 장로 몇을 보내어 간청하고 있다(눅 7:3). 누가가 마태복음과 달리 유대인 장로들을 내세워 예수께 종의 치료를 부탁하는 형태로 본문을 기록한 이유는 무엇일까?

누가의 이 같은 기록은 이방인 선교가 실제로 예수의 공생애 활동 중이 아니라 그의 죽음과 부활 이후에, 즉 사도행전에서 그의 제자들에 의해 비로소 시작되었다는 역사적 사실을 고려했기 때문이다. 누가는 예수께서 이방인 가나안 여인을 만나 그의 딸을 고쳐 준 이야기(막 7:24-30, 마 15:21-28)를 자기 복음서에 기록하지 않았는데, 이는 예수께서 공생애 중에 실제로 이방인을 직접 만나는 일이 없었다는 사실을 의식했기 때문으로 생각된다.

누가에게 예수는 마태복음 10장 5-6절에서 열두 제자들을 파송하면서 그들에게 "이방인의 길로도 가지 말고 사마리아인의 고을에도 들어가지 말고 오히려 이스라엘 집의 잃어버린 양에게로 가라"고 명령했던 분으로 기억되었을 수 있다. "유대인들에게는 예수가 직접적으로 나아가지만, 이방인들에게는 오직 제자들이 전해 주는 그의 말씀을 통해서만 나아간다."[5]는 입장이 누가의 일관된 생각이었던 것 같다.

---

5) E. Ellis, The Gospel of Luke, p. 117.

셋째로 누가는 마태와 달리 백부장이 그 종을 사랑할 뿐만 아니라 "(유대) 민족을 사랑하고 또한 (유대인을 위하여) 회당을 지어 준(눅 7:5)" 사람이라고 말한다. 그가 유대인과 유대교에 대해 아주 호의적인 인물이라는 점을 강조한다. 유대교 장로들은 예수께 와서 백부장이 예수의 은혜를 받을 만한 자격이 있기에 "이 일을 하시는 것이 이 사람에게는 합당하니이다(눅 7:4)"라고 말한다. 그런데 백부장은 예수를 자기 집에 모실 자격이 없다며 "주여(…)내 집에 들어오심을 나는 감당치 못할 줄을 알았나이다. 말씀만 하옵소서(눅 7:6-7)"라고 말한다. 유대 장로들은 백부장의 '자격 있음'을 강조하는데 백부장은 자신의 '자격 없음'을 고백한다. 이러한 대조는 백부장의 겸손과 믿음을 더욱 잘 드러낸다.

로마 백부장에 대한 누가의 호의적인 묘사는 로마와의 정치적 우호관계를 잘 유지하며 과시하려는, 그래서 로마 세계를 향한 복음 전파를 보다 효과적으로 수행하려는 정치적 변증의 관심에서 나왔다고 생각된다.

넷째로 마태가 누가보다 백부장의 믿음을 더 강조한다. 마태와 누가는 "내가 진정으로 너희에게 말한다. 지금까지 내가 이스라엘 사람들 가운데서 이런 믿음을 본 일이 없다(마 8:10)"는 말을 통해 백부장의 믿음을 강조했다. 그리고 그 말씀 이후에 마태만이 백부장을 향해 "가라. 네가 믿은 대로 될 것이라(마 8:13)"는 말씀을 첨가한다.

마태가 이렇게 두 번씩이나(마 8:10,13) 백부장의 믿음을 강조하는 것에 대해 헬드(H. J. Held)는 "마태는 이런 식으로 백부장의 믿음에 대한 예수의 말씀을, 믿음이 있는 이방인들에게는 메시아의 잔치에 들어갈 수 있는 길이 열린다는 약속을 이방인들에게 하고 있다고 해석해 준다."고 말한다.[6]

---

6) CH. J. Held, "Matthew as Interpreter of the Miracle Stories," in: G. Bornkamm, G. Barth and H. J. Held, Tradition and Interpretation, Philadelphia: The Westminster Press, 1963, p. 196.

마태는 백부장이 비록 이방인이었지만 그의 믿음이 어느 이스라엘 사람보다 컸기 때문에 하나님의 은혜를 입을 수 있고, 하나님 나라의 잔치에 참여할 수 있게 되었음을 가르치고 있다면, 누가는 백부장의 믿음 때문에 그의 종을 고쳐 주었다기보다는 이방인에게 은혜를 베푸는 것이 하나님의 뜻이요 또한 예수의 의지라는 점을 더 강조하고 있다고 해석할 수 있다.

다섯째로 마태는 이 이야기의 결론으로 "너희에게 이르노니 동서로부터 많은 사람이 이르러 아브라함과 이삭과 야곱과 함께 천국에 앉으려니와 나라의 본 자손들은 바깥 어두운 데 쫓겨나 거기서 울며 이를 갊이 있으리라(마 8:11-12)"는 말씀을 첨가한다. 믿음을 가진 이방인이 천국에 들어가고 믿음이 없는 이스라엘 백성이 오히려 쫓겨난다는 소위 "유대인의 배척과 이방인의 환영"이라는 주제를 드러낸다. 마태가 보여 주는 친(親)이방적 경향(the pro-Gentile tendency)[7]의 구체적 표현이라고 말할 수 있다.

그러나 누가는 위의 말씀은 완전히 다른 문맥(눅 13:28-30)에서 소개하고 있으며, 본문의 이적 이야기는 나인성 과부의 죽은 아들을 살리는 이적과 연결하여 편집함으로써 예수의 연속된 이방인에 대한 사역에 대한 관심을 드러낸다.

누가가 백부장의 종을 고쳐 준 이야기에 곧바로 나인 성 과부의 아들을 살린 이야기를 연결한 의도는, 예수의 나사렛 회당 설교에서 그토록 강조된 바 있는 엘리야와 엘리사의 전례가 그의 공생애 활동 초기부터 반복 실현되고 있음을 나타내려는데 있었던 것 같다. 왜냐하면 엘리야가 했던 일은 시돈 지방의 사렙다 과부를 돕는 일이었고, 엘리사가 했던 일

---

7) Cf.Ernest L. Abel, "Who Wrote Matthew?" NTS 17, p. 142; K. W. Clark, "The Gentile Bias in Matthew," JBL(1947), pp. 165~172.15) E. Ellis, The Gospel of Luke, p. 117.

은 수리아의 군대 장관 나아만을 돕는 일이었기 때문이다. 이런 점에서 누가복음 7장 1-17절은 주제 면에서 나사렛 회당 설교와 밀접히 연관되어 있는 셈이다.

누가는 이 이야기를 단순히 예수의 이적 중 하나로 소개하지 않는다. 이방인들도 이 백부장처럼 '믿음'이 있다면 능히 예수의 은혜와 자비를 받을 수 있음을 가르치려는 교육적이며 선교적인 목적이 있었다.

누가의 본문에서 백부장의 믿음은 두 가지 점에서 아주 분명히 부각된다. 첫째는 백부장이 예수를 자기 집에 모시기에는 자신이 너무 부족하며 "자신이 감히 주님을 만나 뵈올 생각조차 못 하겠다(눅 7:7)"고 고백한 것이다. 둘째는 그가 예수의 권위 있는 말씀에 대한 절대적인 신뢰를 나타내고 있다는 점이다. "그저 말씀만 하셔서 제 종을 낫게 해 주십시오. 저도 상관을 받드는 사람이고 제 밑에도 군인들이 있어서 제가 이 사람더러 '가라'하면 가고 저 사람더러 '오라'하면 오고 제 종더러 '이것을 하라'하면 합니다(눅 7:7-8)" 예수도 "나는 이스라엘 중에서 아직 이런 믿음을 본 일이 없다."고 말하며 백부장의 믿음을 아주 높게 평가했다. 따라서 이 이야기는 예수 앞에서 자신의 부족함과 자격 없음을 고백하고 예수의 권위에 대한 믿음을 드러낸 경건한 이방인의 모델로 제시하는 것이다.

더구나 누가복음의 백부장은 예수를 (만나)보지도 않은 상태에서 예수를 믿은 사람의 모범이 된다. 앞에서도 언급했듯이 백부장은 직접 예수께 나오지 못하고 유대의 장로들을 보냈으며, 다음에는 친구들을 보냈다. 이처럼 백부장은 다른 사람을 통해서만 예수를 만났다. 따라서 그는 베드로전서 1장 8절 말씀처럼 "보지 못하였으나 사랑한" 이방인을 대표하고 있다. 요한복음 20장 29절에서 예수께서는 "나를 보지 않고도 믿는 사람은 복이 있다."고 말씀하셨는데 아마도 이 백부장을 두고 하신 말씀일 수도 있다.

누가가 전하는 예수: "이 사람은 누구인가?"
(눅 8:26-56)

누가는 그의 복음서 8장 26-56절에서 예수께서 ① 거라사의 귀신들린 사람을 고쳐주고 ② 혈루병 여인을 고친 후에 ③ 회당장 야이로의 죽은 외동딸을 살려내는 이야기를 연속적으로 소개하고 있다. 이것이 실제 예수의 공생애 활동에서 세 사건이 연속적으로 있었기 때문이라고 생각할 수는 없다. 그렇다면 누가는 어떤 의도와 목적으로 세 이야기를 연결시켜 소개했는지에 대해 알아볼 필요가 있다.

물론 누가복음의 문서자료인 마가복음에서도 그처럼 연속적으로 소개되고 있기는 하다. 그러나 이야기를 소개하는 앞뒤 문맥이 마가와는 분명히 다르다. 누가가 이처럼 세 이적 이야기를 연달아 소개한 의도를 정확히 이해하려면 이 본문의 앞뒤 문맥을 살펴볼 필요가 있다. 그래야 마가와는 다른 누가만의 독특한 의도를 알 수 있을 것이다.

첫째로 누가는 세 이적 이야기를 "예수께서 풍랑의 바다를 잔잔케 하신 이야기(눅 8:22-26)" 바로 뒤에 소개하고 있다. 이 점은 마가복음과도 동일하다. 누가는 풍랑의 바다를 잔잔케 하신 예수를 소개하면서 예수는 바다와 바람, 즉 자연을 지배할 수 있는 능력을 가진 분임을 보여주고 있다. 제자들은 예수의 명령에 따라 바다와 바람이 잔잔해지는 것을 보고는 "이 분이 누구이기에(τίς ἄρα οὗτός ἐστιν; who is this man?) 바람과 물을 호령하시며 또 그것들이 이분에게 복종하는가?(눅 8:25)"라고 말하며 놀란다.

둘째로 누가는 세 이적 이야기 직후에 예수께서 열두 제자를 전도 파송하는 이야기(눅 9:1-6)를 소개한다. 이 점에서 누가는 마가와 중요한 차이를 보이고 있인다. 마가는 세 이적 이야기 후에 예수께서 고향 땅에 들어갔지만 고향 사람들의 불신앙 때문에 몇몇 병자들을 고쳐준 것 외에는 별다른 이적을 행하실 수 없었다는 이야기(막 6:1-6)를 전한다. 그러나 누가는 예수께서 제자들을 전도 파송하면서 그들에게 예수 자신이 갖고 계셨던, 세 이적들을 통해 보여주신 "모든 귀신을 제어하고 병을 고치는 능력과 권세"를 주셨다(눅 9:1)는 점을 강조하고 있다. 제자들도 예수처럼 그 능력과 권세로 모든 귀신을 제어하고 병을 고치는 일에 사용해야 한다는 의미를 드러내는 것이다.

그런데 여기서 우리가 더욱 주목해야 할 점은 누가가 9장 1-6절 이후 분봉 왕 헤롯이 던진 (예수의 제자들이 전파하는) "이 사람은 누구인가?(τίς δέ ἐστιν οὗτος; who is this man?)"라는 질문(눅 9:9)을 소개한다는 점이다. 왜냐하면 흥미롭게도, 그리고 아주 의도적으로, 누가는 세 이적 이야기 직전에도 예수를 가리켜 도대체 "이 사람은 누구인가?(τίς δέ ἐστιν οὗτος; who is this man?)"라고 묻는 "제자들"의 질문(눅 8:25)을 제시히기 때문이나.

세 이적 이야기들은 예수에게 제기된 "이 사람이 누구인가?"란 질문 사이에 샌드위치 편집되어 있다. 따라서 우리는 누가가 세 이적 이야기를 소개한 의도가 "예수가 누구인가?"를 밝히기 위함이었다고 보아야 옳을 것이다.

사실 이미 누가복음 7장의 "용서받은 죄 많은 여인"의 이야기에서도 "이 사람이 누구인가?(눅 7:49)"라는 똑같은 질문이 나온다. 그리고 흥미롭게도 누가는 8장의 경우와 비슷하게 이 질문을 또 다른 세 이야기 곧 ① 이방인 백부장의 종을 고친 이야기 ② 나인 성 과부의 죽은 아들을 살린 이야기 ③ 용서 받은 죄 많은 여인의 이야기 직후에 소개하고 있다. 따라서 우리는 누가의 관심이 이미 7장에서부터 8장을 지나 9장에 이르기까지 계속 예수를 두고 도대체 "이 사람이 누구인가?"란 점에 집중되어 있다는 점을 간과할 수 없다.

다음으로 누가가 세 이적 이야기들을 연결하여 소개하는 또 다른 특별한 의도가 있다. 첫째로 거라사의 귀신들린 사람을 고친 첫 번째 이적(눅 8:26-39)은 예수께서 갈릴리 바다를 건너(cf.눅 8:22) 이방 땅으로 들어가 행한 것이고, 두 번째와 세 번째 이적은 다시 돌아와(cf.눅 8:40) 유대 땅에서 행한 것이다. 즉 처음 이야기와 나중 두 이야기 간에 대조되는 지리적 상황에 눈을 돌려볼 필요가 있다.

거라사 귀신들린 사람을 고친 지역은 갈릴리 바다 "맞은 편" 혹은 "건너편(눅 8:26)" 곧 이방인들의 땅이고, 혈루병 여인과 회당장 야이로의 딸을 고친 지역은 갈릴리 바다의 반대편 곧 유대인들의 땅이다. 결국 우리는 이 이야기들을 통해서 누가가 제기하고 있는 질문, 곧 예수라는 "이 사람은 누구인가?" 과연 "예수가 어떤 분인지?"를 알 수 있게 된다.

누가는 예수께서 유대인이나 이방인 모두를 찾아가 은혜를 베푸시는 분이라는 점을 밝히려고 했다. 누가의 이런 의도는 이미 누가복음 7장 1-17절에서 예수께서 이방인 백부장의 종을 고친 이야기와 나인 성 과부의 아들을 고친 이야기를 연이어 나란히 소개한 데서도 그대로 드러난 바 있다.

둘째로 두 번째 이야기와 세 번째 이야기, 즉 회당장 야이로의 딸을 살린 이야기와 혈루병 여인을 고친 이야기를 연결시킨 데에도 특별한 의도가 있다. 두 이야기 모두 예수께서 여인들에게 특별한 은혜를 베풀었다는 공통점이 있다. 누가복음은 다른 어떤 복음서들보다도 예수께서 여인들을 아주 높이 평가하는 "여인들의 복음"으로 알려져 있기도 하다. 또 두 이야기는 모두 "12"란 숫자에 의해 연결되어 있다. 혈루병 여인은 "열두" 해를 앓았고(눅 8:43), 야이로의 딸은 "열두" 살이었다(눅 8:42). 또 혈루병 여인(눅 8:48)과, 야이로의 딸(눅 8:42)을 가리켜 각각 "딸(θυγάτηρ; daughter)"이란 똑같은 단어를 사용하고 있다.

그러나 두 이야기 사이에는 분명한 차이점들도 있다. 누가에게는 이점이 더 중요해 보인다. 회당장 야이로는 그 당시 사회 속에서 "이름 있는 남자(man of name)", "지위 있는 남자(a man of status)"였다면, 혈루병 여인은 "이름 없는 여인(a woman of no name)", "지위 없는 여인(a woman of no status)"이었다(a nameless and statusless woman). 야이로의 딸이 열두 해 동안 회당장의 딸로 사회적 특권과 혜택을 누려온 상류층에 속했다면, 혈루병 여인은 율법에 의해 부정한 여인이란 누명을 얻어 열두 해 동안 버림받은 고통을 당해온 하류층이었다.

두 이야기는 예수의 구원의 은총이 한편으로는 유대 사회의 계층 가장 밑바닥에 있는 여자에게, 다른 한편으로는 그 계층 꼭대기에 있는 남자(회당장 야이로와 그의 가정)에게 전해지는 과정을 보여준다. 따라서 누가가 두 이야기를 연이은 목적은 예수께서는 유대인 이방인 상관없이 인종을 초월하실 뿐 아니라, 사회적인 계층도 초월하여 사역하는 분임을 보여주려는 것임을 알 수 있다.

누가의 이런 의도는 누가복음 4장 예수의 첫 설교에서 구약시대에 이미 하나님의 은혜가 수리아의 나아만 "장군"과 시돈의 사렙다 "과부"에게 주어진 것을 강조한 데에서 나타난 바 있다. 또 7장에서도 예수께서 "백부장"의 종을 고쳐준 이후에 나인 성의 "과부"의 아들을 고쳐준 이야기에서도 잘 드러난다.

셋째로 "질병과 죽음을 지배하는 예수의 능력"이란 주제에 관심을 기울일 필요도 있다. 세 이야기에는 예수께서 귀신들린 사람을 고치시며, 혈루병을 가진 여인을 고치실 뿐 아니라, 이미 죽은 야이로의 외동딸도 다시 살려낼 수 있는 능력을 가지신 분이라는 메시지가 있다. 아마 이런 주제는 이미 마가복음에서부터 강조되던 것 중 하나였을 것이다.

그러나 이것이 세 이야기의 주제 전부는 아니다. 누가는 이것 말고 다른 어떤 공통의 주제를 드러내려 했다. 바로 "밖으로 밀려난 사람들을 안으로 다시 불러들이는" 그래서 공동체가 다시금 온전히 회복되어야 한다는 주제이다. 이는 누가복음에서 자주 강조되고 있는 것 중 하나이다.

거라사 귀신들린 사람은 귀신에 들렸다는 이유로 공동체 안에서 살아 있는 사람들과 함께 살지 못하고 쫓겨나서, 죽은 사람들의 땅인 무덤가에서 마치 죽은 사람처럼 살고 있었다. 혈루병 여인도 율법에 의해 부정하고 불결하다고 해서 정결한 사람들과 함께 살지 못하고, 열두 해 동안 공동체로부터 버림받은 삶을 살 수밖에 없었다. 또한 열두 해 동안 가정에서 많은 사랑을 받던 회당장 야이로의 외동딸이 죽어 더 이상 사랑하는 가족들과 함께 살지 못하고, 그들과 영영 사별할 수밖에 없게 되었다. 예수께서는 이들을 모두 건강하게 고쳐주고, 다시 살려주어 가정과 공동체로 돌아가 사람들과 더불어 살게 해주셨다.

예수는 누구인가? 예수는 어떤 분인가? 그는 밖으로 밀려난 사람들(the outcasts)을 다시 공동체 안으로 들어갈 수 있게 해주는 분이다. 곧 "가정과 공동체의 회복"이란 공통의 주제가 세 이야기를 관통하고 있다는 점을 간과하지 말아야 할 것이다.

더구나 세 이야기 모두에서 예수께서는 율법이 요구하는 적정선을 완전히 넘어 행동한다. 즉 예수는 율법 규정을 완전히 어기신 분으로 묘사되고 있다. 그는 유대인이 들어가서는 안 될 부정한 이방인들의 땅인 거라사 지방에 들어갔고, 율법에 의해 부정하다고 판정된 여인과 접촉했으며, 시체를 만지면 부정하게 된다는 율법 규정을 알면서도 죽은 아이의 손을 직접 만지셨다. 예수는 그런 분이었다. 누가에 의하면 예수는 세 이적 이야기 전에 이미 더러운 귀신들린 사람을 고쳐주셨고(눅 4:31-37), 부정하고 불결한 문둥병자의 손을 만지셨고(눅 5:13), 과부의 죽은 아들의 관에 손을 대시며 그를 살려내신 분이다(눅 7:11-17). 모두 율법의 규정을 넘어나간 행동이었다.

누가에게 있어서 예수는 "안식일의 주인(눅 6:5)"일 뿐만 아니라, 율법의 규정보다도 사람의 생명을 더 귀하게 보시는 분, 그래서 사람의 생명을 구하기 위해서는 율법 규정을 범하는 것조차 전혀 주저하지 않으시는 분이다.

이런 이야기들을 통해서 누가가 독자들에게 전하려는 메시지는 무엇일까? 예수께서 세 이적을 통해 고친 질병과 죽음은 단순히 문자 그대로의 것이 아니었다. 보다 깊은 의미에서 예수께서 쫓아내고 몰아냈던 귀신들은 오늘날 우리들에게도 여전히 역사하고 있는 "소외와 배척의 귀신들"이다. 예수께서 이 땅에 와서 행한 이적들이 단지 귀신을 쫓아내며 질병을 고쳐준 것이라고 생각해서는 안 된다. 그가 고치고자 했던 진짜 질병, 쫓아내고자 했던 진짜 귀신은 소외와 배척의 귀신이었다.

이적의 주인공들 모두가 소외와 배척의 아픔을 겪고 있던 사람들이었다. 예수께서 그런 사람들을 고쳐주었다. 소외와 배척의 벽을 허물고, 다시 이전의 삶으로 돌아갈 수 있게 해주었다.

정말로 우리 사회에서 고쳐야 할 질병과 쫓아내야 할 귀신이 있다면 그것은 자기와 같지 않은 사람, 자기와 다른 생각을 하는 사람을 불결하거나 부정한 사람으로, 또는 죄인이나 악인으로 가르며 배척하는 것이다. 병든 사람을 죄인 취급하면서 부정하고 불결한 사람처럼 소외시키며 배척하는 것이다. 피부색이 다르다고 다른 나라 출신이라고 멸시 천대하며 배척하는 것이다. 나보다 약한 사람을 무시하며 괴롭히는 것이다. 성경에선 세상에 의인은 없나니 하나도 없다고 가르치는데도 자기만은 의인인 것처럼, 다른 사람들을 죄인처럼 소외시키며 배척하는 그런 질병과 귀신들이 아니겠는가?

따라서 누가복음 8장의 세 이적 이야기들은 우리에게 기독교 복음 사역의 본질에 대해서, 무엇보다도 "예수는 누구인가?"에 대해서 다시금 깊게 성찰해 보도록 촉구하고 있다.

복음 사역은 하나님의 은혜의 대상이 전혀 아닐 것으로 생각되는 "이방인들"에게까지도 나아가야 한다. 공동체의 상류에 있는 사람들뿐만 아니라 밑바닥에 있는 소외된 사람들에게까지, 그리고 거기서 더 나아가 남녀를 불문하고 공동체의 일원이면서도 공동체로부터 밀려난 변두리 인생들(the marginal persons, the outcasts of the society)에게로 나아가는 일이어야만 할 것이다. 또한 복음 사역은 오랜 동안 악에 의해 억압받고 고통당했던 사람들뿐만 아니라, 건강하고도 복된 삶을 누리다가 갑자기 그것을 빼앗긴 사람들에게도 기쁨과 회복을 주는 일이 되어야 할 것이다. 예수께서 했던 것처럼 말이다.

이러한 견지에서 누가가 마가와 달리 세 이야기 바로 뒤에 열두 제자에게 "능력과 권세"를 주어 전도 파송한 이야기를 소개한 것이 참 중요하다. 제자들이 예수로부터 예수 자신이 세 이적에서 행했던 것과 똑같은 "능력과 권세"를 받았다면, 그들이 할 일도 예수와 같은 것이어야 한다. 누가는 제자들이 진정 해야 할 일은 예수께서 주신 능력과 권세로 예수께서 하신 것처럼, 귀신을 쫓아내고 질병을 고치며 공동체 안에서 자기와 같지 않은 사람, 자기와 다른 생각을 갖고 있는 사람들을 갈라내며 배척하는 그런 질병과 귀신들을 쫓아내는 일이어야 한다는 점을 강조하는 것이다.

제자들은 예수께서 하셨던 일을 그대로 계속해 나가야 할 후계자들이 아닌가? 그렇다면 이것이 오늘날 예수를 믿고 따른다고 하는 예수의 제자들이 계속 이어 나가야 할 일이 아니고 무엇이겠는가?

13 예수께서 가르치신 <주기도문>
(마 6:9-13, 눅 11:2-4)

예수께서 가르쳐주신 것으로 알려지는 <주기도문(the Lord's Prayer)>은 우리 성경에 두 가지 형태(마 6:9-13, 눅 11:2-4)로 전해지고 있다. 교회에서 일반적으로 사용되는 <주기도문>은 대체로 마태복음의 본문에 가까운데, 누가복음의 것과는 두 가지 점에서 큰 차이를 보인다. 하나는 분량(length)이고, 다른 하나는 구체적인 표현(wording)이다.

그러다보니 당연히 두 개 중에 어느 것이 예수께서 가르치신 원형에 가장 가까운가, 왜 이렇게 서로 다른 형태로 전해지게 되었는가 하는 문제가 제기될 수밖에 없다.

(1) 두 〈주기도문〉의 길이(length) 차이

	마태복음	누가복음
호칭	하늘에 계신 아버지	아버지
당신-간구문	(당신의) 이름이 거룩히 여김을 받으시오며 (당신의) 나라가 임하시오며 (당신의) 뜻이 하늘에서 이루어진 것 같이 땅에서도 이루어지이다	(당신의) 이름이 거룩히 여김을 받으시오며 (당신의) 나라가 임하시오며
우리-간구문	오늘 우리에게 일용할 양식을 주시고 우리가 우리에게 빚을 진 자를 사하여 준 것 같이 우리 빚을 사하여 주옵시고 우리를 시험에 들게 하지 마옵시고 다만 악에서 구하옵소서	우리에게 날마다 일용할 양식을 주시고 우리가 우리에게 죄 지은 모든 사람을 용서하오니 우리 죄도 사하여 주시옵고 우리를 시험에 들게 하지 마옵소서
송영	나라와 권세와 영광이 아버지께 영원히 있사옵나이다	

주기도문은 크게 네 부분(호칭, 당신-간구문, 우리-간구문, 송영)으로 구성되어 있는데, 마태복음에만 나오는 간구문(밑줄 그은 부분) 모두 네 부분의 끝자락에 있는 점을 눈여겨 볼 필요가 있다. 또 마태는 "아버지"란 호칭에 "하늘에 계신 우리"란 문구를 첨가했으며, 주기도문의 마지막에 송영을 첨가한 것으로 보인다.[1]

또 마태가 당신-간구문에서 "당신의 뜻이 하늘에서 이루어진 것 같이 땅에서도 이루어지이다"란 말을 첨가한 이유는 예수의 겟세마네 동

---

[1] 주후 50-70년경에 기록된 것으로 알려진 Didache("The Teaching of the Twelve Apostles")에 인용된 〈주기도문〉의 송영은 "for thine is the power and the glory for ever"라고 되어 있다. 따라서 〈주기도문〉의 송영은 예수께서 가르치신 〈주기도문〉의 본래가 아니라, 기도하는 사람에 따라 다르게 마감될 수 있는 송영이었을 것으로 보인다.

산 기도문 때문으로 보인다. 예수께서는 겟세마네 동산에서 "당신의 뜻이 이루어지이다(Thy will be done)"라고 기도하셨다(마 26:42). 마태는 주기도문에 헬라어 원문으로도 똑같이 "당신의 뜻이 이루어지이다"라고 기록했다. 아마 마태는 예수의 겟세마네 기도문을 가장 모범적인 기도문으로 생각하고, 그것을 주기도문에 첨가해서 가르치려고 했던 것으로 생각된다.

"보다 짧은 것이 원형에 더 가깝다(the shorter the better)"는 본문비평가들의 원칙에 따른다면, 누가가 소개하는 주기도문의 형태가 길이에 있어서는 원형에 더 가까운 것으로 생각된다.

(2) 두 〈주기도문〉의 표현(wording) 차이

	마태복음	누가복음
아버지	our Father who are in Heaven (하늘에 계신 우리)	Father
일용할 양식	Give us today(오늘) our daily bread	Give us each day(날마다) our daily bread
죄 용서	Forgive us our debts(빚) as we also have forgiven our debtors	Forgive us our sins(죄) for we ourselves forgive every one who is indebted us

① 누가의 주기도문에 나오는 호칭 "아버지(abba)"가 예수께서 가르치신 원형일 것으로 생각된다. 예수 자신도 하나님을 부를 때, "아바 아버지"라고만 했다(막 14:36). 마태가 이 호칭에 "하늘에 계신 우리"란 수식어를 붙인 것은 교회의 예전(liturgy)을 염두에 두고 첨가한 것으로 생각된다.

② "일용할 양식(daily bread)"라고 번역된 헬라어 원문은 "artos epiousios"인데, 특히 "일용할"이라고 번역된 헬라어 "epiousios"는 신약성서 여기에만 나오는 단어로 그 의미를 밝히기 아주 어렵다. 그래서 그 해석에 대해 많은 논란이 있어왔다.

초대 교부 제롬(Jerome, 주후 342-420경)이 아라멕어로 기록한 〈나사렛인의 복음서〉에 실린 주기도문에 사용된 단어는 "mahar"로 그 의미는 "내일(tomorrow)"이다. 예수께서 헬라어 "epiousios"가 아니라 아라멕어 "mahar"을 사용했다면 예수께서 의미했던 "일용할 양식"은 우리의 일상적인 양식보다는 "내일의 양식" 곧 종말론적으로 장차 하나님나라에서 먹을 양식을 가리키는 것으로 보인다. 그 "내일"의 양식을 "오늘" 여기서 맛볼 수 있게 해달라는 간구로 해석된다.

마태가 "내일"과 "오늘"이란 단어를 대구 사용한 것으로 보아 마태의 것이 예수께서 가르쳐준 원형에 더 가깝다고 생각되며, 누가는 이것을 "날마다"란 말로 바꾸어 일상적이고 일반적인 의미로 표현했다.

③ "죄 용서"와 관련된 간구문에서도 마태가 사용한 표현, 곧 "빚(debts =채무)"이란 단어는 좀 더 히브리적인 표현이다(히브리인들은 "죄"를 하나님께 대한 "빚"이나 "채무"로 생각하였다).[2] 누가는 이것을 누구나가, 특히 이방인 기독교인들도 보다 쉽게 이해할 수 있는 표현인 "죄"란 말로 바꾸었다.

---

[2] 유대인들에게 있어서 죄를 사해주는 권세는 오직 하나님에게만 있다. 우리가 우리에게 빚진 사람의 빚을 탕감해줄 수는 있어도 우리에게 죄를 지은 사람의 죄를 사해줄 수는 없다. 마태가 "죄"란 표현 대신에 "빚"이란 말을 사용한 이유이고, 그래서 이것이 보다 더 예수의 주기도문 형태에 가까운 것으로 생각된다. 막 2:1-12에 보면, 예수께서 중풍병자를 향해 "네 죄가 사해졌다"고 말했을 때, 율법학자들은 예수께서 하나님을 모독했다고 비난했다. "하나님 한 분 밖에 누가 죄를 사할 수 있는가?"(막 2:7)라고 생각했기 때문이다.

(3) 두 〈주기도문〉의 "문맥" 차이
① 누가가 소개하는 〈주기도문〉의 문맥(눅 11:1-13)

11:1	서론
11:2-4	주기도문
11:5-8	밤중에 찾아온 친구 비유
11:9-10	구하라, 찾으라, 두드리라
11:11-13	좋은 것으로 주시는 하나님

누가의 주기도문이 포함되어 있는 11장 1-13절 전체는 "기도의 교과서"로 알려진 본문이다. 누가는 주기도문을 소개하기 위해서 그 서론 형태로 "예수께서 어떤 곳에서 기도하고 계셨는데, 기도를 마치셨을 때에 제자들 가운데 하나가 말했습니다. '주님, 요한이 그의 제자들에게 기도를 가르쳐준 것처럼 저희에게도 기도를 가르쳐 주십시오'(눅 11:1)"란 말을 첨가한다.

누가는 "기도하시는 예수"의 모습을 보여준 후에 "무엇을" 기도해야 할 지를 알려주기 위해 주기도문(눅 11:2-4)을 소개하였고, 이어서 "어떻게" 기도해야 하는지를 가르치기 위해 밤중에 찾아온 친구 비유(눅 11:5-8)를 소개하고 있다("응답이 있을 때까지 간청하라!"). 그리고는 기도하면 반드시 응답을 받을 것이라는 확신을 주기 위해서 "구하라, 찾으라, 두드리라"는 말씀(눅 11:9-10)과 마지막에 우리의 기도를 들으시는 하나님은 우리에게 좋은 것으로 주시는 아버지와 같은 분임을 가르치는 말씀(눅 11:11-13)을 첨가하였다.

이와 같은 자료 편집과 문맥 설정으로 볼 때 누가는 기도하는 법을 잘 모르는, 기도 생활에 익숙하지 않는 이방인 출신 초신자들에게 기도하는 법과 함께 "기도의 기본 내용"을 주기도문으로 보여주려고 했던 것으로 보인다.

② 마태가 소개하는 주기도문의 문맥(마 6:1-18)

마태는 마태복음 6장 1-18절에서 유대교 종교 지도자들인 서기관과 바리새인들의 잘못된 경건 생활, 그 중에서도 구제와 기도와 금식에서 드러나는 그들의 "위선"을 비판한다. 그러면서 마태복음 독자들인 유대인 출신 기독교인들에게 위선적인 그들과는 다른 올바른 기도 생활과 일종의 "모범적 기도문"을 가르치려고 했던 것으로 보인다. 마태의 이런 의도는 그 문맥을 살펴볼 때 곧바로 잘 알 수 있게 된다.

마태복음 6장 1-18절은 "올바른 경건 생활을 위한 세 구절로 구성된 충고(a three-strope admonition to right piety)"를 제시하고 있다.

6:1-4 　구제에 대하여
6:5-15 　기도에 대하여
6:16-18 　금식에 대하여

구제, 기도, 금식으로 구성된 세 부분은 각각 "너희가(…)할 때에는"이란 말로 시작하고 있다("너희가 남을 구제할 때에는(마 6:2)", "너희가 기도할 때에는(마 6:5)", "너희가 금식할 때에는(마 6:16)"). 각 부분은 "외식하는 자들처럼"이란 말로 시작되는 부정적인 교훈과 "그러나 너는(but you)"이란 말로 시작되는 긍정적인 교훈이 대조적으로 제시된다. 세 절로 구성된 하나의 노래와 같은 형태이다.

구 제 (6:2-4)	기 도 (6:5-8)	금 식 (6:16-18)
너는 구제할 때에 외식하는 자와 같이 하지 말라 저들은 사람에게 보이려고 회당과 거리에서 나팔을 분다 내가 진실로 너희에게 이르노니 저희는 자기 상을 이미 받았느니라	너는 기도할 때에 외식하는 자와 같이 하지 말라 저들은 사람에게 보이려고 회당과 큰 거리 어귀에 서서 기도하기 좋아한다 내가 진실로 너희에게 이르노니 저희는 자기 상을 이미 받았느니라	너는 금식할 때에 외식하는 자와 같이 하지 말라 저들은 사람에게 보이려고 얼굴을 흉하게 하느니라 내가 진실로 너희에게 이르노니 저희는 자기 상을 이미 받았느니라
그러나 너는 구제할 때에 오른손이 하는 것을 왼손이 모르게 하라 네 구제함이 은밀하게 하라 은밀한 중에 보시는 네 아버지께서 갚으시리라	그러나 너는 기도할 때에 네 골방에 들어가 문을 닫고 하라 은밀한 중에 계신 네 아버지께 기도하라 은밀한 중에 보시는 네 아버지께서 갚으시리라	그러나 너는 금식할 때에 머리에 기름을 바르고 얼굴을 씻으라 은밀한 중에 계신 네 아버지께 보이게 하라 은밀한 중에 보시는 네 아버지께서 갚으시리라

(4) 주기도문의 원형에 관한 문제

이러한 차이 때문에 당연히 두 주기도문 중 어느 것이 원형에 가까운지 질문이 제기될 수밖에 없다. 이 질문에 대한 성서 연구가들이 공통된 대답은 다음과 같다. "마태와 누가의 두 주기도문 가운데서 길이에 있어서는 누가의 것이 원형에 가깝고, 문구 표현에 있어서는 마태의 것이 원형에 더 가깝다." 결국 마태복음의 주기도문이나 누가복음의 주기도문 모두 예수께서 주셨던 원형 그대로는 아니라는 말이다. 그러나 누가의 주기도문을 택하여 거기에 마태의 표현을 그대로 옮기면, 그것이 예수께서 가르치셨던 본래 원형에 가장 가까운 형태일 것이라고 추측할 수 있다. 예수께서 가르치신 주기도문을 원형에 가장 가깝게 번역한다면 아마도 다음과 같았을 것이다.

"아버지시여, 당신의 이름(=존재)[3]이 거룩히 여김을 받으시며, 당신의 나라(=직접적인 통치)[4]가 시작되오며, 우리에게 장차 하늘나라에서 먹을 양식을 오늘 여기서 맛보게 하시며, 우리가 우리에게 빚진 자를 탕감하오니 우리 죄를 용서하시며 우리를 시험에 들지 말게 하옵소서"

(5) 두 가지 서로 다른 형태로 전해지게 된 배경

누가는 교회의 기도 생활에 아직 익숙지 않은 이방인 기독교인, 혹은 새로이 신앙생활을 시작하는 사람들을 위해 예수께서 주신 것으로 전해지던 주기도문을 별다른 첨가 없이 보다 간단한 형태로, 그러나 본래 아람어로 제시된 표현의 의미를 이방인들이 좀 더 쉽게 이해할 수 있는 것

---

[3] 유대인들에게나 다른 고대인들에게 있어서 "이름"은 곧 그 이름을 가진 사람 자체를 뜻하는 것이었다 ("nomina persona est"; 즉 name is person himself).

[4] "나라" 혹은 "kingdom"이라고 번역된 헬라어 원문 "basileia"는 보다 역동적인 의미로 "rule or reign", 즉 "통치"를 뜻하는 말이다.

으로 바꾸어 소개한 것으로 보인다.

거기에 비해서 마태는 유대교 신앙 전통에 따라 기도 생활에 너무 익숙한 나머지 오히려 잘못된 기도 생활, 즉 형식적인 기도 생활에 젖어 중언부언하며 외식하는 잘못된 기도생활에 빠진 교인들을 위해 보다 올바른 기도 형태로, 그리고 좀 더 교회의 예배 의식에 어울리는 모범적인 기도 형태로 주기도문을 소개하기 위해 몇 군데 첨가 삽입한 것으로 생각된다. 나중에 교회가 마태의 주기도문을 교회 예배에서 사용하기로 채택한 것도 그 때문이었다.

14 씨 뿌리는 자의 비유

(마 13:1-9, 18-23)

이 본문을 올바로 이해하려면 본래 예수께서 비유를 말씀하신 상황(in the first Sitz im Leben of Historical Jesus)과 예수의 죽음 이후 초대교회의 구전 시대에서 이 비유를 교훈으로 삼아 전달한 상황(in the second Sitz im Leben of Early Church), 나중에 복음서 저자가 자기 복음서에 소개하는 상황(in the third Sitz im Leben of the Evangelists)을 구분해서 살펴볼 필요가 있다.

(1) 역사적 예수의 본래 비유 의도

예수의 비유를 연구하는 학자들에 의하면 예수께서 이 비유를 주시게 된 동기와 목적은 우리의 일반적인 기대와는 아주 다르다. 그들의 설명은 다음과 같다.

우리는 복음서 기록을 통해 예수께서 가시는 곳마다 수많은 무리들이 따라다녔고, 열렬한 환영을 받았던 것으로 생각해 왔다. 그래서 예수의 공생애 활동이 처음부터 끝까지 아주 성공적이었던 것으로 여긴다.

그러나 복음서를 주의 깊게 살펴보면 예수의 공생애 활동은 그렇게 성공적이었다거나 모든 이들로부터 환영을 받았던 것만은 아니었다.

가령 예수의 활동은 그의 고향인 갈릴리에서조차도 환영받지 못했고, 별다른 성과를 거두지 못했다. 마가복음 6장 1-6절을 보면 예수께서 그의 고향 회당에서 가르치셨을 때, 사람들이 "이 사람은 목수로 마리아의 아들이 아닌가? 또 야고보와 요세와 유다와 시몬의 형이 아닌가? 또 그의 누이들은 다 우리와 같이 여기 살고 있지 않은가?"라고 말하면서 예수를 우습게 알고 배척했다. 예수도 그들의 믿음 없음을 이상히 여기고 "예언자가 자기 고향에서는 높임을 받지 못한다"는 말씀을 하시면서 그곳을 떠날 수밖에 없었다. 또한 누가복음 4장 28-29절에 예수께서 가버나움 회당에서 설교하셨을 때, 그 말씀을 들은 사람들이 모두 화를 내면서 예수를 동네에서 쫓아내어 동네 밖 산벼랑까지 끌고 가서 그를 밀어 떨어뜨려 죽이려고 했다.

예수의 공생애 활동에는 처음부터 끝까지 고향 사람들은 물론, 유대 종교 지도자들의 반대가 있었다. 예수께 장애물이 아주 많이 있었다는 사실은 부인할 수 없다. 게다가 마가복음 3장 21절에는 "예수의 친족들이 예수가 정신 나갔다는 소문을 듣고 예수를 붙들러 나섰습니다"라고 기록되어 있다. 사랑하는 가족들로부터도 오해를 받고 배척당한 것이다.

예수를 따르던 제자들도 마찬가지였다. 제자들 모두가 처음부터 끝까지 예수를 잘 믿고 따랐던 것은 아니다. 요한복음 6장 60절을 보면 예수의 설교를 듣던 제자들 중에 예수의 말씀이 너무 어렵고 귀에 거슬린다며 예수를 버리고 떠나는 사람들도 많았다. "그 때부터 제자 가운데서 많은 사람들이 떠나가고 그를 따르지 않았습니다"라고 기록되어 있다(요 6:66). 그리고 예수께서 자기를 버리고 떠나가는 제자들의 무리를 보면서 열두 제자들을 붙잡고, "너희도 가려느냐?"라고 물으신다. 제자들 중에도 더러 등을 돌리는 사람들이 있었다는 것을 단적으로 증거 한다. 더구나 나중엔 열두 제자 중에 예수를 배반하며 모른다고 부인하는 제자까지 생겨나지 않았던가? 예수의 제자였어도 예수의 가르침이 어렵다는 이유로, 또 예수를 따르는 것이 성공을 보장해주는 것이 아니라는 생각에 일찌감치 예수를 버리고 떠나는 사람들도 있었다.

적대자와 제자를 막론하고 많은 사람들이 볼 때 별 볼 일 없어 보이는 갈릴리의 열두 제자들과 시작한 예수의 신앙 운동은 처음부터 성공할 수 없는, 실패로 끝맺을 운동으로 생각되었을지 모른다. 또 예수 이전 또는 예수 당시에 나타났던 비슷한 예언자들의 운동처럼, 한 때 나타났다가는 금방 사라져버릴 것으로 여겼을지도 모른다.

많은 사람들이 "나사렛에서 무슨 선한 것이 나겠느냐?(요 1:46)", "그리스도가 어찌 갈릴리에서 나겠느냐?(요 7:41)", "상고하여 보라 갈릴리에서는 선지자가 나지 못 하느니라(요 7:52)"고 빈정대며 멸시와 의혹에 가득 찬 눈으로 예수와 그 제자들의 활동을 지켜보았을 것이다. 이런 상황에서 일부 제자들은 '예수의 공생의 활동이 과연 성공할 수 있을까?' '자신들이 계속 예수를 따르는 것이 헛수고로 끝나는 것은 아닐까?' 하는 의문이 생겼을 것이다. 예수로서는 맥이 빠지는 난감한 상황이었다. 그렇기 때문에 예수께서는 의심의 눈초리로 자신을 바라보는 적대자들과 일부 제자들을 향해서, 어떤 확신을, 그리고 분명한 답변을 주어야 했다.

"씨 뿌리는 자의 비유"는 이런 상황에서 예수께서 적대자들을 향해서, 그리고 자신의 제자들을 향해서 주신 비유였다. 이 비유의 주요한 목적은 실패로 끝날지도 모른다고 생각하는 사신의 공생애 활동을 변호하기 위한 것이었다.

비유 말씀에 의하면 씨 뿌린 자가 뿌린 씨앗 중 대부분이 낭비되었다. 최소한 4분의 3이 길가, 돌밭, 가시덤불에 떨어졌다. 그 해 농사는 실패할 것 같았다. 그러나 이처럼 많은 씨가 낭비된다고 해서, 실망하고 좌절하여 농사짓기를 포기하는 농부는 없지 않은가? 씨 뿌리는 농부는 자기가 뿌리는 씨 중에 상당한 분량이 낭비될 것을 알지만, 동시에 옥토에 떨어진 얼마 안 되는 씨 덕분에 결국 놀랍도록 거두게 된다는 것도 누구보다 잘 알고 있다. 이런 농부처럼 예수께서는 비록 사람의 눈에는 자신의 많은 수고와 노력이 많은 사람들의 무관심과 반대 때문에 허사가 되고, 그래서 실패할 것처럼 보일지라도 결국 마지막에는 놀라운 결과와 수확이 있을 것이라고 확신하고 있다. 그 확신을 적대자들은 물론 자신의 제자들에게도 알려주고자 했다.

"시작은 미미하나 끝은 창대하리라"는 구약의 말씀처럼, 예수께서는 실패와 헛수고처럼 보이는 자신의 활동에 대해 변증하며 제자들에게는 절대로 실망하지 말고 끝까지 기다려 놀라운 성과를 지켜보라고 격려한다. 덧붙여 적대자들의 비난과 조롱에 반박한다.

다시 말해 예수의 이 비유는 실패와 낭비에도 불구하고 결국엔 놀라운 수확이 있을 것이라는 확신에 찬 교훈이었다. 따라서 예수의 본래 의도에 따른다면 이 비유의 명칭은 "놀라운 추수와 수확의 비유"라고 해야 할 것이다.

(2) 초대교회 구전 시대의 비유 사용 목적

이 비유의 본래 의도는 "놀라운 추수와 수확의 비유"였지만 오랜 동안 "씨 뿌리는 자의 비유"로 알려지게 된 것은 예수 이후 초대교회 안에서 말씀의 씨를 뿌리는 전도자들을 위한 교훈으로 유용했기 때문이다.

예수께서 부활 승천하신 후 초대교회는 활발한 전도 활동을 벌이면서 모든 교인들에게 "땅 끝까지 이르러 복음을 전하도록", 즉 세상의 모든 사람들을 대상으로 열심히 복음의 씨를 뿌리도록 전도를 강권했다.

그런 상황에서 초대교회는 전도자들을 씨 뿌리러 나간 사람에 비유하면서 너희가 나가서 말씀의 씨를 뿌릴 때도. 너희가 전하는 말씀을 듣는 사람들마다 잘 듣고 받아들이는 것이 아니라는, 즉 전도의 어려움에 대해서 미리 알려주고자 했다. 말씀을 잘 듣기는커녕 도리어 반대하는 경우도 있다는 사실을 가르치면서, 그런 사실에 대해 놀라거나 낙심치 말도록 지도하려는 것이 목적이었다.

농부가 뿌린 씨가 모두 옥토에 떨어져 결실하는 것이 아니듯, 전도자가 전하는 복음의 말씀이 듣는 모든 사람 마음의 옥토에 다 떨어지는 것은 아니다. 적어도 4분의 3은 말씀을 거절하고 반대할지도 모른다. 그러나 그렇다고 전도하는 일을 포기해서는 안 된다. 많은 씨가 낭비된다고 씨 뿌리기를 포기하는 농부는 없기 때문이다. 비록 뿌린 씨의 4분의 1만이 옥토에 떨어진다 하더라도 결과적으로는 놀라운 추수를 할 수 있다. 전도의 대상들이 아무런 반응을 보이지 않더라도, 전도 받은 사람들 중 단지 4분의 1만이 말씀을 받아들인다고 하더라도, 그 사람을 통해서 얻어지는 마지막 결과는 놀라운 것이 될 수 있다. 그러니 실망하거나 좌절하지 말고 말씀 전하는 일을 쉬지 말라는 격려와 교훈을 주는 것이다.

"씨 뿌리는 자의 비유"는 초대교회 시절에 복음의 씨를 뿌리러 나서는 많은 전도자들에게 주는 격려와 희망의 메시지였다. 상당한 낭비와 일시적인 실패에 개의치 말고 열심히 전도하라. 그리하면 말씀을 받아들인 소수를 통해서 결국 놀라운 결과를 보게 될 것이라는 확신을 주는 메시지였다. 이처럼 초대교회가 이 비유를 전도자들에게 주는 교훈으로 사용했다는 점에서 이 비유의 명칭으로 "씨 뿌리는 자의 비유"는 아주 적절한 셈이다. 씨 뿌리는 자는 곧 말씀을 전하는 전도자를 뜻하는 것이기 때문이다.

(3) 마태복음 저자의 비유 사용 목적

그런데 복음서 저자들은 "씨 뿌리는 자의 비유"와 함께 "씨 뿌리는 자의 비유에 대한 해석 본문(마 13:18-23, 막 4:13-20, 눅 8:11-15)"을 별도로 첨가하여 소개하고 있다. 이 "해석 본문"은 예수의 해석이 아니라 복음서 저자들이 해석한 완전히 새로운 또 다른 독자적인 비유로 보아야 한다.

복음서에 보면 예수께서 자신의 비유에 대해서 별도로 해석을 해준 경우가 거의 없다. 예수께서 비유를 사용한 목적 자체가 쉽게 알아듣고 이해하기 위한 것이었기 때문이다(cf. "예수께서 이와 같이 많은 비유로 그들이 알아들을 수 있게 말씀을 전하셨습니다(막 4:33)"). 그래서 외경 복음서인 도마복음에서도 "씨 뿌리는 자의 비유" 본문은 소개되지만 "해석 본문"이 별도로 소개되지는 않는다.

우리는 이 해석 본문을 "씨 뿌리는 자의 비유"와 관련된 또 다른 별도의 비유로 보아야 한다. 그 이유는 무엇보다도 "씨 뿌리는 자의 비유"에서는 본래 "말씀을 전하는 자"가 중심이었는데 해석 본문에서는 "말씀을 듣는 자"가 중심이 되기 때문이다. 해석 본문은 "말씀을 듣는 네 종류의 사람들"에 대해서 언급하고 있다.

비유 연구가들은 복음서 저자들이 씨 뿌리는 자 이야기를 입수하여 교회 안에서 말씀을 듣는 사람들에게 적용되는 비유로 바꾸어 가르친 것이라고 생각한다. 복음서 저자들이 비유를 통해 가르칠 대상은 "말씀을 전하는 전도자들"이 아니라 매주일 교회를 나와 설교자의 "말씀을 듣는 교인들"이었기 때문이다. 그래서 강조점이 말씀의 씨를 뿌리는 전도자가 아니라, 교회 안에서 말씀을 듣는 교인들에게로 옮겨졌다. 이제 비유는 교인들에게 주는 교육적인 설교가 되어버린 것이다.

마태복음 저자는 이 비유를 교회 밖으로 나가 전도하는 사람들에게

만 주는 비유로 소개하기보다는 교회 안에서 "말씀을 듣는 네 종류의 사람", 곧 네 종류의 기독교인들에 대한 설교로도 이용하고자 했다.

당시 마태 교회 안에는 말씀을 듣되 굳게 닫힌 마음으로 말씀을 잘 받아들이지 않는 교인들도 있었고, 심사숙고 없이 그냥 겉으로만 듣고 지나치는 교인들도 있었고, 인생에 대한 이런 저런 걱정 때문에 말씀을 듣고도 핵심을 놓치는 교인들도 있었으며, 그런가 하면 열린 마음과 열린 귀로 말씀을 듣고 깨달음에 도달하는 그런 교인들이 있었다. 마태는 비유를 통해 교인들에게 너희는 이 네 종류의 교인들 중 어느 부류에 속하는지 돌아보라고 가르친 것이다.

따라서 이 비유는 예수의 본래 의도에서는 "놀라운 추수와 수확의 비유"였고, 초대교회 안에서는 "씨 뿌리는 자의 비유"로 이용되다가, 복음서 저자들의 손에 들어와서는 "땅의 비유(the parable of the soils)" 혹은 "네 종류의 밭의 비유"로 바뀐 것으로 추측해볼 수 있다.

오늘날 이 비유를 읽는 독자들은 첫째로 예수의 "추수와 수확의 비유" 설교로부터 실패처럼 보인다고 해서 쉽게 포기하지 말고 열심을 다하면 끝내 놀라운 성과를 거둘 수 있다는 귀중한 교훈을 배울 수 있다. 둘째로 초대교회의 "씨 뿌리는 자의 비유" 설교로부터는 전도와 선교 과정에서 여러 가지 장애와 어려움이 있을지라도 말씀을 받아들이는 소수를 통해 우리가 상상치 못한 놀라운 성과를 얻을 수 있으니 전도에 전력을 다하라는 중요한 교훈을 배울 수 있다. 셋째로 마태복음 저자가 제시하는 "네 종류 밭의 비유" 설교로부터는 교회에서 주는 말씀을 옥토 같은 마음으로 받아들이고 "깨달아서" 그 말씀대로 살 수 있는 교인들이 되어야 한다는 귀중한 교훈을 배울 수 있다. 아울러 누가복음이 제시하는 "네 종류 밭의 비유" 설교로부터는 "말씀을 듣고 지켜 인내로 결실하는(눅 8:15)" 교인들이 되어야 한다는 교훈을 얻을 수 있다.

마태에게 있어서 참 제자들은 말씀을 듣고 "깨닫는" 자들이고(마 13:51, 16:12, 17:13 등), 누가에게 있어서 참 제자들은 말씀을 듣고 "지켜 행하는" 자들이다(cf. "하나님을 말씀을 듣고 이를 지켜 행하는 사람이 복이 있다! (눅 11:28)").

15　잃은 양의 비유

(마 18:10-14, 눅 15:3-7)

"잃은 양의 비유"는 예수의 비유 중에서 가장 유명하면서도 제대로 알려지지 않은 비유이다. 그 이유는 "잃은 양 비유"가 마태복음 18장과 누가복음 15장에서 서로 다른 형태로 전해진다는 사실을 잘 모르기 때문이다.

두 복음서에 소개된 비유는 서로 상당히 비슷하나 그 내용과 형태가 조금씩 다르다. 누가가 누가복음을 기록할 때와 마태가 마태복음을 기록할 때의 상황과 사정, 독자들이 달랐기 때문에 자연히 그들에게 주는 비유 교훈도 다르게 나타날 수밖에 없었다. 이런 차이점들을 찾아 읽는 것은 두 비유 본문을 올바로 이해할 수 있는 길이기도 하다. 그렇다면 두 복음서에서 서로 다른 점은 어떤 것들인가?

첫째로 비유의 대상이 다르다. 누가복음의 경우 예수께서는 이 비유를 "바리새인과 서기관들을 향해서" 말씀하신 것으로 기록되어 있다(눅 15:2). 누가복음 15장에 나오는 세 가지 비유, 즉 "잃은 양 비유", "잃은 은전 비유", "잃은 아들 비유" 모두 다 그들에게 주신 말씀이었다. 그런데 마태복음의 경우 예수께서는 이 비유를 "제자들에게" 말씀하신다. 18장 10-14절에 나오는 "잃은 양 비유"를 포함하여 18장에 나오는 말씀 전부 다 "제자들에게" 주는 말씀으로 기록되어 있다. 즉 예수께서 이 비유를 누가복음에서는 "그의 적대자들"을 향해서 말씀하셨고, 마태복음에서는 "그의 제자들"을 향해서 말씀하신 것으로 기록되어 있다.

이처럼 누가복음과 마태복음에서 비유의 대상이 다르기 때문에 비유의 교훈이 똑같으리라고 기대하기는 어렵다. 예수를 잡아 죽이려고 애쓰는 종교 지도자들과 예수를 잘 믿고 따르는 제자들에게 주는 비유 교훈이 같다고 보기 어렵기 때문이다.

둘째로 예수께서 비유를 말씀하시게 된 동기가 다르다. 누가복음에서는 바리새인과 서기관들이 "어찌하여 이 사람 예수가 죄인들을 환영하고 그들과 함께 식사를 하는가?(눅 15:2)"라고 불평하며 질문하자, 예수께서 대답의 형식으로 이 비유를 말씀하신다. 세리와 죄인들과 어울려 식사하신 이유를 설명하고 있는 것이다. 예수께서는 의인을 위해 오신 분이 아니라 죄인을 찾아 구원하기 위해 오신 분이다. 그래서 죄인들을 환영하고 그들과 어울릴 수밖에 없다는 것이다. 잃은 양이 있을 때 목자가 잃은 양을 찾아나서는 것과 같은 이치라는 대답이다.

마태복음에서는 제자들이 예수께 나아와 "하늘나라에서는 누가 제일 크냐?(마 18:1)"고 질문했다. 예수께서는 그들에게 "지극히 작은 어린이와 같은 자가 하늘나라에서 가장 큰 자라"고 말씀하시며, 어린 아이와 같이 "지극히 작은 소자 중의 하나"가 얼마나 중요한지 이 비유를 통해서 강조한 것이다. 잃은 양 한 마리는 아흔아홉 마리에 비한다면 지극히 보잘 것 없어 보이지만, 그 한 마리가 무리로부터 떨어져 나가 "길을 잃은 양"이 되어 방황하는 것을 방관해서는 안 된다는 것을, 그래서 기필코 다시 찾아와야 한다는 것을 가르치고 있다.

셋째로 비유가 소개되는 문맥이 다르다. 누가복음 15장에서는 세 비유, 곧 "잃은 양의 비유"와 "잃은 은전 비유"와 "잃은 아들의 비유" 모두 거의 같은 결론으로 끝나고 있다.

잃은 양
내가 너희에게 말한다. 이와 같이 하늘에서는 회개할 필요가 없는 의인 아흔 아홉보다 회개하는 죄인 한 사람을 더 기뻐할것이다 (눅 15:7)

잃은 은전
내가 너희에게 말한다. 이와 같이 죄인 한 사람이 회개하면 하늘의 천사들은 크게 기뻐할 것이다 (눅 15:10)

잃은 아들
네 아우는 죽었다가 다시 살았고, 내가 잃었다가 다시 찾았으니 이 기쁜 날을 어떻게 즐기지 않을 수 있느냐? (눅 15:32)

이처럼 누가에서는 세 비유의 결론 구절이 모두 잃었다가 다시 찾았을 때의 "기쁨"을 강조하고 있다. 다른 말로 한다면 죄인의 회개에 대한 기쁨이 강조점으로 반복되고 있다.

그러나 마태복음 18장에서는 "지극히 작은 소자 중의 하나라도 업신여기거나 잃어버려서는 안 된다"는 점이 크게 강조되고 있다.

지극히 작은 소자들 중의 하나라도 죄짓게 하지 말라 (마 18:6)

지극히 작은 소자들 중의 하나라도 업신여기지 말라 (마 18:10)

지극히 작은 소자들 중의 하나라도 잃어서는 안 된다 (마 18:14)

마태가 "잃은 양 비유"를 통해 강조하려는 것은 양들 가운데 지극히 보잘 것 없는 것 하나라도 업신여기거나 잃어서는 안 된다는 것이며, 길을 잃은 양이 있을 경우 꼭 찾아내야 한다는 것이다.

넷째로 비유에 사용되는 용어 혹은 어휘가 다르다. 가장 중요한 어휘의 차이는 "잃었다"라는 동사이다. 비록 우리말 성경에는 모두 "잃었다"고 번역했지만 실제로 두 복음서에서는 완전히 다른 의미의 동사가 사용된다. 그래서 누가가 말하는 "잃은 양"과 마태가 말하는 "잃은 양"의 의미가 아주 다르다.

누가복음에서는 "잃었다"고 말할 때 헬라어 "아포룸미"란 동사를 사용하고 있는데, 마태복음에서는 헬라어 "플라나오"란 동사를 사용한다다. 누가가 사용한 "아폴룸미"란 헬라어 동사는 어떤 사람이 무엇인가를 가지고 있다가 "잃어버리다"란 뜻이며 영어로는 "lost"란 의미이다. 그런데 마태가 사용한 "플라나오"란 헬라어 동사는 "길을 잘못 들다, 혹은 곁길이나 잘못된 길로 잘못 빠지다"란 의미로 초대 기독교 문헌에서 흔히 기독교인들이 신앙생활을 잘 하다가 도중에 실수하여 죄를 짓거나 타락하여 교회로부터 떨어져 방황하는 것을 가리키는 말이었다. 즉 누가복음에서 "잃었다"고 했을 때는 부모가 유원지에서 어린 아이를 잃어버려 "미아"가 된 것을 뜻하지만, 마태복음에서 "잃었다"고 했을 때는 자기 발로 "가출"하여 잘못된 길로 빠져 방황하는 것을 의미한다.

이러한 사실은 곧 두 복음서 저자가 말하는 "잃은 양"이 서로 같은 의미가 아니라는 것을 말해준다. 즉 누가복음에서 "잃은 양"은 잃은 은전이나 잃은 아들의 경우처럼 주인이나 목자가 갖고 있다가 잃어버린 것을 뜻하며, 여기서는 곧 "죄인"을 뜻한다. 그러나 마태복음에서 "잃은 양"은 잘못된 길로 빠져나가 방황하는 "길을 잃은 양", 곧 교회생활이나 신앙생활을 잘 하다가 타락된 길로 잘못 나가 방황하는 교인을 가리킨다. 다른 말로 한다면 누가복음에서 잃은 양은 아직까지 하나님께로 돌아오지 않은 세리와 죄인들 같은 사람들이지만, 마태복음에서의 잃은 양은 교회 생활을 하다가 세상으로 떨어져나간 사람들을 가리킨다. 그래서 엄밀한 의미에서 누가복음의 경우는 "잃은 양의 비유"라고 부르는 것이 적절하지만, 마태복음의 경우는 "길을 잃은 양의 비유"라고 부르는 것이 더 적절하고 정확하다. 또한 "잃었다"는 동사와 함께 "찾는다"란 동사도 서로 다르다. 누가복음에서는 "찾는다"란 동사가 영어의 "find"인데 비해서, 마태복음에서는 "찾는다"란 동사가 "seek" 혹은 "search"이다.

다섯째로 비유의 결론이 다르다. 누가복음에서 잃은 양 비유의 마지막 구절은 다음과 같다. "내가 너희에게 말한다. 이와 같이 하늘에서는 회개할 필요가 없는 의인 아흔 아홉보다 회개하는 죄인 한 사람을 더 기뻐할 것이다(눅 15:7)." 그러나 마태복음의 마지막 구절은 다음과 같다. "이와 같이 이 소자 중에 하나라도 잃어지는 것은 하늘에 계신 너희 아버지의 뜻이 아니니라(마 18:14)."

다른 말로 한다면 누가의 "잃은 양의 비유"의 결론은 죄인 한 사람이 회개하면 하늘에서는 그보다 더 큰 기쁨이 없다는 것이지만, 마태의 "길 잃은 양의 비유" 결론은 소자 중 하나라도 잃어버리는 것은 하늘에 계신 아버지의 뜻이 아니라는 것이다. 따라서 마태에서는 한 마리의 양이라도 잃어버려서는 안 되며, 잃은 양이 있을 때는 어떻게든 다시 찾아야 한다는 점이 강조되고 있다.

이런 차이점들을 통해서 우리는 누가와 마태가 잃은 양의 비유를 통해서 독자들에게 주려는 교훈이 서로 다르다는 것을 알게 된다. 누가의 경우는 "잃은 양" 찾았을 때의 목자의 기쁨이 크듯이, 죄인 하나가 회개하게 되면 하늘에서는 그보다 더 큰 기쁨이 없을 것이기 때문에 예수께서는 죄인 곧 잃은 양을 찾아 회개시키시기 위해서 그들과 어울리는 것이며, 그래서 독자들도 하늘의 기쁨을 더하기 위해서 예수처럼 죄인들을 회개시키는 일에 힘써야 한다는 "복음적인 설교" 혹은 "선교적인 설교"를 하고 있는 셈이다.

반면에 마태는 이 비유를 "제자들에게" 주고 있다. 여기서 말하는 "제자들"은 예수를 믿고 따르는 모든 사람일 수도 있고, 또는 이런 사람들을 책임지는 교회의 지도자들일 수도 있다. 마태는 제자라면 교회 생활을 하다가 믿음의 길에서 떨어져나가 방황하는 교인들이 있을 때, 마치 목자가 다른 양들을 버려두고라도 길 잃은 양을 찾기 위해 산으로 광야로 헤매는 열성으로 "길 잃은 양" 곧 세상에서 방황하는 교인들을 다시금 양의 무리 안으로 교회 안으로 찾아오도록 노력해야 한다는 일종의 "목회적인 설교"를 제시하고 있는 셈이다.

누가와 마태의 이런 차이점 때문에 기독교회 안에서는 일찍부터 잃은 양 비유에 대한 성화(聖畵)가 두 가지로 전해지고 있다. 하나는 목자가 잃은 양을 찾아서 어깨에 메고 기쁨에 넘쳐 돌아오는 그림이고, 다른 하나는 목자가 길을 잃고 절벽 밑으로 떨어진 양을 구하기 위해 절벽 위에 지팡이를 고정시키고 몸을 구부린 채 등을 보이고 있는 그림이다. 앞의 그림이 누가복음의 잃은 양 비유를 그림으로 그린 것이라면, 뒤의 그림은 마태복음의 길 잃은 양의 비유를 그림으로 그린 것이다.

이런 점으로 보아 복음서 저자들은 예수의 비유를 들은 대로 혹은 전해 받은 대로 그대로 정확히 전해주는 사람들이 아니라, 그것을 가지고 자신의 상황에서 독자들에게 각자 나름의 독특한 메시지를 전해주려고 했던 설교자들이였음을 알 수 있다. 따라서 복음서를 읽으면서 복음서 저자들의 서로 다른 설교적 강조점을 구별해서 이해할 수 있어야 한다.

오늘의 우리들에게도 누가의 복음적인 설교는 중요하며 필요하다. 우리는 계속 죄인들을 회개시켜 하늘의 기쁨을 더하는 사람들이 되어야 한다. 하늘에서는 회개할 것이 필요 없는 의인 아흔 아홉보다 회개하는 죄인 하나가 더 큰 기쁨이 되기 때문이다. 우리가 열심히 전도해야 하는 이유가 바로 여기에 있다. 마태의 목회적 설교도 마찬가지다. 우리는 먼저 믿는 교인들로서 우리의 동료 기독교인들 가운데 신앙생활이나 교회생활로부터 떨어져나가서 세상에서 영적으로 방황하는 사람들이 있다면, 끝까지 찾아 나서서 다시 올바른 신앙생활을 할 수 있도록 노력하는 자들이 되어야 한다. 한 심령이라도 잃어버리는 것은 하나님의 뜻이 아니며 하나님이 기뻐하시는 일이 아니기 때문이다.

우리는 누가처럼 밖에 있는 잃은 양(죄인)을 교회 안으로 이끌려고 노력할 뿐만 아니라, 마태처럼 신앙생활을 하다가 세상으로 길을 잘못 든 잃은 양(타락한 교인)도 다시 교회 안으로 이끌도록 관심을 기울이며 노력해야 할 것이다.

16. 죄 많은 여인과 바리새인 시몬의 이야기
(눅 7:36-50)

(1) 평행 본문들과의 비교

누가복음 7장 36-50절에 나오는 이야기는 마가복음 14장 3-9절, 마태복음 26장 6-13절 그리고 요한복음 12장 1-8절에 부분적으로 유사한 평행 본문을 가지고 있다. 그러나 복음서들 간에, 특히 누가복음과 마가복음 본문 사이에 상당한 차이가 있어 과연 평행 본문으로 볼 수 있는가 하는 의문이 제기되기도 한다.

마태의 본문은 마가의 본문에 전적으로 의존하기 때문에 별다른 차이가 없다. 대신에 마가 본문과 누가 본문, 요한 본문 간의 차이가 상당한 편이다. 요한과 마가가 같은 사건을 기록한 것이 틀림없어 보이지만, 요한의 본문은 여러 가지 점에서 누가의 본문과 비슷하다.[1]

---

1) R.E. Brown, The Gospel According to John I–XII, p. 450.

마가복음 (14:3–9)	요한복음 (12:1–8)	누가복음 (7:36–50)
베다니 (예수 생애의 마지막 주간)	베다니 (예수 생애의 마지막 주간)	갈릴리 (예수 공생애 활동의 초기)
시몬(문둥병자)의 집	마르다의 집	바리새인 시몬의 집
이름 없는 한 여인	베다니의 마리아	죄인인 여인
매우 값진 향유	비싼 향유	향유 담은 옥합
곧 순전한 나드 한 옥합	곧 순전한 나드 한 근	
향유를 "머리"에 붓고	"발"에 붓고 머리털로	"발"에 붓고
어떤 사람들이 분을 냄	유다가 분을 냄	예수가 시몬을 비판
300데나리온의 가치	300데나리온의 가치	
예수가 여인을 옹호	예수가 마리아를 옹호	예수가 여인을 용서
"(그녀를) 가만 두어라"	"(그녀를) 가만 두어라"	
"가난한 자는 항상 너희와 함께 있다"	"가난한 자는 항상 너희와 함께 있다"	

마가복음과 누가복음 본문을 살펴보면 다음과 같은 공통점이 드러난다.

① 초대받지 않은 이름 없는 한 여인이 외부로부터 들어와 예수에게 기름을 부었다.

② 예수께서 식탁 앞에 비스듬히 누웠다(=앉았다).

③ 여인이 "향유를 담은 옥합(alabastron myrou)"을 가져왔다.

④ 예수를 초청한 사람의 이름이 시몬이이었다.

⑤ 그 일을 바라보던 주변 사람들은 그녀를 반대하는 반응을 보였다.

⑥ 예수께서는 여인에 대해 호의석인 반응을 보이셨다.

다른 한편으로는 다음과 같은 차이점도 나타난다.[2]

① 마가복음에서는 예수가 베다니에 계셨는데, 누가복음에서는 갈릴

---

2) Fitzmyer, The Gospel According to Luke, pp. 684–685.

리에 계셨다.

② 마가복음에서는 이 사건이 예수의 공생애 말기에 예루살렘 근처에서 유월절 바로 직전에 있었는데, 누가복음에서는 예수의 공생애 초기 갈릴리 활동 중에 일어났다.

③ 마가복음에서는 여인이 예수의 머리에 기름을 붓는데, 누가복음에서는 예수의 발에 기름을 붓는다.[3]

④ 마가복음에서는 예수의 초청자 시몬이 문둥병자인데, 누가복음에서는 바리새인이다.

⑤ 여인의 기름부음에 대한 반대가 마가복음에서는 "어떤 사람들" 혹은 "제자들"로부터 나오는데, 누가복음에서는 "바리새인"으로부터 나온다.

⑥ 마가복음에서는 여인이 기름을 낭비하는 것만 언급되지만, 누가복음에서는 여인의 죄 많은 과거가 언급되고 있다.

⑦ 마가복음에서는 여인의 기름부음이 예수의 장례와 연관되고 있는데, 누가복음에서는 여인의 기름부음이 여인의 사랑과 회개, 또는 그녀의 죄 사함과 관련된다.

이처럼 평행 본문들과 비교해 볼 때 가장 눈에 띠는 사실은 누가의 본문이 여러 이야기들의 결합 형태 같다는 점이다. 누가의 본문에서만 예수께 기름 부은 여인 이야기 외에 "바리새인 시몬과 더불어 식사하는 이야기(눅 7:36)", "빚진 자에 대한 비유(눅 7:41-43)"가 첨가되어 있다. 그 까닭은 누가 이야기의 초점은 여인이 예수께 기름 부은 사실에만

---

3) 아마도 누가는 머리에 기름을 붓는 것이 "자칭 기름부음을 받은 왕(눅 23:2)"이란 고소 내용에 빌미를 주는 것으로 생각했기 때문에 발에 기름을 부은 것으로 수정했는지 모른다. Cf.C.F. Evans, Saint Luke(London: SCM Press, 1990), p. 361. 그러나 Fitzmyer는 "발에 기름을 붓는 것이 보다 본래적인 형태였을 것이다. 머리에 기름을 붓는 것에서 발에 기름을 붓는 것에로 전승 형태가 바뀐 것보다는 그 반대의 경우를 설명하기가 더 쉽기 때문이라"고 말한다. Cf.Luke, p. 686. 아마도 머리에 기름을 붓는 것으로 바뀐 것이 신학적인 이유 때문이었을 것으로 보인다.

있는 것이 아니라, 죄인인 여인과 바리새인 시몬을 비교하는데 있다(실제로 7장 36절의 "바리새인"이 30절의 "바리새인"과 연결되고 있어서, 문맥적으로는 여인 때문이 아니라 바리새인 때문에 이 이야기가 소개되는 것이라는 생각이 들기도 한다)[4].

누가만이 누가복음 16장 14절에서 바리새인들을 "돈을 사랑하는" 사람들이라고 말한다. 이 본문에서도 돈을 사랑하기 때문에 예수에게 물도 향유도 제공하지 않은 바리새인 시몬과 오직 예수만을 사랑해서 향유를 제공한 죄 많은 여인을 대조한다. 41절의 "돈(500데나리온과 50데나리온)" 이야기나, 44-46절에서 "너는 내게 발 씻을 물도 주지 않았으나 이 여인은 물로 내 발을 적셨고(…)너는 내게 입 맞추지 않았으나 이 여인은(…)내 발에 입 맞추었다. 너는 내 머리에 기름을 발라주지 않았으나 이 여인은 내 발에 향유를 발랐다"며 계속해서 바리새인과 여인의 차이를 강조하고 있다.

바로 이런 이유 때문에 누가 본문을 "죄 많은 여인 이야기"라고 부르는 것보다 오히려 "죄 많은 여인과 바리새인 시몬 이야기"라고 하는 것이 더 옳다는 생각이 들게 된다.

(2) "예수께 기름 부은 여인 이야기"와 "예수와 함께 식사한 시몬의 이야기"는 각각 독립적인 이야기인가?

누가복음의 본문이 세례 요한과 관련된 이야기(눅 7:18-35) 뒤에 편집되어 있다는 사실과 특히 7장 29-35절에서 다루었던 이슈들과 연관되어 있다는 점에 주목할 필요가 있다. 7장 29절에 보면 요한의 세례를 받은 세리들은 하나님을 의롭다고 고백했다. 그러나 바리새인들은 요한

---

[4] C.H. Talbert는 실제로 "7:36에 나오는 바리새인이 7:29-30에 나오는 바리새인의 성격과 관계되는 것으로 이해되어야 한다."고 말한다. Cf.Reading Luke, p. 85.

의 세례를 받지 않음으로 하나님의 뜻을 져버렸다. 연이은 7장 36-50절에서 죄인인 여인은 예수의 발을 향유와 눈물로 씻기지만 바리새인은 발 씻을 물도 주지 않았다. 죄인인 여인은 세리들과 마찬가지로 하나님의 용서를 받았다. 그러나 바리새인 시몬은 하나님의 용서를 받지 못했다.

결국 "7장 36-50절의 이야기는 하나님을 의롭다고 한 사람과 그렇지 못한 사람에 대한 예화이다(…)하나님의 용서를 받은 사람과 그렇지 못한 사람의 이야기이다."[5] 즉 누가에게 이 본문은 기름 부은 여인의 이야기만은 아니다. 별도로 바리새인 시몬의 이야기를 첨가하면서 여인과 바리새인을 대비시키는 것을 중요한 쟁점으로 다룬다. 실제로 피츠마이어(Fitzmyer)는 누가의 본문이 두 사건의 결합일 가능성을 인정한다. 하나는 죄 많은 여인이 갈릴리 바리새인의 집에 들어가 예수께서 식사하실 때 울면서 그의 발에 기름을 붓고 자기 머리털로 기름과 눈물을 닦아 준 사건이고, 다른 하나는 베다니 문둥병자 시몬의 집에 들어간 여인이 예수께서 식사할 때 그의 머리에 기름을 부은 이야기이다. 구전 시대에 두 이야기가 하나로 합쳐져서 누가의 손에 들어왔을 가능성이 있다는 것이다.[6]

아마도 두 이야기가 하나로 결합된 데에는 두 이야기 모두 누가의 관심을 잘 반영하기 때문일 것이다. 예수께서 죄인인 여인을 영접하는 것이 누가의 주요 관심사 가운데 하나라면, 본문에서 여자와 남자가 대비되는 것과 예수께서 모든 사람의 구주임을 강조하는 것 역시 누가의 관심에 일치한다. 즉 예수께서 바리새인의 초청을 받아 그의 집에 들어가 그와 함께 식사를 했다는 사실은 예수께서 34절에서 비난받고 있는 것

---

5) Talbert, Reading Luke, p. 85.
6) Fitzmyer, Luke, pp. 685-686; 그에 의하면 V. Taylor, R.W. Beare, T.W. bevan, E.grubb, H. Drexler, R.E. Brown, R.K. Orchard.등이 이런 설명을 하고 있는 것으로 언급하고 있다.

처럼 자신의 사귐의 범위를 세리와 죄인들과 같은 천대받는 사회 계층에 국한시키고 있지 않음을 가리킨다.[7] 예수께서는 사람을 외모로 차별하시는 분이 아니시다.

(3) 본문의 전후 문맥

이 이야기 앞에는 세례 요한 이야기가 나온다(눅 7:18-35). 세례 요한이 자기 제자들을 예수께 보내서 "오실 이가 당신입니까?"라고 묻는 이야기(눅 7:19-20), 예수께서 세례 요한을 가리켜 그는 예언자보다 더 위대한 자이며, 여인이 낳은 자 중 세례 요한보다 더 큰 인물은 없다고 요한을 높이 평가하는 말씀(눅 7:24-32), 요한은 와서 먹지도 않고 마시지도 않았지만 인자는 다르다며 자신은 먹기를 탐하는 자요, 술을 즐기는 자요, 세리와 죄인의 친구라고 정체를 밝히는 말씀(눅 7:33-35)이 소개되고 있다. 그 후에 기름 부은 여인이 나오고, 이어서 여인들이 예수의 일행을 따라다니며 섬기는 이야기(눅 8:1-3)가 소개되고 있다.

이러한 이야기의 진행과 연결을 보면서 피츠마이어는 이 이야기가 현재의 문맥에 잘 어울리지 않는다고 다음과 같이 말한다. "이 이야기 자체는 앞에 나온 세 본문과 연관성이 없다. 그래서 이 이야기가 왜 바로 여기에 첨부되었는지 그 이유를 알아내기 쉽지가 않다."[8] 그러나 누가는 이 이야기를 앞의 것과 연결시키기 위해 주요한 연결어를 사용한다.

① 바리새인(눅 7:30, 7:36)
② 죄인(눅 7:34, 7:37)
③ 먹는다(눅 7.33에서는 "esthio", 7:36에서는 "phagein").

---

7) Frederick W. Danker, Jesus and the New Age: A Commentary on St. Luke' Gospel(Philadelphia: Fortress Press, 1988), p. 169.
8) loseph A. Fitzmyer, The Gospel According to Luke, p. 684

7장 34절에서 누가가 예수를 "죄인의 친구"로 묘사한 직후 그 점을 뒷받침하기 위해서 실제로 예수께서 죄인인 여인을 용서해주시는 이야기를 소개하려고 했을 것이다. 또 7장 29절에서 하나님을 찬양한 백성들, 세리들을 하나님의 뜻을 거역한 바리새인, 서기관들과 대비시켰는데, 누가는 기름 부은 여인의 이야기에서 하나님으로부터 용서를 받은 죄인과 바리새인을 대비시키려고 했던 것으로 보인다. 그리고 누가는 이 이야기와 다음에 나오는 여인들의 이야기를 "여인"이란 단어로 연결시킨다. 용서받은 여인을 소개한 후에 예수를 따라다니며 섬기는 여인들을 소개함으로써 용서받은 여인들의 행동에 대한 모델을 제시하려고 했을 것이다. 이렇게 생각한다면 누가는 이 이야기를 상당히 의도적으로 앞뒤의 이야기와 연결시켜 편집하려고 했던 것으로 생각된다.

(4) 본문에 담긴 누가의 신학적 관심들
① 죄 용서의 문제

누가만이 예수께 기름 부은 여인을 두 번씩이나 "죄인"이라고 부르며(눅 7:37,39), 본문에서 "사함을 받았다(αΦιημι)"는 말은 네 번이나 반복되고 있다(48절에서 3번, 49절에서 1번). 7장 47-48절에는 "내가 네게 말한다. 이 여인은 그의 많은 죄가 사해졌다. 그것은 그가 많이 사랑했기 때문이다. 적게 사함을 받은 사람은 적게 사랑한다. 그리고 예수께서 그 여인에게 네 죄가 사해졌다고 말씀 하셨습니다."란 말씀이 나온다. 누가의 본문에서만큼은 이 이야기는 "죄"와 "용서"에 관한 것이다. 브라운(R.E. Brown)도 "누가의 이야기에서 본질적인 것이 죄와 용서의 요소(the very strong element of sinfulness and forgiveness)"라고 지적하고 있다.[9] 용서는 누가 신학의 주요 주제이다. 누가복음에서만 예

---

9) R.E. Brown, The Gospel According to John(New York: Doubleday, 1966), p. 450.

수의 첫 설교에서 "사함(αφεσις)"이 두 번(눅 4:18) 강조되며, 예수의 최후 발언이 "아버지, 저 사람들을 용서하여 주옵소서(눅 23:34)"였던 것도 그 때문이다.

이 본문에는 "내가 네게 말한다. 이 여인은 그의 많은 죄가 사해졌다. 그것은 그가 많이 사랑했기 때문이다. 적게 사함을 받은 사람은 적게 사랑 한다(눅 7:47)"는 말이 나온다. 그렇다면 "사랑"이 죄 사함의 원인인가? 사랑과 죄 사함의 관계는 무엇인가?

"47절을 읽는 두 가지 방법이 있을 것이다. 첫 번째 방법은 "여인의 행동 때문에 여인의 많은 죄가 사해졌다."로 이해하는 것이다. 여기서는 죄 많은 여인의 사랑이 그녀가 용서함을 받은 원인이 된다. 두 번째 방법은 "그녀의 많은 죄가 사함을 받았다. 그녀의 행동에 의해 증거가 되고 있다."로 이해하는 것이다. 여기서는 사랑이 그녀가 용서함을 받은 증거가 된다. 두 번째 방법은 언어적으로 가능하며(eg.눅 1:22, 6:21), 문맥에 의해 요구되고 있다. NEB성경(The New English Bible)이 이 점을 강조해주고 있다 '내가 너희에게 말한다. 이 여인의 큰 사랑이 그녀의 많은 죄가 사해졌다는 것을 증명한다. 적게 용서받은 곳에서는 적은 사랑이 보인다.' 이 여인이 용서받은 것을 어떻게 알 수 있는가? 대답은 그녀가 사랑을 베푼 것이 바로 그것에 대한 증거이다."[10]

② 여자와 남자의 평행 주제

누가문서의 주요 특징인 여자와 남자의 평행 관계가 여기서도 나타난다. 에드워즈(O.C. Edwards)는 이점에 관해 이렇게 말한다. "매장에 앞서 기름을 바른다는 생각이 여기에 나타나고 있지는 않지만, 그러나 예수에 대한 여인의 대응과 예수를 초청한 바리새인 시몬의 대응이 세

---

10) Charles H. Talbert, Reading Luke: A Literary and Theological Commentary on the Third Gospel(New York: Crossroad, 1982), p. 87.

밀하게 비교되는 것에 의해 대치되었다."[11]

두 사람 모두 예수에게 관심을 가졌지만, 두 사람이 예수께 보인 행동에는 차이가 있었다. 여인은 울며 눈물로 예수의 발을 적시고 자신의 머리카락으로 예수의 발을 닦고 예수의 발에 입 맞추며 향유를 붓는 사랑의 행동을 보인 반면에 바리새인은 손님을 자기 집에 모실 때 보여야 할 공식적인 예의, 곧 발을 씻어준다던가, 입을 맞춘다던가, 향유를 뿌린다던가 하는 행동을 전혀 베풀지 않았다. 그 이유는 여인이 바리새인보다 예수를 더 많이 사랑했기 때문이다. 그래서 더 많은 죄 사함과 구원함을 받았다.

③ 기독론적 질문

이야기의 결론에서 사람들은 "이 사람이 누구인가?(τις ουτος εστιν...)"란 질문을 제기한다. 이와 같은 질문이 8장 25절에서는 제자들에 의해서, 9장 9절에서는 헤롯에 의해서 반복적으로 제기되고 있다. 누가는 예수의 갈릴리 활동 가운데서 계속 같은 질문을 제기하면서 예수가 어떤 분인지 밝히고 있다.

이 본문이 세례 요한의 이야기 뒤에 편집된 이유도 아마 예수의 정체를 "오실 이(눅 7:19)"로 밝히는 것과 연결하기 위해서였을 것이다. 기름 부은 여인 본문에서도 예수께서는 "참 예언자(눅 7:39)", "죄를 사해 주시는 분(눅 7:49)", "구원해 주시는 분(눅 7:50)"으로 나타나고 있다.

그리고 7장 49절, 8장 25절, 9장 9절에서 거듭 "이 사람이 누구인가?"란 질문이 제기된 후에 9장 18-20절에서 "나를 누구라고 하느냐?"는 예수의 질문에 베드로가 "당신은 하나님의 그리스도입니다"라고 고백하게 된다. 이런 점들로 보아 예수께 기름 부은 여인 이야기는 누가의 주요 신학적 관심들을 잘 보여주는 대표적인 이야기이다.

---

11) O.C. Edwards, Jr., Luke's Story of Jesus(Philadelphia: Fortress Press, 1981), p. 46.

17. 선한 사마리아인의 비유

(눅 10:30-37)

흔히 선한 사마리아인의 비유는 어려운 처지에 처한 사람을 만났을 경우, 그냥 지나치지 말고 도와주어야 한다는 교훈으로 널리 알려져 왔다. 그러나 성서 해석자들은 이 비유야말로 가장 잘못 알려진, 가장 잘못 이해되어 온 비유 중 하나라고 말한다. 앞서 말한 교훈은 예수께서 주시려던 본래의 것이 아니라는 것이다.

그렇게 생각하는 이유는 무엇일까? 만일 강도 만난 사람처럼 어려운 처지에 처한 사람을 보았을 때, 제사장이나 레위인처럼 그냥 지나치지 말고 도와주어야 한다는 것이 이 비유의 본래 교훈이라면 비유의 등장인물이 달라져야하는 것이 아닐까? 강도를 만나 죽어가는 사람의 곁을 지나간 세 사람을 지금의 본문처럼 "제사장", "레위인" 그리고 "사마리아인"으로 설정하기보다는 "제사장", "레위인" 그리고 "일반 유대인"으로 만들어야 더 적절하다고 생각될 수 있다. 그래야 유대교 종교 지도자들인 제사장과 레위인은 그냥 지나가버렸지만, 도리어 평신도 유대인은 그 사람을 도와주고 살려주었다는 이야기가 될 수 있다. 이렇게 될 때 "너희도 가서 그와 같이 하라"는 교훈이 더 설득력 있게 전달될 수 있었을 것이다.

예수 당시 이 비유를 처음 들었던 유대인 청중이라면 제사장과 레위인 다음으로 등장하는 세 번째 사람을 "바리새인"으로 기대했을 수 있다. 왜냐하면 강도를 만나 "거의 죽게 된(눅 10:30)" 사람을 돕는 문제와 관련해서 율법의 가르침을 놓고 신학적으로 가장 날카롭게 싸우던 사람들이 바로 제사장과 레위인으로 대표되는 "사두개파 사람들"과 "바리새파 사람들"이었기 때문이다.

잘 알려져 있듯이 사두개파와 바리새파의 대표적인 신학적 차이는 사두개파가 모세 오경 등 하나님의 율법에 관한 한 오직 "기록된 율법(the Written Torah)"의 권위만을 인정하고 지키는 반면에, 바리새파는 기록된 율법 이외에 그 율법에 대한 랍비들의 해석인 이른바 "구전 율법(the Oral Torah)"의 권위도 인정하여 지키는 점이다.

모세 율법은 "제사장은 누구든지 백성의 주검을 만져 자신의 몸을 더럽히는 일이 없도록 하여라(레 21:1)", "그는 어떤 주검에도 가까이해서는 안 된다. 자기 아버지나 어머니가 죽었을 때에도, 그 주검에 가까이하여 몸을 더럽혀서는 안 된다(레 21:21)"고 규정하고 있다. 따라서 제사장 계급인 사두개파들은 길에서 죽은 사람을 만났을 때 당연히 다른 길을 택하여 그 몸을 더럽히지 말아야 했다.

그러나 랍비들이 가르치는 구전 율법은 길에 버려진 시체가 있을 경우 매장해줄 것을 요구한다. 더구나 유대교의 구전 전승에서는 어떤 희생이 따르더라도 생명을 살려야 한다는 원칙이 최우선 순위로 여겨졌다. 따라서 구전 율법의 가르침을 따를 경우 길에서 옷이 벗긴 채 쓰러져 있는 사람을 보았다면 그가 죽었든 아직 살았든 간에 제사장과 레위인은 물론 그 누구라도 그냥 지나쳐서는 안 되며, 만일 그 사람이 죽었다면 매장해주어야 했고 아직 살아있다면 살릴 수 있는 모든 조치를 다 취해야 했다.

그래서 많은 사람들 강도를 만나 죽어가고 있는 사람의 곁을 사두개파 사람들인 제사장과 레위인이 그대로 지나갔다고 말한 후, 다음 인물로 바리새파 사람을 등장시켜 죽어가고 있는 그 사람을 도와주고 살려줄 것으로 예상했을 것이다. 비록 예수께서 바리새인들의 위선 행동들에 대해 자주 비판하시기는 했지만, 율법 해석에 있어서는 분명히 사두개파의 입장보다는 바리새파의 입장에 더 가까웠기 때문이다. 그러나 이 비유 이야기에서 세 번째로 등장한 인물은 바리새인이 아니라 "사마리아인"이었다. 왜 사마리아인이었을까?

몇 가지 각도에서 그 이유를 살펴볼 수 있다. 종교적인 관점에서 볼 때 사마리아인은 제사장과 레위인처럼 율법에 대한 문자적 해석과 준수를 주장하는 보수적 입장을 지니고 있었다. "기록된 율법"과 "구전 율법"에 대한 상반된 입장에 관한 한, 사마리아인들은 사두개파에 속하는 제사장과 레위인들과 똑같이 "기록된 율법"의 권위만을 고집하는 사람들이었다. 따라서 세 번째로 사마리아인을 등장시켰을 때 이 비유는 "기록된 율법"만을 따르는 사람들 간에도 차이가 있을 수 있다는 점을 드러내 줄 수 있다.

강도들이 지나가는 사람의 옷을 벗기고 때려서 거의 죽게 된 채로 그냥 내버려두고 갔는데, 제사장과 레위인도 죽게 된 그 사람을 길에 그냥 내버려둔 채로 피해 지나갔다. 제사장과 레위인이 한 일은 결과적으로 강도들이 했던 일과 아무런 차이가 없었다. 똑같이 그냥 죽게 내버려두었다.

그러나 세 번째로 등장한 사마리아인은 달랐다. 그는 "기록된 율법" 규정에도 불구하고, 제사장과 레위인과는 달리 생명 구원을 최우선으로 생각하여 모든 위험을 무릅쓰고 그 사람에게 다가가서 구해주었을 뿐만 아니라, 옷을 벗기고 때려 죽게 만든 강도들과도 달리 그 사람을 위해 자신의 올리브기름과 포도주 이외에 갖고 있던 돈 "두 데나리온"까지 다 바쳤다. 그가 길에서 죽어가는 생명을 살리기 위해 감수했던 위험은 한두 가지가 아니었다. 그 사람을 돕기 위해 그곳에 머무르면서 자신 역시 강도들의 공격의 대상이 될 수 있었다. 또 그의 곁에 머무르는 일 자체가 다른 사람들의 눈에는 가해 당사자로 오인될 수도 있었다. 더구나 사마리아인은 죽어가고 있는 사람과의 접촉함으로 자신의 몸이 종교적으로 더럽혀지게 되는 그런 위험까지 감수해야만 했다.

그럼에도 불구하고 그는 이런 모든 위험들을 감수하면서까지 죽어가는 사람의 생명을 살리는 일을 최우선적인 과제로 생각했다. 따라서 이 비유는 당시 율법의 문자적 준수에만 매달리면서, 실제로는 하나님의 뜻을 거역하고 있는 문자적 율법주의자들의 행태(가령 막 7:10-13에 나오는 "고르반"의 경우처럼)를 비판하는 이야기였다고 생각할 수 있다.

이 본문을 또 다른 각도에서 살펴본다면 세 번째 인물로 "사마리아인"이 설정된 데에는 더 중요한 의도와 의미가 있다. 강도 만난 사람이 쓰러져 있던 길은 "예루살렘에서 여리고로 내려가는" 길이었다. 그 길을 여행하다가 강도를 만났다면 곧바로 "유대인"을 연상할 수 있게 된다. 그 길은 이방인이나 사마리아인들이 쉽게 다닐 수 있는 길이 아니기 때문이다. 아마 그 길을 지키고 있던 강도들은 물론이고 거기서 강도 만난 사람 역시 유대인이었을 가능성이 매우 높다. 그런데 이 비유에서 예수는 그 사람을 도와주고 살려준 사람이 유대인들과는 전혀 상종을 하지 않고 지내는(요 4:9), 유대인들로부터 멸시와 천대를 받으며 살아가던, 유대인들과는 "원수지간"인 사마리아 사람이라고 말한다.

사마리아인은 유대인 종교 지도자들인 사두개파 제사장과 레위인과는 아주 다른 모습을 보여주고 있다. 제사장과 레위인은 강도를 만나 죽어가고 있는 "사람을 보고 피하여 지나갔다(눅 10:31,32)". 그러나 사마리아인은 그 사람을 보고 피하지 않았을 뿐더러 강도들이 했던 행동과 정반대의 일을 하였다. 강도들은 ① 옷을 벗겼고 ② 때렸고 ③ 내버려두었고 ④ 거의 죽게 만들었다. 그런데 사마리아인은 ① 상처를 싸매주었고 ② 매 맞은 곳에 올리브기름과 포도주를 부었으며 ③ 그 사람을 여관까지 데려갔고 ④ 그 사람을 살리기 위해 자기 돈을 털어놨다.

길에서 강도를 만나 죽어가는 사람을 도와주고 살린 사람은, 유대인 종교 지도자들이 아니었다. 유대인 평신도도 아니었다. 사두개파 제사장이나 레위인과 달리 구전 율법을 주장하던 바리새인도 아니었다. 죽어가는 사람을 도와주고 살려준 사람은 사마리아인이었다. 길에서 죽어가던 유대인과는 원수지간에 있던 사람이었다.

예수를 찾아와 "내 이웃이 누구입니까?"라고 물었던 율법학자에게 이 비유를 말씀하시면서 "너는 이 세 사람 가운데서 누가 강도 만난 사람에게 이웃이 되어 주었다고 생각하느냐?"고 되물었다. 율법학자는 "사마리아인"이라고 대답하지 않았다. 다만 "자비를 베푼 사람"이라고 대답했다. 인종과 국적의 의미가 담긴 사마리아인이 아닌, 그가 한 행동에만 주목한 것이다. 그런데 길에서 강도를 만나 죽어가는 사람에게 "자비를 베푼 사람"은 분명히 "사마리아인"이었다. 유대인들이 원수시하는 사람이었다. 따라서 율법학자의 대답은 곧 "원수가 내 이웃입니다"란 말과 다르지 않다.

"내 이웃이 누구인가?"라고 물을 때 많은 사람들이 이웃 사랑의 "대상(object)"인 "어려움 가운데 처한 사람", 이 비유의 경우에는 "강도를 만나 죽어가는 사람"이라고 생각한다. 하지만 이 비유는 도리어 "어려움 가운데 처한 사람"을 구해준 이웃 사랑의 "주체(subject)"인 "자비를 베푼 사람"이 이웃이라고 가르친다.

강도를 만나 매를 맞고 거의 죽게 된 사람이 이웃이 아니라 도리어 그에게 자비를 베푼 사마리아인이 이웃인 것이다. 예수 당시 유대인과 사마리아인은 서로 원수지간이었다(cf. 요 4:9). 그런데 사마리아인이 죽어가고 있는 사람을 구해주었다. 원수가 친구가 되어주고 있다. 따라서 이 비유에서 "이웃"은 결국 "원수"이다.

구약 율법 레위기 19장 18절은 "네 이웃을 네 몸과 같이 사랑하라"고 요구하지만, 예수께서는 이 비유를 통해서 "네 원수를 네 몸과 같이 사랑하라"라는 메시지를 던져주신다. 이렇게 이해할 경우 우리는 예수의 "선한 사마리아인의 비유"는 예수께서 그의 산상설교 가운데서 "네 이웃을 사랑하고 네 원수를 미워하여라 하고 말한 것을 너희는 들었다. 그러나 나는 너희에게 말한다. 너희 원수를 사랑하라(마 5:43)"고 말씀하셨던 것에 대한 일종의 주석적 이야기로 생각할 수 있다.

따라서 예수께서 선한 사마리아인의 비유를 통해 주려고 했던 메시지는 "네 이웃을 네 몸과 같이 사랑하라(레 19:18)"는 구약의 계명이 마땅히 "네 원수를 네 몸과 같이 사랑하라"는 말로 번역되거나 그렇게 수정되어야 한다는 것이었다. 바로 이런 의미에서 블라드(Blad H. Young)도 그의 비유 연구서에서 "선한 사마리아인의 비유의 의미는 올바로 이해할 경우 원수 사랑이다"라고 말하고 있다.[1]

---

1) O.C. Edwards, Jr., Luke's Story of Jesus(Philadelphia: Fortress Press, 1981), p. 46.

18 마르다와 마리아 자매의 집을 찾은 예수
(눅 10:38-42)

마르다와 마리아의 이야기는 초기 교부시대 때부터 행동적인(active) 생활보다는 명상적인(contemplative) 생활이 더 중요하다고 가르치는 것으로 해석되어 왔다. 최근에도 어떤 주석가들은 그와 비슷하게 교회가 갖고 있는 두 종류의 사역, 곧 예전(禮典, liturgy)과 집사직분(diaconate) 중에 예전이 더 우선함을 강조하는 것으로 생각했다. 그러나 이 이야기의 근본 이슈는 두 종류의 사역을 비교하거나 우선순위를 정해주는 것이라기보다는 오히려 모든 효과적인 봉사의 근거가 되는 그리스도의 말씀을 소홀히 하거나 도외시하는 것을 경계하는 것으로 보인다.

우선 이 본문이 선한 사마리아인의 비유와 연결되어 편집된 사실에 주목할 필요가 있다. 그룬드만(W. Grundmann)에 의하면 이 두 이야기는 예수의 누 큰 계명을 역순으로 설명해준다. 곧 선한 사마리아인의 비유가 이웃 사랑에 대한 구체적인 예화라면, 마르다 마리아 이야기는 하나님 사랑에 대한 구체적인 예화로 주어진 것이다.[1]

---

1) Fitzmyer, The Gospel According to Luke, p. 892.

이런 관점에서 이 본문은 "네 마음을 다하며 목숨을 다하며 힘을 다하며 뜻을 다하여 하나님을 사랑한다는 것(눅 10:27)"은 결국 주님(예수) 발 아래 앉는다는 것을 뜻하는 것으로 보인다. 어떤 사람의 발 아래 앉는다는 것은 "어떤 사람의 밑에서 수학한다", 또는 "어떤 사람의 제자가 된다"는 말과 같은 뜻이다(cf.바울은 "가말리엘의 발 아래에서" 자라났다). 누가에 의하면 네 모든 것을 다해 하나님을 사랑한다는 것은 곧 예수의 제자가 되는 것이다. 바쁜 일은 아무 것도 보장해주지 못한다. 그러나 예수의 말씀에 귀를 기울이는 것이 가장 중요하다.

마르다의 신경질적인 요구에 대한 예수의 대답(눅 10:40)은 사본 상의 문제를 갖고 있다. 권위 있는 사본들 중에도 두 가지 의미의 본문이 있다. 하나는 "마르다야, 네가 많은 일로 염려하고 걱정하고 있다. 그러나 한 가지가 필요하다(one thing is needful)"이며, 다른 하나는 "마르다야, 네가 많은 일로 염려하고 걱정하고 있다. 그러나 몇 가지나 혹은 하나가 필요하다(few thing are needful or one)"이다.

무엇이 최선의 것인지 결정하기는 어렵다. 전자를 택할 경우 그 의미는 마리아가 필요한 한 가지를 택했는데, 그것은 섬기러 오신 분을 대접하는 주인(hostess)이 되는 것이 아니라 오히려 예수로부터 무엇인가를 받아들이는 것이다. "마르다는 자기가 주인(host)이고 예수가 손님(guest)이라고 생각하는 잘못을 범하고 있다. 실제는 그 반대이다(…)인자는 섬김을 받으러 온 것이 아니라 섬기러 왔다."[2] 마리아는 "주님의 입으로 나오는 말씀으로(신 8:3, 눅 4:4, 요 6:27)" 사는 훌륭한 모델이 되는 셈이다. 그리고 여기서 예수의 말씀을 듣는 것은 아주 다른 종류의 영양

---

2) Danker, Jesus and the New Age(1988), pp. 225-226. E. Schweizer는 다음과 같이 말한다: "Although Jesus is often served, it is ultimately always he who serves...To receive Jesus means to receive his word." Cf.The Good News According to St. Luke, p. 189.

공급을 받는 것이 된다.³⁾

만약 후자를 택할 경우 그 요점은 "주요 식사(main course)는 이미 끝났기 때문에, 올리브 하나나 둘이면 이제 충분할 것이다"란 뜻이다.⁴⁾ "몇 가지(few things)"란 예수께서 간단한 식사에 만족하실 것이란 점만을 의미할 뿐이다.⁵⁾

이 본문에서 필요한 "한 가지"가 과연 무엇을 뜻하는 것일까? 예수께서 음식 한 가지면 충분하니 음식 대접을 위해 염려하고 걱정하지 말라는 뜻으로 말씀하셨을 수도 있다. 어쩌면 필요하다고 말씀하신 한 가지가 마리아가 택했던 "좋은 편"을 가리키는 것일 수도 있다. 만약 그렇다면 그 한 가지란 예수의 말씀을 듣는 것이다. "좋은 편"은 예수께서 그의 제자들에게 주시는 은사인 "영원한 생명에 이르게 하는 양식(요 6:27)"일 것이다. 본문을 어떤 의미로 읽든 요점은 하나님을 사랑하는 것은 예수에게 복종하며 그에게서 무엇인가를 받는다는 것이다.

마리아와 마르다는 또 다른 의미에서 배우는 사람의 대조적인 모습을 보여준다. 마리아는 예수에게만 오직 일심으로 전념하는 사람을 나타낸다. 또 그녀는 주님으로부터 받는 사람이다. 마르다는 마음이 여러 군데로 분산되어 예수에게만 전적으로 집중하지 못한다. 이유는 그녀가 "많은 것으로 섬기기" 때문이다(눅 10:40). 예수를 위해 무엇인가를 하겠다는 그녀의 욕심이 그녀로 하여금 예수에게만 집중하지 못하게 만들며, 예수로부터 진정 그녀가 필요로 하는 것을 받지 못하게 만든다. 이런 대조적인 모습에서 마리아는 하나님을 전적으로 사랑한다는 것이 무엇을 의미하는지를 잘 보여주는 구체적인 증거로 대두되고 있다(마치 바

---

3) E. Schweizer, The Good News Accoding to St. Luke, p. 189.
4) Danker, Jesus and the New Age, p. 225.
5) Schweizer, St. Luke, p. 189.

로 앞에 나오는 선한 사마리아인의 비유에서 사마리아인이 자기 이웃을 사랑한다는 것이 무엇을 의미하는지를 잘 보여주는 구체적인 사례가 되고 있는 것과도 같다).

이렇게 볼 경우 선한 사마리아인의 비유와 마르다와 마리아 자매 이야기가 연속으로 편집된 이유는 제자들에게 두 큰 계명의 의미를 해설해주기 위한 목적이었을 것이다. 곧 이웃을 사랑하는 것은 사마리아인처럼 행동하는 것을 의미하며, 하나님을 사랑한다는 것은 마리아처럼 행동하는 것을 의미하는 것이다. 이것이 하나님의 계약 백성에 속하는 사람들이 보여야 하는 두 가지 특징이다. 하나님으로부터 받아서(말씀 듣는 일을 통해서) 다른 사람 곧 이웃에게 주는 것이다. 전자가 없다면 후자는 하고픈 마음도 생기지 않거나 자기 몫을 하지 않은 사람들에게 분노만 자아내는 부담이 되고 말 것이다.

따라서 이 이야기는 예수의 말씀에 귀를 기울이는 것이 자기 이웃을 사랑하는 것보다 훨씬 낫다는, 말씀을 도외시한 봉사(diakonia)는 영속적인 가치를 가질 수 없는 반면에 예수의 말씀에 귀를 기울이는 것은 영존하는 선이라는 사실을 강조해주고 있다. 이런 의미에서 "예수께서 마르다와 마리아에게 주신 말씀이 서기관에게 준 대답이기도 하다"고 본 단커(Danker)[6]의 말에는 분명히 일리가 있다.

다른 한편으로 누가복음에만 나오는 이 본문은 여성의 문제에 관심이 있어 보인다. 예수를 대접하기 위해서 여러 가지 일로 바쁜 마르다와 예수의 발 아래 앉아서 그의 말씀을 듣는 마리아가 대조되고 있다.[7] 바로 앞에 나온 선한 사마리아인의 비유에서 사마리아인과 유대 종교 지

---

6) Danker, Jesus and the New Age, p. 226.
7) Fitzmyer, The Gospel According to Luke, p. 892.

도자들인 제사장과 레위인이 대조되고 있다면, 여기서는 완벽한 주인(the perfect hostess)인 마르다와 완벽한 제자(the perfect disciple)인 마리아의 반응을 대조하고 있다.[8] "여기서 '많은 것들'이 한 가지의 필요한 것과 대조되고 있다."[9]

마르다가 당시 일반적으로 볼 수 있는 여인상을 대변한다면, 마리아는 흔히 볼 수 없는 여인상을 대표하고 있다. 예수의 발 아래 있는 마리아의 자세나 그녀가 예수의 "말씀"에 귀 기울이고 있는 것은 종교적 교육을 뜻하는 것으로 보인다. 당시 유대 여인들은 성서에 손을 댈 수 없었고 토라를 교육 받을 수 없었다. 랍비는 여인에게 토라를 가르치지도 않았다(cf. "만일 무엇이나 배우고 싶은 것이 있으면 집에서 자기 남편에게 물어보는 것이 좋습니다(고전 14:35)").

마리아뿐 아니라 예수도 마리아와 스승과 제자와의 관계를 인정하는 것으로 보인다. 예수께서는 마리아(여성)에게 서재나 연구실, 그리고 말씀 배우는 일을 허락하실 뿐만 아니라 그녀의 그런 선택을 높이 평가하신다. 마리아는 부엌을 반대하고 서재를 선택했다(Mary chose the 'study' as over against the kitchen).[10] 음식은 일시적인 요구만 충족시키지만, 말씀은 영원한 요구를 충족시키기 때문이다. 이 본문에서 "마리아는 최소한 신학을 배우는 예수의 제자 중 한 사람이다."[11] "누가는 이 장면에서 여인을 예수의 발 앞에 앉은 제자로 묘사하기를 주저하지 않고 있다."[12] "마르다에게는 여성 정체성을 평가하기 위한 아주 중요한 도구로서 일상적인 가정 일에 대한 의존으로부터의 해방을 제시하고 있

---

8) Ellis, The Gospel of Luke, p. 162.
9) E. Schweizer, The Good News According to Luke, p. 189
10) Evelyn and Frank Stagg, The Woman in the World of Jesus, p. 141.
11) Evelyn and Frank Stagg, Woman in the World of Jesus, p. 118.
12) Fitzmyer, The Gospel According to Luke, p. 892.

는 것이다."[13]

따라서 이 이야기는 여자가 부엌 안에만 머물도록 강요되지 않고 서재나 연구실을 선택할 수 있는 권리를 옹호하고 있다. 예수께서 두 자매와 사귀면서, 그리고 유대 여인들에게 일반적으로 허락되지 않던 마리아의 권리를 옹호해줌으로써 이 이야기의 일차적 의도는 음식보다는 말씀이 더 우선한다는 것이 되었다.

마르다의 역할은 적절한 것이다. 그러나 마리아는 말씀을 듣는 일에 우선순위를 둠으로써 좋은 편을 택했다. 어쩌면 누가는 이 이야기를 통해서 당시의 여성 독자들에게 마리아처럼 부엌 대신에 연구실이나 서재를 택하도록 일깨워주려고 했는지 모른다. 만약 이것이 사실이라면 이 본문은 여성 해방 운동이나 여성 신학을 위한 아주 중요한 본문일 것이다.

---

[13] Danker, Jesus and the New Age, p. 225.

19 탕자의 비유

(눅 15:11-32)

"탕자의 비유"로 알려진 이 본문은 오직 누가복음에만 나온다. 이 비유는 교회 안에서 너무나 오랜 동안 무비판적으로 "탕자의 비유" 혹은 거의 같은 의미로 "잃은 아들의 비유(der Verlorene Sohn)"로 불려왔다. 그러나 이 비유를 그렇게 부르는 것이 과연 옳은가 하는 질문을 던져볼 필요가 있다. 명칭 때문에 비유를 잘못 이해할 수도 있기 때문이다.

(1) "탕자의 비유"란 명칭은 올바른 명칭인가?

이 이야기를 탕자의 비유 혹은 잃은 아들의 비유라고 부를 때 이야기에서 가장 중요한 사람은 당연히 가출한 둘째 아들, 곧 유산을 갖고 집을 나가 모두 탕진해버린 탕자이다. 이야기의 초점을 둘째 아들인 탕자에 맞출 경우 이 비유는 탕자가 유산을 모두 탕진하고 빈털터리가 되었지만 회개하고 아버지의 집으로 돌아왔기 때문에 아버지로부터 환영을 받는다는 이야기가 된다. 따라서 탕자의 회개와 구원, 즉 아무리 큰 죄를 지었어도 회개하고 하나님께 돌아오기만 하면 용서받고 구원받을 수 있다는 교훈이 된다.

누가복음 15장 17절을 보면 탕자는 제 정신이 들었다고 했고, 18절에서는 "일어나 아버지께로 돌아가겠다"고 결심한다. 탕자는 회개했다. 회개는 돌아서는 것이다. 그가 자기의 죄 된 생활에서 돌이켜 아버지께 돌아왔기 때문에 그는 구원을 받을 수 있었고, 기쁨의 잔치에 참여할 수 있었다. 죄를 지은 사람들이 할 일은 바로 탕자처럼 죄로부터 돌아서서 하나님께로 돌아오는 것이다. 그럴 때 그는 구원받을 수 있다. 회개하면 우리는 어떤 죄로부터도 용서받을 수 있다. 그러나 회개하지 않는 죄는 결코 용서받을 수 없다. 이런 식으로 이해할 경우 이 이야기는 탕자의 비유 혹은 잃은 아들의 비유라고 부르는 것이 옳은 것 같다.

그러나 몇몇 비유 연구가들은 이 이야기를 그렇게 부르는 것은 옳지 않다고 주장한다. 이 비유에 그런 명칭을 붙이고 비유의 초점을 둘째 아들에게만 맞춘다면 결코 이 비유를 올바로 이해할 수 없다고 지적한다. 왜냐하면 이 비유는 둘째 아들인 탕자 이야기로만 구성되어 있는 것이 아니기 때문이다.

만약 이 비유가 15장 11-24절로만 구성되어 있다면 탕자의 비유나 잃은 아들의 비유란 명칭이 적절할 수 있다. 그러나 이 비유에는 둘째 아들이 집을 나갔다가 다시 돌아오는 이야기 외에 맏아들의 이야기(눅 15:25-31)가 더 있다는 것을 잊지 말아야 한다. 더구나 맏아들의 이야기는 비유의 결론 역할을 한다는 점에서 더 중요할 수 있다. 실제로 비유의 중심은 둘째 아들이 집으로 돌아왔는데도 그것을 전혀 기뻐할 줄 모르고, 도리어 아버지를 향해서 둘째 아들을 위해 잔치를 베푼 사실에 대해 불평하는 맏아들을 비판하며 공격하는데 있다는 주장이 제기되어 왔다.

비유의 후반부인 25-31절, 즉 맏아들의 이야기를 도외시하거나 무시한다면 본문의 절반만을 읽고 다루는 과오를 범하는 것이다. 그래서 결과적으로는 비유를 올바로 이해하지 못하게 된다. 따라서 비유 본문 전체를 염두에 두고 "두 아들의 비유"라고 부르는 것이 더 옳다는 주장을 진지하게 생각해 보아야 한다.[1]

이야기는 "어떤 사람에게 '두 아들'이 있었다(눅 15:11)"는 말로 시작된다. 전반부(눅 15:11-24)는 자기 몫의 유산을 갖고 집을 뛰쳐나가 돈을 모두 탕진한 후 다시 집으로 아버지께 돌아오는 둘째 아들이 주인공이며, 후반부(눅 15:25-31)는 돌아온 동생을 위해 아버지가 큰 잔치를 베풀고 기뻐하는 것을 못마땅하게 생각하여 잔치에 들어가려고도 하지 않는 맏아들이 주인공이다.

어떤 학자들은 이 비유를 "잃은 두 아들" 혹은 "두 탕자의 비유"라고 부르기도 한다. 작은 아들만 탕자가 아니라 큰 아들도 탕자라는 것이다. 그것은 맏아들이 몸으로는 아버지와 함께 있었고 아버지와 집을 버리고 떠난 적이 없었지만, 마음으로는 아버지로부터 멀리 떠나 있었고 결코 아버지와 마음이 하나가 되지 못했기 때문이다.

본문을 보면 그는 아버지를 향해서 "아버지"라 부르지도 않고(눅 15:29), 동생을 "동생" 대신 "당신의 이 아들"이라 부르면서 아버지에게 불평하며 항의하고 있다. 더구나 멀리 떠난 동생을 "창녀와 함께 지내느라고 아버지의 재산을 다 먹어버린 아들"이라고 공격하는데, 동생이 창녀들과 재산을 탕진하고 있는 사실을 그가 어떻게 알았을까? 그의 몸은 집에 머물러 있었지만 마음은 동생처럼 늘 먼 곳에, 동생이 하고 있는 일에 있었을지도 모른다. 이렇게 볼 경우 둘째 아들만 탕자였던 것이 아니

---

1) Cf.T.W. Manson, The Teaching of Jesus(Cambridge Univ. Press, 1955), p. 284; E.E. Ellis, The Gospel of Luke(The New Century Bible Commentary: Eerdmans, 1981), p. 196; C.H. Talbert, Reading Luke: A Literary and Theological Commentary on the Third Gospel(Crossroad: New York, 1982), p. 149. 다른 한편으로 C. Stuhlmueller는 "두 형제의 비유"라고 부른다(cf.Jerome Biblical Commentary, p. 148).

라 맏아들도 탕자였던 셈이다.

또 흥미로운 것은 20절에는 둘째 아들이 "이에 일어나서 아버지께로 돌아 가니라"는 말이, 25절에는 "맏아들이 밭에 있다가 돌아와 집에 가까웠을 때"란 말이 나온다. 둘째 아들은 먼 나라로부터, 맏아들은 밭으로부터 각각 집으로 돌아오고 있다. 결국 둘째 아들이나 맏아들 모두 아버지의 집으로 돌아오는 셈이다. 이 점에서 이 이야기는 "집으로 돌아오는 두 아들 비유"로 볼 수도 있다.

한편 비유의 초점이 둘째 아들이나 맏아들에게 있는 것이 아니라 두 아들 모두를 사랑하며 용납하는 "아버지"에 있다고 보기도 한다. 그래서 이 비유를 "은혜로우신 아버지의 비유" 혹은 "아버지의 사랑에 대한 비유"라고 부른 학자도 있다.[2] 실제로 이 비유는 "'어떤 사람'에게 두 아들이 있었다(눅 15:11)"는 말로, 즉 두 아들을 가진 "어떤 사람" 곧 "아버지"에 대한 언급으로 시작되고 있다. 또 "내가 잃었다가 얻었기에 우리가 즐거워하고 기뻐한다(눅 15:32)"라는 아버지의 말과 함께 비유는 끝이 난다.

게다가 둘째 아들은 비유의 전반부에서만 맏아들은 후반부에서만 주인공이지만, 아버지는 본문 전체에서 중심인물로 등장한다. 전반부에서 아버지는 유산을 미리 달라는 둘째 아들의 요구를 거절하지 않았으며, 둘째 아들이 그 유산을 모두 탕진하고 거지꼴이 되어 돌아올 때도 아버지의 권위나 체면은 생각하지 않고 맨발로 달려가 포옹하고 입을 맞추었다. 좋은 옷, 반지, 신발을 주어 아들의 명예를 회복시켜주었고 기쁨에 넘쳐 송아지를 잡아 큰 잔치를 베풀어 주었다.

후반부에서 아버지는 투덜대며 불평하는 맏아들에게 다가가 "아들"

---

[2] R.H. Stein은 이 비유를 "the parable of the Gracious Father"라고 부르고 있고(cf.An Introduction to the Parables of Jesus, Philadelphia: The Westminster Press, 1981, p. 115), 다른 한편으로 E. Schweizer는 비유의 중심인물을 "아버지"로 보고 이 비유의 명칭을 "the parable of the Powerless, Almighty God"라고 붙였다(cf.The Good News According to Luke, Ed. by D.E. Green, Atlanta: John Knox Press, 1984, p. 250).

이라고 부르면서 "내 것이 다 네 것이라"고 맏아들을 위로하면서 그를 잔치 중인 집 안으로 데려오고 있다. 전반부와 후반부 모두에서 아버지는 "사랑과 은혜가 많으신 아버지"로 드러난다. 더구나 이 비유와 연결된 다른 비유들이 양 한 마리를 잃은 목자, 은전 하나를 잃은 여인을 주제로 삼았기에 당연히 여기서도 두 아들을 가진 아버지에게 초점이 집중되어야 한다는 것이다.

이렇게 생각할 경우 이 비유는 "이와 같이 하나님은 잃은 아들이 돌아옴을 기뻐하여 잔치를 베푼 아버지처럼 자비롭고 은혜로우며 긍휼로 가득차고 사랑으로 넘치는 분이며, 또한 죄 지은 아들을 용납하는 것을 못마땅해 하는 맏아들까지도 사랑으로 용납하시는 분"을 교훈으로 삼는다.[3]

비유 명칭을 어떻게 붙이는가 하는 문제는 이 비유의 메시지를 어떻게 이해하고 해석하느냐 하는 문제와 직접적으로 연관된다. 여러 명칭 중 어떤 명칭이 가장 적절한지 염두에 두면서 메시지를 알아보아야 할 것이다. 또 예수께서 본래 이 비유를 말씀하셨을 때와 누가복음 저자가 나중에 이 비유를 그의 복음서에 소개할 때 어떤 메시지를 강조하려고 했었는지 구별해서 물어볼 필요가 있다. 그 둘을 구별할 때 어떤 명칭이 예수의 본래 의도에 적합한 것이며, 또 어떤 명칭이 누가의 의도에 적합한 것인지를 분별할 수 있게 된다.

(2) 예수의 본래 비유 의도

예수께서 맨 처음 이 비유를 말씀하셨을 때, 탕자였던 둘째 아들이 아니라 맏아들에 초점을 맞춘 것으로 보인다. 누가복음 15장 2절에 보면 예수께서 이 비유를 "바리새인과 서기관들"을 향해서 말씀하신 것으로 기록되어 있다. 말씀의 동기도 "바리새인들과 서기관들이 서로 수군

---

[3] 이런 의미에서는 Brad H. Young이 이 비유를 가리켜 "the Parable of the Compassionate Father and his Two Lost Sons"이라고 말한 것이 더 적절할 수 있다. Cf.Brad H. Young, Jesus the Jewish Theologian(Grand Rapids: Baker Academic, 1995), p. 143.

거리며 예수가 죄인들을 환영하고 그들과 함께 식사를 하고 있는 것"에 대해 불평하며 투덜대고 있었기 때문이라고 언급된다. 한 마디로 예수는 "너희는 이 비유에서 죄로부터 돌아서서 집으로 돌아온 탕자를 환영하며 그를 위해 잔치를 베푼 아버지에게 투덜대며 불평하는 맏아들과 똑같은 놈들이라"고 빗대어 공격하고 계신 것이다.

이 비유에서 둘째 아들이 세리와 창녀 같은 죄인들을 가리킨다면, 집에 돌아온 동생을 위한 잔치를 못마땅하게 여겨 함께 참여하지 않았던 큰 아들은 많은 죄인들이 예수를 통해서 회개하고 하늘나라 구원 잔치에 참여하는 것을 못마땅하게 여기면서 예수께서 그들과 어울리는 것을 불평했던 예수 당시의 경건한 종교 지도자들을 가리켰을 것이다.

따라서 예수에게는 맏아들이 핵심 인물이며, 맏아들의 못된 심보를 비판하는 것이 이 비유의 본래 목적으로 생각된다. 이렇게 볼 경우 예수의 의도에 적합한 비유의 명칭은 마땅히 "투덜대며 불평하는 맏아들의 비유" 혹은 "기뻐하지 않는 형놈의 비유"일 것이다.[4]

(3) 누가가 비유를 소개한 의도

누가는 예수의 본래 의도 가운데 분명하게 드러나지 않았던 또 다른 교훈을 첨가해 강조하려고 했던 것으로 보인다. 누가의 이런 의도는 그가 이 비유를 소개하기 위해 구성한 전후 문맥에서 드러난다.

누가는 15-16장에서 다섯 개의 비유를 일종의 시리즈 형태로 소개한다.
① 잃은 양 비유(눅 15:3-7)
② 잃은 은전 비유(눅 15:8-10)
③ 잃은 아들 비유(눅 15:11-31)
④ 불의한 청지기 비유(눅 16:1-13)

---

[4] Danker는 비유의 초점을 큰 아들에 두고 이 비유를 "기뻐하지 않은 형의 비유(the parable of Reluctant Brother)"라고 불렀다(cf.F.W. Danker, Jesus and the New Age: According to St. Luke, St. Louis: Clayton Publishing House, 1972, p. 170.

⑤ 부자와 거지 나사로 비유(눅 16:19-31)

소위 탕자의 비유는 다섯 개 비유 중 세 번째로, 시리즈의 한 가운데 위치하고 있다. 앞에 두 비유의 결론인 동시에 뒤에 두 비유의 서론을 이룬다. 이러한 배치는 그의 의도를 분명히 드러내고 있다.

먼저 누가는 탕자의 비유를 잃은 양, 잃은 은전 비유와 같은 의미의 비유로 소개한다. 누가 이전, 가령 구전 시대에 탕자의 비유가 잃은 양, 잃은 은전 비유와 연결되어 있었을 가능성은 별로 없다. 도마복음에도 잃은 양 비유가 탕자의 비유와 연결되어 있지 않기 때문이다. 따라서 이러한 연결은 분명히 누가의 의도였을 것이다.

> 내가 너희에게 말한다. 이와 같이 하늘에서는 회개할 필요가 없는 의인 아흔 아홉보다 회개하는 죄인 한 사람을 더 기뻐할 것이다 (눅 15:7)
>
> 내가 너희에게 말한다. 이와 같이 죄인 한 사람이 회개하면, 하나님의 천사들은 크게 기뻐할 것이다 (눅 15:10)
>
> 네 아우는 죽었다가 다시 살았고 내가 잃었다가 다시 찾았으니 이 기쁜 날을 어떻게 즐기지 않을 수 있느냐? (눅 15:31)

또 주목해야 할 점은 잃은 양 비유와 잃은 은전 비유와 잃은 아들 비유의 결론이 비슷하다는 점이다. 가장 먼저 세 비유 모두 "기쁨"으로 끝이 난다. 또 잃은 양이나 잃은 은전이나 잃은 아들은 "죄인"을 가리키고 있으며, 하늘에서 죄인 한 사람의 회개보다 더 큰 기쁨이 없다는 점을 강조하고 있다. 하나님께서는 잃은 것들을 찾는 것, 죄인들이 회개하고 돌아오는 것을 기뻐하시는 분이라는 점을 강조하는 것이다. 이런 의미에서는 누가가 소개하는 비유의 적절한 명칭은 "잃은 아들 비유"였을 것이며, 잃은 아들뿐 아니라 죄인의 회개와 구원을 못마땅하게 생각하는 바리새인과 서기관과 같은 종교 지도자들까지도 영접하시는 분이라는 것을 강조하는 점에서 "은혜로우신 아버지의 비유"라고 불러도 좋을 것이다.

다른 한편 누가는 이 비유를 불의한 청지기 비유와 부자와 거지 나사로 비유의 서론으로 연결시킨다. 이 비유가 소유와 재물의 적절한 사용에 관한 교훈으로 함께 소개되는 셈이다. 특히 탕자의 비유와 뒤에 두 비유 모두 "어떤 사람"에 대한 언급으로 시작되며(눅 15:11, 16:1, 16:9), 특히 재물을 허비한다는 뜻을 가진 헬라어(diaskorpizon)는 신약 전체를 통틀어 오직 누가복음 15장 13절과 16장 2절에서만 나온다. 누가는 이 단어를 연속되는 두 비유에서 나란히 사용함으로써 탕자의 비유와 불의한 청지기 비유를 연결시키려고 했던 것으로 보인다.

이렇게 연결시킨 의도는 재물 사용에 관한 교훈을 주기 위함일 것으로 생각된다. 탕자는 재물을 허비했으나, 불의한 청지기는 자기의 권한 내에서 재물을 적절히 사용했고, 부자는 선한 일을 위해 재물을 전혀 사용하지 않았다. 다시 말해 탕자는 재물을 자신의 향락을 위해 낭비한 부정적 모델로, 불의한 청지기는 자신의 능력 안에서 채무자들을 위해 재물을 선하게 사용한 긍정적 모델로, 부자는 불쌍한 사람을 돕는 일 같은 선한 일을 위해 자신의 재물을 전혀 사용하지 않는 비판적 모델로 제시되는 셈이다.

누가는 이 비유를 예수의 의도와는 다르게 그러나 예수의 의도를 그대로 반영하는 가운데 특별히 재물 사용과 관련해서 어떤 모델을 따라야 할 것인가를 가르치려고 했던 것으로 보인다. 만약 누가에게 이런 의도가 있었다면 우리는 이 비유를 "재물의 적절한 사용에 관한 비유"라고 이해할 수도 있을 것이다.

20 폭풍의 바다에서 제자들을 구해준 예수
(막 4:35-41, 6:45-52)

이 이야기는 "바다 이적(the sea miracles)"으로 불린다. 바다 위에서 있었던 이적이기 때문이다. 그러나 종종 "배 이적(the boat miracles)"으로 불리기도 한다. 배 안에서 일어났던 이적이기도 하기 때문이다.

우리는 이 이야기를 읽을 때 예수께서는 하나님의 아들이시기에 불가능한 것이 없고, 하나님처럼 모든 일들을 다 하실 수 있다고 믿게 된다. 그래서 예수께서 바다를 잔잔케 만든 이적 이야기가 기록된 까닭은 그가 신성(神性)을 가진 하나님의 아들임을 증거 하기 위해서라고 생각한다. 그러나 과연 마가복음의 저자가 이 이야기를 소개한 의도와 목적이 단순히 예수의 신성(divinity)이나 하나님의 아들(the divine sonship) 되심만을 선포하기 위한 것일까?

복음서는 구체적인 역사적 상황 속에서 독자들에게 주었던 구체적인 설교들이었다. 때문에 이 이야기를 소개한 의도와 목적을 알려면 먼저 마가 시대 교인들의 처지를 알아볼 필요가 있다. 마가복음이 어떤 상황에 처해 있었던 사람들을 위해 기록된 설교인지를 알아야 한다는 말이다.

마가복음은 네로 황제의 기독교인 박해가 시작된 이후, 유대인과 초대 기독교인 중심으로 로마에 대항했던 유대 전쟁의 결과로 주후 70년 경 유대 나라가 망하고, 예루살렘 성전이 돌 위에 돌 하나 남지 않고 허물어지던 때에 기록된 복음서이다. 즉 박해와 고난의 시대를 사는 기독교인들을 위해서 기록된 복음서이다. 따라서 우리는 이 이적 이야기들이 박해의 고통, 죽음의 위협에 직면해서 구원을 호소하던 마가 시대 기독교인들에게 주어진 구체적인 설교였다는 점을 염두에 두어야 한다. 그런 관점에서 마가가 어떤 설교를 하고 있는지 살펴보아야 할 것이다.

마가복음에서 "배"는 흔히 예수와 제자들만이 함께 하는 특별한 장소로 나타난다. 마가복음 4장 36절에는 "그들은 무리를 남겨두고 예수께서 배에 앉으신 그대로 모시고 갔다"라고 되어 있다. 배에 탄 사람들은 언제나 예수와 그의 제자들이었으며, 무리들이나 적대자들이 배 위에 올라탄 적은 한 번도 없다. 또 "배"는 예수께서 교훈을 주시는 장소로도 언급된다. 배는 예수께서 무리들을 향해 설교하는 강단이 된다("예수께서 다시 호숫가에서 가르치셨습니다. 모여든 무리가 하도 많아서 예수께서는 호수 위에 뜬 배에 올라 거기 앉으시고 무리는 모두 호숫가 뭍에 있었습니다(막 4:1)". 8장 14절에서는 예수께서 제자들에게 사사로운 교훈을 주기 위한 장소가 되었다. 동시에 8장 14절과 3장 9절에서 배는 예수께서 무리들로부터 떨어지기 위한 곳이기도 하다.

이렇게 마가복음에서 배가 예수와 제자들이 무리들로부터 떨어져 그들만이 함께 하는 공간으로 언급된다는 점 때문에 초대교회와 그 이후 기독교 역사 가운데에서 배는 "교회"를 가리키는 주요 상징으로 생각되었고 늘 그렇게 이용되어 왔다. 이런 점에서 마가복음 5장 2절에서 예수와 제자들이 "배에서 나오시매 곧 더러운 귀신들린 사람이" 나타났다는 언급은 마가에게 있어서 배 곧 교회 밖은 언제나 귀신들의 세력이 존재하며 활동하는 악한 세계임을 암시하는 것으로 생각될 수 있다.

이런 관점에서 볼 때, 예수께서 폭풍의 바다로부터 배에 타고 있던 제자들을 구원해주는 이적 이야기는 "바다 이적"이라기보다는 "배 이적"이다. 특히 마가복음의 독자들에게는 그들의 주님이신 예수께서 로마 당국의 박해의 폭풍 가운데서 죽음의 위협에 처한 자신들의 교회를 구원해주시는 이야기로 읽혀졌을 것이라고 쉽게 짐작할 수 있다.

마가와 그의 독자들에게 바다 한 가운데서 갑자기 폭풍을 만난 배는 세상 한 가운데서 갑자기 박해와 고난을 맞은 마가 시대의 교회를 뜻하는 것이었다. 본문에서 이 이적이 일어난 때를 "그날 저물 때에(막 4:35)"라고 말한 것도 교회가 어둠의 세력 가운데 처했을 때를 가리키는 것으로 보인다. "큰 광풍이 일어나며 물결이 부딪쳐 배에 들어왔다(막 4:37)"는 말도 마가 시대의 교회에 갑자기 들이닥쳤던 엄청난 박해와 고난의 물결을 의미하는 것일 수 있다. 이 박해는 베드로와 바울의 생명을 빼앗아갔던 네로 황제 때의 박해였을 것으로 생각된다.

더구나 "제자들이 (예수를 흔들어) 깨우며 가로되 선생님이여 우리의 죽게 된 것을 돌아보지 아니하시나이까?(막 4:38)"라고 울부짖었던 그 외침은 당시 수많은 기독교인들이 순교하면서, 박해를 당하면서 끊임없이 주님을 향해 구원을 호소하던 울부짖음이었음에 틀림없다. 마가가 예수의 십자가 위의 최후 발언으로 "나의 하나님 나의 하나님 어찌하여 나를 버리시나이까?"란 말씀만을 전하는 것도, 당시 많은 교인들이 순교당하면서 부르짖었던 외침이 그 말씀과 같았기 때문으로 생각된다.

마가는 오랜 동안 초대교회 안에서 구전으로 전해 내려오던 이 이적 이야기가 고난과 박해를 당하는 교인들을 위한 설교 자료로 아주 적합하다고 생각했다. 마가 시대 교인들이 "어찌하여 나를 버리십니까?", "우리의 죽게 된 것을 돌아보지 아니하시나이까?"라고 울부짖었는데도 그 당시 주님은 배의 뒷전에서 마치 교회를 등지고 주무시고 계신 것처럼 고난당하는 마가 시대의 제자들을 전혀 돌보시지 않는 것 같았다. 그래서 마가는 이 이야기로 박해의 고통 가운데서 죽게 된 것을 돌보시지 않고 주무시고 계신 것 같은 예수님을 기도로 흔들어 깨우기만 하면, 박해의 폭풍 한 가운데라도 예수께서 일단 일어나시기만 하면, 박해의 폭풍과 고난의 바다를 능히 잔잔케 하여 그들을 구원하실 수 있는 분이라고 증거 하면서 위로해주려고 했던 것이다.

마가는 이 이야기에 이어서 바로 거라사 귀신 축출 이야기(막 5:1-20)를 연결시킨다. 그것은 역사적으로 두 이적이 연속적으로 일어나서가 아니라, 두 이적 이야기가 같은 메시지를 전해주기 때문이다.

마가가 폭풍의 바다를 잔잔케 한 이적을 통해서 예수께서 로마의 박해 폭풍을 잔잔케 하여 교회와 교인들을 구원해 줄 수 있음을 선포했다면, 거라사의 군대 귀신을 쫓아낸 이적 이야기를 통해서는 마가 시대 교인들을 박해하며 괴롭히던 로마의 군대 귀신을 몰아내서 고통당하던 교회와 교인들을 구원해 줄 수 있는 분임을 증거 하고자 했을 것으로 생각된다. 마가 시대 교인들에게 두 이적 이야기는 과거 사건이 아니라, 현재 박해와 고난을 당하고 있는 자기들의 상황을 위한 생생한 설교였던 것이다.

이런 점을 뒷받침해주는 또 다른 바다 이적 혹은 배 이적 이야기가 있다. 마가복음 6장 45-52절에 나오는 이적 이야기이다. 거기에선 예수께서 폭풍 속에서 고통당하는 제자들이 탄 배를 향해서 물 위를 걸어와 그들을 구원해준다. 6장 45-52절의 배 이적도 "날이 저물었을 때 (6:47)", 곧 어둠의 세력이 지배할 때 교회에 일어난 이적이다. 그리고 "바람이 거슬러 불고 있었다"는 말은 교회에 부는 고난의 바람이 순풍이 아니라 역풍이었음을 암시하며 "제자들이 배젓기에 몹시 애쓰고 있었다"는 말은 교회 지도자들 또는 교인들이 교회(=배)를 지키기에 어려웠다는 것을 뜻하는 듯하다.

이 당시 예수께서는 부활 승천하셔서 교회에 계시지 않았다. 예수께서 고통당하는 제자들과 함께 있지 않음이 47절에서 "제자들이 탄 배는 바다 한가운데 있고 예수께서는 홀로 뭍에 계셨습니다"란 말에서 잘 나타난다. 그러나 제자들이 탄 배가 폭풍으로 어려움을 당하자 멀리 떠나가 계셨던 "예수께서 그들이 탄 배에 (다가와) 오르시자 바람이 그쳤다(막 6:51)" 예수께서는 바람을 진정시킬 뿐만 아니라 제자들에게 "두려워 말라"고 그들을 진정시켜주시며, 그들을 구원해주신다.

그러니까 마가복음에는 두 개의 "바다 이적" 혹은 "배 이적"이 소개되는 셈이다. 두 이야기는 이적이 일어난 장소 외에도 몇 가지 공통점이 있다. 그 중 하나는 이적으로 도움을 받은 사람이 다른 사람들이 아닌 예수의 제자들이란 점이다.

4장 35-41절의 첫 번째 이야기는 예수와 함께 배를 타고 여행하던 제자들이 갑자기 광풍과 파도를 만나 배 뒤편에서 주무시고 계신 예수를 향해서 "우리의 죽게 된 것을 돌아보지 않습니까?(막 4:38)"라고 외쳤고, 예수께서는 그 소리를 듣고 깨어 일어나 폭풍의 바다를 잔잔케 하여 그들을 구해 주신다. 6장 45-51절의 두 번째 이야기는 예수께서 기도하러 산에 올라가셨다가 멀리서 배를 타고 바다를 건너가고 있던 제자들이 바다 한가운데서 역풍을 만나 고통당하는 것을 보시고 친히 그들에게로 나아와 그들을 구원해주신다.

첫 번째 이야기는 예수께서 제자들의 구원 요청을 듣고 그들을 구원해주는 것으로 묘사되어 있는데, 두 번째 이야기는 예수께서 제자들의 어려움을 보셨을 때 그들이 구하기도 전에 친히 그들에게 나아와 그들을 구해주시는 것으로 묘사되고 있다. 첫 번째 이야기는 "구하라 주실 것이요, 찾으라, 찾을 것이요, 두드리라 그리하면 열릴 것이라"는 말씀을 뒷받침해준다면, 두 번째 이야기는 "구하기 전에 너희의 필요한 것을 아시고 주신다"는 말씀을 뒷받침해준다.

결국 두 이야기의 교훈은 예수께서는 제자들이 죽음의 위협에 직면해서 도움을 요청할 때 그들을 구해주실 뿐 아니라, 도움의 요청이 없더라도 제자들이 고통과 괴롬을 당하는 것을 보셨을 때 먼저 그들에게 다가와 구원해주시는 분이라는 것이다. 이 말씀은 세상으로부터 고통을 당하는 모든 시대, 모든 교인들에게 위로와 희망의 메시지가 된다.

다른 하나 중요한 공통점은 두 이야기에서 제자들의 무지와 불신앙이 강조된다는 점이다. 첫 번째 이야기에서는 제자들이 자기들을 구원해주신 예수를 보면서도 "저가 뉘기에 바람과 바다가 순종하는고?"라고 말하고 있다. 아직도 예수께서 누구신지 잘 이해하지 못하고 깨닫지도 못하고 있다는 증거이다. 두 번째 이야기에서는 "제자들이 떡 떼시던 일을 깨닫지 못하고 도리어 마음이 둔하여졌음이라"란 결론 구절이 첨가되어 있다. 자신들을 구원해주기 위해 물 위를 걸어오시는 예수를 보고 "유령"이라고 소리를 지른다. 결국 그들은 예수를 잘 알아보지도 못한 채 예수에 대한 그들의 무지를 드러내고 있다.

첫 번째 이야기에서 예수께서는 폭풍의 바다 속에서 허둥대는 제자들을 향해서 "어찌하여 이렇게 무서워하느냐? 너희가 어찌 믿음이 없느냐?"고 책망하며 제자들의 믿음 없음을 강조하신다. 두 번째 이야기에서도 제자들은 예수께서 배 위에 오르시자 바람이 그친 것을 보고는 "몹시 놀란다." 예수의 이적적인 능력에 대한 믿음이 없었기 때문이다.

마가가 이런 점을 강조하고 있는 이유는 무엇인가? 예수께서 제자들을 구원해준 것은 그들의 믿음이나 그들의 똑똑함 때문이 아니라, 오히려 그들의 무지와 불신앙에도 불구하고 구원해주신 것임을 강조한 것이다.

예수께서는 우리가 믿음이 있고, 그 믿음이 아주 좋아서 우리를 구원해주시는 것이 아니다. 우리가 똑똑해서 예수를 잘 알아보기 때문도 아니다. 우리가 부족해도, 우리가 믿음이 없어도 예수께서는 은혜로 자비로 우리를 구원해주신다. 만약 예수께서 우리의 믿음을 보시고 우리를 돕고 구원해주신다면, 우리 가운데 예수의 도움과 구원을 받을 수 있는 사람이 얼마나 될 것인가? 그런고로 예수께서 우리의 믿음이나 우리의 능력과는 상관없이 그의 은혜로 우리를 우리가 처해 있는 온갖 어려움으로부터 구원해주신다는 이 이적 이야기는 정말로 오늘날 우리들에게도 복음, 기쁨의 소식이 아닐 수 없다.

제자 직분(discipleship)에 관한 교훈
(마 8:23-27)

마가복음에서 광풍의 바다를 잔잔케 하신 이적 이야기(막 4:35-41)는 "바다 이적" 혹은 "배 이적"이었다. 마가복음에서 배는 교회를 상징했으며, 이 이야기는 로마 당국의 박해로부터 고통을 당하던 마가 시대의 교회와 교인들을 예수께서 구원해주시는 이야기로 설교되었고 그렇게 이해되었다.

그러나 마태복음은 예수께서 폭풍의 바다를 잔잔케 하신 이적 이야기를 마가복음과는 아주 다른 목적과 의도로, 아주 다른 설교로 소개한다. 마태가 마태복음을 기록하던 시기와 상황, 설교의 대상이 마가와 다르기 때문에 똑같은 이야기로 다른 설교를 하는 것은 오히려 아주 당연한 일일 것이다. 그렇다면 마태는 어떤 설교를 하고 있는 것일까?

마태가 이 이적 이야기를 소개하는 의도를 올바로 이해하기 위해서는 어떤 문맥에서 어떤 말씀들과 관련해서 소개하고 있는지를 알아볼 필요가 있다. 본문(text)을 올바로 이해하기 위해서는 언제나 문맥(context)을 올바로 이해하는 것이 필요하고 중요하다.

먼저 마태가 바다 이적 이야기를 "제자가 되는 길에 관해 가르치는 예수의 두 말씀(마 8:19-20, 8:21-22)"과 연결한다는 점에 유의해야 한다.

마태는 폭풍의 바다를 잔잔케 하신 이적 이야기에 앞서 제자가 되는 길에 관한 예수의 두 말씀을 소개하고 있다. 첫 번째 말씀은 예수께서 자기를 따르고자 하는 서기관에게 주시는 말씀이다(마 8:19-20). 한 서기관이 예수께 나아와서 "선생님이여, 어디로 가시든지 저는 따르겠다(follow)"고 말했을 때 예수께서는 자기를 "따르겠다(follow)"고 결단하는 그 서기관을 향해서 "여우도 굴이 있고 공중의 새도 거처가 있으되 오직 인자는 머리 둘 곳이 없도다"라고 답변하신다. 그리고 두 번째 말씀(마 8:21-22)에서는 어떤 "제자" 한 사람이 예수께 나아와 주님을 따르겠지만(follow) 먼저 가서 부친의 장사 지내는 것을 허락해 달라고 요청하는데, 예수께서는 그에게 "죽은 자들로 저희 죽은 자를 장사하게 하고 너는 나를 따르라(follow)"고 명하신다.

두 말씀 모두 "따르다(영어로 "follow", 헬라어로 "akolouthein")"란 동사를 사용한다. "따르다"는 단어는 마태복음에서 거의 제자 됨(discipleship)을 가리키는 전문 용어라는 것이 마태복음 연구가들의 일치된 지적이다. 따라서 이 두 말씀은 분명히 제자가 되는 길에 관한 것으로 이해되어야 한다.

마태는 첫 번째 말씀을 통해서 깊이 생각하지 않고 예수를 쉽게 따르겠다고 나서는 사람들에게 일종의 경고를 하고 있다. 예수를 따른다는 것은 머리 둘 곳 없고 아무 것도 가진 것이 없는 예수를 따르는 것이며, 영광의 길이 아닌 고난의 길을 따르는 것임을 가르치는 것이다. 또 두 번째 말씀을 통해서 예수의 제자가 되기 위해서는 극단적인 각오와 결심이 필요하다고 말한다. 예수를 따르는 일은 자신의 모든 일을 다 하고 나서 따라도 되는 그런 부수적인 일이 아니라 어떤 일보다도 먼저 앞서야 하는, 곧 모든 것에 첫 번째가 되어야 하는 우선적이며 일차적인 일이라는 것을 강조하는 것이다.

이처럼 마태는 "따르다"는 말로 두 말씀을 연결시켜 소개한 후, 또 다시 "따르다"란 동사를 연결어로 이용하여 폭풍의 바다를 잔잔케 한 이적 이야기를 소개한다.

8장 23절에 마태는 폭풍의 바다를 잔잔케 하신 이적 이야기의 첫 구절에서 "예수께서 배에 오르셨습니다. 그리고 제자들도 그를 따랐습니다(followed)"라고 "따르다"란 동사를 사용한다. 마가복음과 누가복음에서는 이 이적 이야기와 관련하여 "따르다"란 동사가 쓰이지 않는다. 따라서 23절에 나오는 "따르다"란 동사는 바로 앞에 소개한 제자직에 관한 두 말씀과 연결시키기 위해서 의도적으로 첨가한 단어로 생각된다. 앞에 소개된 두 말씀과 이 이적 이야기 모두 "따르다(follow)"란 동사로 연결되고 꿰매어짐으로써(마 8:19,22,23), 세 이야기 모두 같은 주제, 곧 "제자가 되는 길"에 관한 교훈을 가진 것이 분명해진다.

이 같은 특수한 문맥 설정과 "따르다"란 연결어를 통한 편집으로 인해서 마태복음에 나오는 폭풍의 바다를 잔잔케 만든 이적 이야기는 더 이상 마가복음이나 누가복음에서처럼 "예수의 능력을 과시하는 이적의 이야기"가 아니라 "제자가 되는 길에 관한 일종의 예화"가 되어 버렸다.

마태는 이적 이야기를 "제자가 되는 길에 관한 두 말씀"에 이어서 "제자가 되는 길에 관한 세 번째 말씀"으로 소개하고 있는데, 이 점은 그가 예수께서 배에 오르시고 제자들이 그를 "따랐을 때", 바다에 큰 놀이 일어나 배에 물결이 덮이게 되었다고 강조하는 데서 알 수 있다. 즉 제자들이 예수를 따라 배에 올랐을 때 큰 광풍을 만났다고 기록함으로써 예수의 제자가 되고자 할 때 필연적으로 예기치 못했던 엄청난 고난이 닥

치게 된다는 것을 말하는 것이다. 예수를 따르는 것은 광풍의 바다 한 가운데서 죽음의 위협 앞에 직면하는 것과 같은 고난을 수반한다.

이미 마태는 예수께서 제자가 되겠다는 서기관에게 "여우도 굴이 있고 공중의 새도 거처가 있으되 오직 인자는 머리 둘 곳이 없다(마 8:20)"고 말씀하심으로써 제자들이 예수를 따르는 것은 영광을 향한 길이 아니라 고난의 길을 가는 것임을 지적한 바 있다. 뿐만 아니라 예수를 따르기 위해서는 부친의 장사를 지내는 일까지도 포기해야 하는 어려움을 감당해야 한다고 말하기도 하였다(마 8:22). 마태에게 예수를 따르는 길 앞에는 언제나 폭풍과 죽음의 위험이 있었다. 그래도 예수의 제자가 되기 위해서는 예수를 따라 폭풍의 바다까지라도 따라가야 하며, 따라갈 수 있어야 한다는 것을 가르치고자 한 것이다.

다음으로 마태가 이 이야기를 제자직에 관한 교훈으로 만들기 위해 "제자(disciple)"란 단어를 연결어로 사용한 사실도 주목할 만하다. 우리말 번역 성경(개역이나 새번역)의 본문에서는 마가복음에 실린 이적 이야기에 "제자들"이란 말이 나오지만 실제 헬라어 원문에서는 "제자들"이란 단어가 한 번도 사용되지 않았다. 다만 전후 문맥을 통해서 제자들의 존재가 암시될 뿐이다. 그런데 마태는 이야기의 첫 절에서 "제자들"이란 단어를 사용하면서 "제자들이 예수를 따랐다"고 말한다. 마태복음에서는 예수를 따르는 제자들이 관심의 초점이 되고 있기 때문이다.

마가복음의 이적 이야기에서는 제자들 보단 이적을 행하시는 "예수"가 관심의 대상이다. 그래서 "제자들"이란 단어 자체가 사용되지 않은 것으로 보인다. 그러나 마태복음에서는 이적 이야기가 제자 됨에 관한 교훈이 되면서 "제자들"이 부각되었.

이와 함께 마태의 본문에서는 "교회 교과서(a handbook or textbook of the church)"로서의 성격에 알맞게 제자들과 예수와의 관계가 그들의 대화를 통해서 아주 모범적인 것으로 수정-변형되어 있다. 우선 본문의 서두에서 마태가 마가와 달리 "예수께서 배에 오르셨습니다. 제자들도 그를 따랐습니다"고 기록한 점에 주목할 필요가 있다. 마가복음에서는 "저희가 무리를 떠나 예수를 배에 계신 그대로 모시고 가매(막 4:36)"라고 기록되어 있어 마치 제자들이 주도권을 갖고 예수를 이끄는 것처럼 보인다. 그러나 마태는 이것을 고쳐서 예수께서 주도권을 쥐고 "배에 오르시고 제자들은 그를 따랐다(마 8:23)"는 식으로 수정한다. 마태에게 있어서 제자들의 올바른 도리는 예수를 뒤에서 따르는 것이지 자신들이 예수를 이리저리 모시는 것이 아님을 가르치려고 했던 것으로 보인다.

제자들이 예수를 부를 때 사용한 호칭도 다른 복음서들과 다르다. 마가복음에서는 제자들이 예수를 향해서 "선생님(teacher)", 누가복음에서는 인간적 존칭에 해당되는 "주인(master)"이란 호칭을 사용했는데, 마태복음에서는 "주여(Lord)"라는 신앙 고백적 호칭이 사용되고 있다. 마태는 예수에 대해 사용해야 할 가장 적절하고도 모범적인 호칭으로 "주여"란 용어를 가르치려고 했던 것으로 보인다.

또 마가에서는 예수께서 제자들을 향해서 "어찌하여 이렇게 무서워하느냐 너희가 어찌 믿음이 없느냐?(막 4:40)"고 그들의 "믿음 없음"을 책망하시는데, 마태는 제자들에 대한 책망을 수정하여 "어찌하여 무서워하느냐? 믿음이 적은 자(little faith)들아(마 8:26)"라고 고쳤다. 마태에게 제자들은 "믿음이 없는 자들"이 아니라 다만 "믿음이 적은 자들"일 뿐이며, 독자들에게도 그렇게 소개하기 원했던 것으로 보인다. 다른 한편으로 마가복음에서는 "저가 뉘기에 바람과 바다라도 순종하는고?(막 4:41)"라고 예수의 정체에 의문과 의심을 나타내 책망을 받은 자들은 제자들이다. 그러나 마태복음에서는 그런 질문을 했던 자들이 제자들이 아니라 "사람들(anthropoi)"이라고 수정되어 있다. 이같이 마태는 그의 복음서에서 제자들의 권위가 손상되지 않도록 제자들을 보다 호의적으로 소개하는 일에 마음을 기울이고 있다.

뿐만 아니라 마가에서는 제자들이 예수를 향해서 "선생님이여, 우리의 죽게 된 것을 돌아보지 아니하시나이까?(막 4:38)"라고 불평하는 어투로 말하는데, 사실상 이것은 제자들의 말투로는 전혀 어울리지 않는 그리고 적합하지도 않는 말투이다. 마태는 이것을 수정하여 "주여 구원하소서. 우리가 죽겠나이다(마 8:25)"라고 고쳤다. 이것도 제자들에게 합당한 호소와 간구의 표현을 가르치기 위한 의도로 생각된다. 더구나 "주여 구원하소서"란 간구문은 "주여 불쌍히 여기소서"란 간구문(마 15:22, 17:15, 20:30,31)과 더불어 마태복음에서만 강조되는 문구들이다.

이처럼 마태는 8장 19-27절에서 제자직에 관한 세 가지 말씀을 연속적으로 편집한다. 첫 번째 말씀(마 8:19-20)을 통해서는 예수의 제자가 되기 위해서는 세상적인 물질적인 포기와 궁핍을 각오해야 한다고 가르치고, 두 번째 말씀(마 8:21-22)을 통해서는 예수의 제자가 되는 데 있어서 먼저 택해야 할 일의 우선순위를 가르치고 있다. 세 번째 말씀인 폭풍의 바다를 잔잔케 하신 이적 이야기(마 8:23-27)를 통해서는 예수의 제자가 되려면 예수와 함께 죽음의 위험 직전까지 "우리가 죽겠나이다(마 8:25)"라고 울부짖는 고통의 지경에까지 예수를 따라가야 한다는 것을 가르치고 있다.

이처럼 마태는 예수께서 폭풍의 바다를 잔잔케 하신 이적 이야기를 자기의 복음서에서 소개할 때 새로운 문맥 설정과 주요 연결어 사용을 통해서 제자직에 관한 교훈으로, 본문 상의 편집적 수정 작업을 통해서 예수와 제자들 간에 이상적이며 모범적인 관계를 가르치는 설교로 제시하고 있다. 이런 의미에서 마태에게 이 이야기는 결코 단순한 이적 이야기가 아니다.

　마태의 이런 설교는 오늘날 예수를 믿고 따르려는 많은 기독교인들에게도 매우 필요한 설교가 될 수 있다. 첫째로 예수를 따르며 그의 제자가 된다는 것은 영광의 길을 가는 것이 아니다. 예수께서는 "누구든지 나를 따라오려거든 자기를 버리고 자기 십자가를 지고 따르라"고 말씀하셨다(마 16:24). 예수를 따른다는 것은 십자가의 길을 간다는 것을 뜻한다. 오늘날 축복을 받기 위해서 예수를 따르려는 사람들이 얼마나 많은가?

　둘째로 예수를 따르며 그의 제자가 되려면 무엇보다도 우선적으로 예수께 충성해야 한다. 예수를 따르는 일보다도 자신의 다른 일들을 더 중요시하는 사람은 결코 예수를 올바로 따르는 사람, 예수의 참다운 제자는 아니다. 예수께서는 "너희는 먼저 그 나라와 그의 의를 구하라 그리하면 이 모든 것을 더하여 주리라(마 6:33)"고 말씀하셨다. 먼저 해야 할 것과 나중 해야 할 것을 잘 구분할 수 있어야하며, 결코 그 둘을 혼동하거나 바꾸는 일이 있어서는 안 된다.

　셋째로 예수를 따라서 고난과 죽음의 현장까지 나아갈 수 있어야 한다. 많은 사람들이 기쁨과 영광과 축복의 자리를 위해서라면 예수를 잘 따를 것이다. 그러나 고난과 죽음의 자리까지 예수를 따르려는 사람들은 그리 많지 않다. 그러나 예수와 함께 가시 면류관을 쓰는 사람만이 예수와 함께 영광의 면류관을 쓸 수 있는 사람이 아니겠는가? 예수와 함께 십자가를 지는 사람만이 예수와 함께 부활에 이르는 사람이 아니겠는가?

# 밤중에 찾아온 친구 비유

(눅 11:5-8)

어느 날 한밤중에 어떤 사람에게 친구가 찾아왔다. 그런데 그 사람에게는 갑자기 찾아온 친구를 대접할만한 음식이 하나도 없었다. 다급한 마음에 이웃에 사는 또 다른 친구를 찾아가 이렇게 부탁했다. "여보게 친구여, 내게 빵 세 덩이리만 좀 꾸어주게, 여행 중에 갑자기 찾아온 친구를 대접할 음식이 하나도 없어서 그러네." 그러나 그 친구는 내다보지도 않은 채 "나는 이미 식구들과 함께 잠자리에 누웠으니 일어나 도와줄 수가 없다"고 대답했다. 빵이 없는 것이 아니라 이미 잠자리에 누웠기 때문에 도와줄 수 없다는 말이다. 지금 일어나면 자기도 잠을 설칠 뿐만 아니라 다른 식구들도 잠에서 깨기 때문이다. 그러나 그 사람은 빈손으로 돌아갈 수 없었기에 친구가 빵을 내어줄 때까지 계속 문을 두드리며 간청했다. 친구는 밖에서 계속 문을 두드리는 소리 때문에 자기는 물론 온 식구가 제대로 잠을 잘 수 없단 것을 알고 얼른 일어나 그 사람에게 빵을 내어 준다.

이 이야기는 다른 복음서에서는 볼 수 없는 누가복음에만 실린 예수의 비유이다. 이야기는 "내가 너희에게 말하노니 비록 그 사람이 친구라는 이유로는 일어나 청을 들어주지 아니할지라도 그의 강청함을 인하여 일어나 친구의 청을 들어 줄 것이다"란 말로 끝이 난다.

이 비유는 기도에 관한 비유이다. 앞뒤 문맥을 살펴보면 금방 알 수 있다. 비유의 바로 앞에는 "너희가 기도할 때는 이렇게 기도하라"는 말씀과 함께 모범 기도문의 형식으로 주기도문(눅 11:2-4)이 소개되며, 바로 뒤에는 "구하라 주어질 것이요, 찾으라 찾아질 것이요, 문을 두드리라 열릴 것이다"라는 기도하면 분명히 응답 받을 것이란 말씀이 주어진다. 이어지는 11장 13절에서는 "너희가 악할지라도 자식에게 좋은 것으로 줄 줄 알거든 하물며 하늘에 계신 아버지께서 구하는 사람에게 성령을 주시지 않겠느냐?"며 구하는 사람에게 좋은 것으로 주시는 하늘 아버지의 마음을 전해주는 말씀이 나온다.

즉 누가는 11장 1-13절을 통해 주기도문을 일종의 모범 기도문으로 소개하면서 "이렇게 기도하라"고 가르친 후에, 곧바로 이 비유를 통해서 너희가 기도할 때 즉각 응답이 없다고 하더라도 쉽게 포기하지 말고 인내심을 가지고 끈질기게 기도할 것을 가르치고 있는 것이다.

이 이야기를 기도의 비유로 이해할 경우 한밤중에 친구를 찾아가 빵 세 덩어리만 꾸어달라고 간청하는 사람은 간질히 기도하는 신자로, 빵을 꾸어달라는 친구의 간청을 듣고 일어나 빵을 내어주는 사람은 하나님으로 생각할 수 있다. 이 경우 비유의 핵심 인물은 누구일까? 밤중에 친구를 찾아가 빵을 꾸어달라고 졸라대는 친구인가, 아니면 계속 졸라대는 친구의 간청을 듣고 잠자리에서 일어나 빵을 빌려준 친구인가의 문제는 비유를 이해하는 중요한 열쇠가 된다. 비유의 중심이 누구인가에 따라서 비유가 해석되며 어떤 명칭이 비유에 가장 적절한지가 결정된다.

(1) 비유의 가장 적절한 명칭은 어떤 것일까?

① 비유의 초점을 "밤중에 옆집 친구를 찾아가 빵을 달라고 대문을 두드리는 친구"에 맞출 경우에는 다음과 같은 비유 명칭들이 가능하다.

- 밤중에 찾아온 친구 비유
- 간청하는 친구 비유
- 끈질긴 친구 비유
- 성가시게 졸라대는 친구 비유

② 비유의 초점을 "밤중에 잠자리에 누어서 대문을 노크하는 소리를 들은 친구"에 맞출 경우에는 다음과 같은 비유 명칭들이 가능하다.

- 밤중에 잠자리에 누운 친구
- 간청을 받은 친구
- 도와달라는 요청을 받고 밤중에 일어난 친구 비유
- 성가시게 졸라댐을 당했던 친구

이 중에 어떤 것이 가장 적절한지는 비유의 결론에 나오는 "그의 강청함을 인하여"란 문구를 어떻게 해석하는가에 달려있다.

(2) "그의 강청함을 인하여"에 대한 올바른 해석은?

이 비유를 올바로 이해하려면 "그의 강청함을 인하여"란 문구에 대한 정확한 이해와 해석이 아주 중요하다. 이 비유의 결론에 나오는 "그의 강청함을 인하여"란 헬라어는 "그의 강청함을 인하여(because of his persistence)"라고 번역되었고, 그렇게 이해되어 왔다. 그러나 헬라어 원문은 "그가 부끄러움을 당하지 않기 위하여(because of his shame-lessness)"란 의미를 갖고 있다. 우리는 이 점에 주목해야 한다. 헬라어 원문 그대로의 의미로 이 비유를 읽을 때 또 다른 교훈을 배울 수 있게 된다.

또 "그가 부끄러움을 당하지 않기 위하여"라고 했을 때의 "그"가 누구인가 하는 것 역시 비유를 이해하는 중요한 열쇠가 된다. 만일 "그"가 빵 세 덩이를 꾸어달라고 간청하는 자라면 친구에게 빵을 얻으러 갔다가 허탕치고 빈손으로 돌아오는 부끄러움과 창피를 당하지 않기 위하여, 소기의 목적을 달성할 때까지, 즉 잠자리에 든 친구가 일어나 빵 덩이를 줄 때까지 문을 두드려 끝내 빵 덩이를 얻어온다는 의미일 수 있다. 이 경우 기도하는 사람이 간절히 기도했는데도 아무런 응답을 받지 못해 허탕을 치는 부끄러움을 당하지 않기 위해서 응답이 있을 때까지 끈질기게 기도해야 한다는 교훈이 된다.

다른 한편으로 "그"가 부탁을 받았던 자라면 잠자리에 들었다는 이유만으로 어려운 곤경에 처한 친구의 요청을 들어주지 않은 것이 나중에 다른 사람에게 알려졌을 때, 자신이 동네 사람들로부터 당할 부끄러움과 창피 때문에 친구의 요청을 들어준다는 의미도 된다. 이 경우 하나님께서 자기 자녀들의 기도와 간구를 들어주지 않는다면 믿지 않는 사람들로부터 자기 자녀들의 기도와 간구를 들어주지도 않는 분이라는 놀림과 창피를 당하게 될 것이고, 그래서 하나님은 불명예와 창피를 당하지 않기 위해서라도 자기 자녀들의 기도와 간구를 언제나 들어주신다는 교훈이 된다.

(3) 예수의 본래 의미와 누가의 편집 의도

① 예수의 본래 의도

예수께서 이 비유를 말씀하셨을 때는 비유의 초점을 "하나님"께 맞추었던 것으로 생각된다. 하나님은 이 비유에서 "성가시게 졸라댐을 당했던 친구"와 같으신 분이다. 하나님께서는 성가시게 졸라대는 친구의 청도 들어주거든 하물며 자기의 사랑하는 자녀들의 간절한 기도를 잘 들어주시지 않겠느냐는 것이다. 결국 이 비유는 자기의 요구가 관철될 때까지 끈질기고 성가시게 졸라대라는 것을 가르치는 것이 아니라, 오히려 밤중에 일어나 친구의 요청을 들어준 친구를 통해서 하나님께서는 "그의 이름이 주변 백성들에게 창피를 당하지 않기 위해서라도" 백성들의 간청을 기꺼이 들어주시는 분임을 가르치는 셈이다.

그래서 이 비유에 이어서 "구하라 그리하면 주실 것이요, 찾으라 그리하면 찾을 것이요, 문을 두드리라 그리하면 열릴 것이라"는 말씀과 "너희 중에 누가 아비 된 사람으로 아들이 생선을 달라는데 뱀을 줄 사람이 어디 있으며, 달걀을 달라는데 전갈을 줄 사람이 어디 있겠느냐? 너희가 악할지라도 자녀에게 좋은 것들을 줄 줄 알거든 하물며 하늘에 계신 너희 아버지께서 구하는 사람에게 좋은 것을 주시지 않겠느냐?"는 말씀이 주어지고 있는 것이다. 즉 하나님께서는 구하는 자에게 좋은 것으로 주시는 분이기에 염려 말고 구하며 간청하라는 교훈을 주는 비유이다.

이렇게 이해할 경우, 예수의 본래 비유 의도에 맞는 적절한 명칭은 당연히 "밤중에 도와달라는 요청을 받고 일어난 친구 비유"나 "성가시게 졸라댐을 받은 친구 비유"가 될 수밖에 없다.

② 누가의 편집 의도

그런데 누가는 예수의 이 비유를 그의 복음서에 기록할 때, 비유의 중심인물을 "기도하는 기독교인 독자들"에 두었다. 기도할 때는 기도의 응답을 받을 때까지, 즉 잠자리에 누운 친구가 끝내 일어나 빵을 내어줄 때까지 끈질기게 졸라대어 응답을 받아낸 친구처럼, 그렇게 끝까지 매달려 기도할 것을 가르치는 것이다.

누가에게 이 비유는 "너희가 기도할 때에는 하나님께 끈질기게 강력하게 강청하라"는 권면이 된다. 새로이 기도 생활을 시작하는 사람들을 향해서, 너희가 하나님께 무엇인가를 간청할 때 기도에 대한 응답이 곧

바로 나타나지 않더라도, 쉽게 기도를 포기하지 말고 인내하며 끈질기게 매달려 강청하는 것의 필요성을 가르치는 것이다. 따라서 누가의 의도를 생각한다면, 이 비유에 대한 적절한 명칭은 마땅히 "밤중에 찾아온 친구 비유" 혹은 "성가시게 졸라대는 친구 비유"가 될 것이다.

오늘의 우리들에게는 예수의 의도나 누가의 의도 모두 다 소중한 교훈이 된다. 첫째로 하나님께서 우리의 기도를 들어주지 않을 경우 믿지 않는 사람들이 하나님은 자기 자녀들의 기도에 대해서 아무런 응답도 하지 않는 분이라고 조롱하며 비방할 수 있다. 그러나 하나님은 그런 불명예와 창피를 당하지 않기 위해서라도 기꺼이 간구하는 자들의 기도를 들어주신다. 둘째로 우리가 간구하고 기도한 것에 아무런 응답이 없을 때, 열심히 기도한 사람은 응답이 없는 것 때문에 자존심이 상하거나 부끄러움을 느낄 수 있다. 또 응답에 대한 확신을 잃을 수도 있다. 그런 창피함을 당하지 않기 위해서라도, 그리고 응답에 대한 확신을 분명히 갖기 위해서라도 열심히 끈질기게 끝까지 기도하여 응답을 받아내야 한다.

# 수많은 무리들을 배불리 먹인 예수
(막 6:30-44, 8:1-10)

위대한 종교 지도자가 수많은 무리들을 배불리 먹였다는 이야기는 구약 시대부터 쭉 있어왔다. 대표적인 것이 출애굽기 16장의 모세가 광야에서 수많은 이스라엘 백성들을 배불리 먹인 이야기이다. 또 열왕기하 4장에는 엘리사가 100명의 무리들을 배불리 먹인 이야기가 나온다. 모세, 엘리야, 엘리사는 많은 이적을 행했던 대표적 인물이다. 초대교회는 예수도 그들처럼, 아니 그들 못지않게 그의 백성들을 기적처럼 배불리 먹일 수 있는 분이라는 사실을 증거 하려고 했다.

복음서에는 예수께서 수많은 무리들(4000명 혹은 5000명 또는 둘 다)을 배불리 먹인 이야기가 나온다. 이 이야기는 모세가 광야에서 이스라엘 백성들을 배불리 먹인 이야기와 아주 비슷하다. 예를 든다면 첫째로 사건의 무대가 바다를 건넌 후 광야이다. 모세의 경우에는 홍해를 건넌 후 신광야에서, 예수께서는 갈릴리 바다를 건넌 후 광야(=빈 들)에서 무리들을 먹였다. 둘째로 모세나 예수 모두 무리들은 "떡"과 "물고기"로 배불리 먹었다. 예수의 경우도 그렇지만, 모세의 경우에도 그러했다

("모세가 가로되 나와 함께 있는 이 백성의 보행자가 육십만 명이온대 주의 말씀이 일개월간 고기를 주어 먹게 하겠다 하시오니 그들을 위하여 양떼와 소떼를 잡은즉 족하오며 바다의 모든 고기를 모은들 족하오리까?(민 11:21-22)"). 셋째로 예수께서 무리를 먹이시기 위해서 "백 명씩 혹은 오십 명씩" 떼를 지어 앉게 한 것도 모세가 출애굽 때 이스라엘 백성들을 천 명, 백 명, 오십 명, 열 명씩 조를 나누어 이끌고 나갔던 것을 반영한다. 넷째로 무리들을 먹일 때 제자들이 예수께 불평했고(마 14:15), 이스라엘 백성들이 모세를 향해 불평(출 16:2)한 것도 비슷하다. 예수의 제자들은 "이 광야에서 어떻게 떡을 구하여 이 사람들을 먹이랍니까?"라고 불평했고, 이스라엘 백성들은 모세에게 애굽에는 먹을 것이 많은데 자기들을 광야로 끌어내어 굶주리게 했다고 불평했다. 다섯째로 모세나 예수 모두 무리들이 다 "먹고 배불렀다"는 말이 나온다.

　복음서 저자가 모세와 예수의 이야기를 거의 같은 형식으로 소개한 이유는 예수께서 모세와 같은 선지자, 모세와 같은 구원자임을 강조하기 위함이다. 아니 예수께서는 "모세보다 더 큰 이"가 되어 무리들을 이적적으로 배불리 먹이셨다는 것이다. 그러나 복음서 저자들이 모두 이런 의도를 가졌던 것은 아니다. 복음서 저자에게는 각자 다른 의도가 있었다.

　마가복음에는 예수께서 5000명과 4000명의 무리들을 먹인 이적 이야기가 별개의 사건으로 소개된다. 마태복음도 마찬가지다(마 14:13-21, 마 15:32-39). 그러나 누가복음과 요한복음에는 5000명을 먹인 이야기만 나온다(눅 9:10-17, 요 6:1-14). 그래서 복음서를 연구하는 학자들은 일찍이 다음과 같은 질문을 제기했다. "5000명을 먹인 이야기와 4000명을 먹인 이야기는 두 개의 사건에 대한 기록인가? 아니면 동일한 사건이었는데 전해지는 과정에서 두 개의 전승 형태를 띤 것인가?"

마가와 마태는 이 둘을 별개의 사건으로 이해하여 따로 따로 소개했고, 누가와 요한은 동일 사건으로 이해하여 5000명을 먹인 이야기만 소개한 것으로 생각된다. 그렇다면 우리는 이런 사실들을 어떻게 이해해야 할 것인가?

먼저 이런 이야기들은 실제 사건의 역사적 보도가 아니라, 신앙적인 혹은 설교적인 목적을 위해 기록되었다는 점을 기억할 필요가 있다. 이런 이해로 마가와 마태의 본문들을 주의 깊게 읽어보면 그들은 두 이적이 같은 사건에 대한 기록인 줄 알면서도 의도적으로 두 번 소개한다는 것을 알 수 있다. 몇몇 부분에서 의도적으로 무리들의 숫자와 떡의 숫자, 남은 부스러기의 분량 등등 중요한 단어들에 차이를 둠으로써 나름대로 자신들의 독특한 설교를 구성한 것이다. 이제부터 마가의 본문을 자세히 살펴보도록 하자.

먼저 마가를 두 이적 이야기가 동일 사건이라는 것을 몰랐던 어리석은 사람이라고 생각해서는 안 된다. 오히려 그는 의도적으로 이야기를 두 번 소개함으로 나름대로 어떤 의미를 전하려 했던 복음 전도자였다. 따라서 우리는 두 본문의 전후 문맥과 본문 자체의 비교 연구를 통해 마가의 의도를 찾아보아야 한다.

많은 복음서 연구가들은 마가가 동일한 이적을 두 개의 본문으로 소개한 까닭은 예수의 구원이 "먼저는 유대인에게, 그리고 또한 헬라인에게도(롬 1:16)" 주어진다는 진리를 나타내기 위함이라고 해석한다. 즉 예수께서 유대인만이 아니라 이방인도 배불리 먹이시는 메시아라는 점을 말하려 했다는 것이다. 이렇게 해석에는 다음과 같은 근거가 있다.

첫째로 마가복음 6장에서 5000명을 배불리 먹였을 때는 그 대상이 주로 갈릴리 유대인이었고, 8장에서 4000명을 배불리 먹였을 때는 갈릴리 바다의 남동쪽에 있는 데가볼리 근방, 곧 이방인 지역으로부터 몰려들었던 무리들이었다(cf. 막 7:31).

둘째로 이야기에 쓰이는 숫자가 하나는 유대적, 다른 하나는 이방적이다. 6장에서 사용된 "5000"명, "다섯" 개의 떡에서 "5"는 모세 오경을 생각나게 하며, 무리를 먹이고 남은 "열두" 바구니의 "12"는 이스라엘의 열두 지파를 나타낸다(cf. 마 19:28). 8장에서 사용된 "4000"명에서 "4"는 천지사방, 동서남북을 가리키는 우주적, 이방적 의미를 지니며, 떡 "일곱" 개와 무리를 먹이고 남은 "일곱" 광주리의 "7" 역시 히브리 성경의 헬라어 〈70인 역〉, 사도행전 6장 3절에 나오는 "일곱" 이방 지도자, 누가복음 10장 1절 이하의 "70"인의 제자들에 의한 전도에서 보듯이 이방 세계를 상징하는 숫자이다.

셋째로 5000명을 먹이고 남은 열두 "바구니(막 6:43)"는 헬라어 "코피노스(kophinos)"로 유대인들이 음식을 담을 때 사용하는 버들가지로 만든 바구니이다. 4000명을 먹이고 남은 일곱 "광주리(막 8:8)"는 헬라어 "스푸리스(sphuris)"인데 흔히 이방인들이 물고기나 과일을 담는데 사용하던 것이다.

또 두 본문이 위치한 문맥은 이러한 해석에 힘을 더해준다. 마가는 두 이적 이야기 사이에 몇 개의 자료들을 넣어 연결시켰다.

오천 명을 먹이심(막 6:31-44)
|
물 위를 걸으심(막 6:45-51) - 정결법 논쟁(막 7:1-23) - 수로보니게 여인(막 7:24-31)
|
사천 명을 먹이심(막 8:1-10)

먼저 여기에 소개된 다섯 개의 이야기에는 모두 "떡"이라는 단어가 사용된다(막 6:37, 38, 41, 44, 52, 7:2, 5, 27, 8:4, 5, 6). "떡"이 이야기 흐름의 주요 연결어인 셈이다. 그렇기 때문에 무리들에게 떡을 먹인 이야기가 얼마나 중요한 역할인지 쉽게 짐작할 수 있다.

또 다섯 개의 이야기에 나타나는 예수의 지리적 움직임에 주목할 필요가 있다. 5000명을 먹일 때 예수께서는 갈릴리 바다 근처에 계셨다(막 6:1,6). 그 후 갈릴리 바다를 건너(막 6:45-51) 게네사렛 땅으로 들어가셨다(막 6:53). 다시 말해 예수께서는 유대 땅에서 유대인들을 먹이신 후 바다를 건너 이방 땅으로 들어가셨다.

다음으로는 마가가 이야기들을 어떻게 그리고 왜 연결시키는지 주의 깊게 살펴볼 필요가 있다. 마가는 예수께서 이방 지역으로 건너가신 후 가장 먼저 하신 일로 정결법 논쟁 이야기를 소개한다. 손을 씻지 않고 음식(떡)을 먹는 예수의 제자들을 보고 바리새인들이 장로들의 전통을 근거로 예수와 논쟁을 벌였다(막 7:1-23). 예수께서는 "밖으로부터 들어가는 것이 사람을 더럽히는 것이 아니라 오히려 사람에게서 나오는 것이 그 사람을 더럽힌다(막 7:15)"는 말을 하며 유대교 정결법의 규정을 실질적으로 부정하고 폐기하신다. 현재 문맥에서 이야기를 볼 때 유대인들의 정결법을 폐기하는 것은 이방인들을 있는 그대로 받아들이는 데 장애가 되었던 법적인 장벽들을 헐어버리는 것을 뜻한다.

마가가 이 이야기를 바로 여기에 편집한 이유는 예수께서 이방 땅에 들어가 이방 땅을 밟고 이방인을 만나는 것 때문에 예수께서 부정해지거나 더러워질 수 없으며 그것에 아무런 장애나 문제가 없다는 것을 강조하기 위함이다. 사도행전 10장에도 거의 똑같은 일이 나온다. 성령께서 베드로에게 나타나 이방인 백부장 고넬료의 집으로 가라고 명령하시는데, 10장 28절에 베드로는 "유대인으로서 이방인과 교제하며 가까이 하는 것이 위법" 곧 율법에 어긋나는 것이지만 하나님께서는 사람을 속되거나 깨끗하지 않게 여기지 말라고 내게 지시하셨다면서 고넬료의 집으로 갔다.

마가는 이 점을 보다 구체적이고 강하게 이해시키기 위해서 예수께서 "두로와 시돈 지방"에서 "수로보니게 여인"의 집에 들어가 그의 딸을 고쳐주시는 이야기(막 7:24-31)를 소개한다. 이방 땅에 들어가 이방인 여인을 만나는 것이 정결법 상 아무런 문제가 되지 않음을 보여주기 위해서였다. 그리고 거기서 이방 여인의 딸을 고쳐주신 후, 즉 자녀가 먹어야 할 떡 부스러기를 이방인에게도 던져준 후에, 데가볼리 지방 근처에서 4000명의 이방인들을 배불리 먹이신다.

마가는 예수께서 무리들을 먹인 이적 이야기를 두 번에 걸쳐 반복 사용함으로써 그가 유대인뿐 아니라 이방인도 자신의 구원 활동의 대상으로 인식하고 유대인과 이방인 모두를 배불리 먹이셨음을 강조하려 한 것이 분명해 보인다.

이렇게 마가가 예수를 이방인까지도 먹이는 메시아로 강조하며 증거한 이유는 마가복음 자체가 이방인을 겨냥하여 기록된 복음서이기 때문이다. 초대 기독교가 유대교 회당 안에서 생겨나긴 했지만, 예수를 메시아로 믿지 않는 유대인과 분리되어 독립적으로 성장하고 있었다. 그러다가 주후 70년 유대나라가 로마 제국에 의해 멸망당하고, 많은 기독교인들이 이방지역으로 흩어졌다. 그들은 이방인들 가운데 살면서 이방인을 선교의 주요 대상으로 삼게 되었고, 기독교는 점차 이방 지역에서 이방인을 중심으로 성장하게 되었다. 이런 상황에서 초대교회, 특히 마가교회는 예수를 유대인의 메시아뿐 아니라 이방인의 메시아, 유대인의 구주뿐 아니라 이방인의 구주라는 점을 강조할 수밖에 없었다.

마가의 이런 의도는 마가가 그의 복음서에서 첫 번째 이적으로 가버나움 회당에서 더러운 귀신들린 사람을 고쳐준 후에 갈릴리 바다를 건너 거라사 지방, 곧 이방 지역에서 거라사 귀신들린 사람을 고쳐준 데에서도 똑같이 드러난다. 유대인과 이방인 상관없이 귀신을 내쫓아 주었다.

또 예수께서 유대 땅에서 회당장 야이로의 딸을 고쳐주신(막 5:35-

43) 후에, 다시 이방 땅에 들어가 수로보니게 여인의 딸을 고쳐주신(막 7:24-31) 데에서도 드러난다. 5장에서 예수께서 유대인 아버지(야이로)와 그의 딸을 구해준다면, 7장에서는 이방인 어머니(수로보니게 여인)와 그의 딸을 구해주고 있다. 마가는 예수를 가정의 일원이 고통당함으로서 집안 전체가 겪는 아픔을 치유해 주시는 분, 유대인과 이방인을 막론하고 도와주는 분으로 묘사한다.

예수의 활동에는 인종, 성별, 신분 등등 그것이 무엇이든 어떤 차별과 제한이 없었다. 이것은 바울이 갈라디아서 3장 28절에서 한 "그리스도 안에서는 유대인과 헬라인이 없고, 남자와 여자가 없고, 자유인과 종이 없다"는 말을 잘 대변해준다. 마가가 증거하며 전해주는 예수는 이런 분이였다. 예수는 유대인만의 메시아가 아니라 이방인의 메시아이시며, 남자와 여자, 높은 사람과 낮은 사람 모두의 구원자이시다.

벳세다 맹인을 고쳐준 예수
(막 8:22-26)

마가복음에는 예수께서 맹인의 눈을 뜨게 해주는 이적이 두 번 나온다. 한 번은 베드로의 신앙 고백(막 8:27-30) 직전에 벳세다의 맹인을 고쳐주는 이야기(막 8:22-26)이며, 다른 한 번은 예수께서 예루살렘에 입성하기 직전에(막 10:46-52) 길에서 맹인 거지 바디매오를 고쳐준 이야기(막 10:46-52)이다.

벳세다의 맹인을 고쳐주는 이야기에는 몇 가지 독특한 점이 있다. 첫째로 벳세다 맹인 이야기는 오직 마가복음에만 나온다.

둘째로 이 이적에서 예수께서는 다른 이적들과는 달리 병자를 고치면서 재료를 사용하신다. 대부분의 이적에서 예수께서는 흔히 말씀으로 병자를 고치신다. "일어나라", "걸어라" 혹은 귀신을 향해 "그 사람에게서 나오라"고 명령하신다. 또 접촉을 통해 병자를 고치시기도 했다. 머리에 안수하거나 손으로 붙잡아 일으키거나 하는 경우들이다. 아주 예외적으로 재료를 사용하시기도 했다. 가령 요한복음 9장에서 예수께서 맹인을 고쳐줄 때 진흙과 침을 사용하신다. 또 마가복음 8장의 벳세다 맹인을 고치실 때에는 침을 사용하신다.

셋째로 이 이적은 복음서에 나오는 이적 이야기 중 유일하게 예수께서 병자를 한 번에 고치시지 못하고 두 번에 걸쳐 고치신 이야기이다. 그래서 복음서를 연구하는 학자들은 점진적인 병 치료(gradual healing) 이적이라고 말한다. 복음서에서 이런 예는 벳세다 맹인 이야기 밖에 없다.

아마 두 번째와 세 번째 특징 때문에 다른 복음서 저자들은 이 이적 이야기를 소개하려 하지 않았을 것이다. 예수께서 병자를 고치기 위해서 재료를 사용하고, 그런데도 한 번에 성공하지 못해서 다시금 시도해서 겨우 병을 고친 것 같은 이야기는 예수를 전하는 데 전혀 도움이 되지 않을 것이라고 생각했을 수 있다. 그러나 마가는 이 이야기를 그의 복음서 가운데 아주 중요한 위치에서 소개한다. 단지 예수께서 맹인들의 눈을 뜨게 해주셨다는 사실을 알리기 위함이 아니다. 마가는 이 이야기를 통해 독자들에게 나름의 메시지를 전하고 있다.

먼저 우리는 이 이야기가 제자들의 무지와 몰이해를 강조하고 있는 본문(막 8:14-21) 직후에, 베드로의 위대한 신앙 고백 이야기(막 8:27-30) 직전에 편집되어 있다는 점에 주목해야 한다. 마가의 의도는 마가가 왜 맹인의 눈을 뜨게 해주는 이적에 관심을 가졌는지 살펴보면 금세 알 수 있다.

마가는 예수를 메시아로 전하고자 했다. 그래서 베드로의 신앙 고백 내용도 "당신은 그리스도, 곧 메시아입니다"였다. 마가는 예수를 메시아로 전하기 위해서, 아니 예수께서 메시아라는 사실을 보여주기 위해서 맹인의 눈을 뜨게 해주는 이적 이야기를 일부러 택했다. 왜냐하면 유대인들은 이사야 35장 5-6절에 약속되어 있듯이 메시아가 오게 되면 귀머거리가 듣게 되고, 맹인이 보게 될 것을 기대하고 있었기 때문이다. "그 때에 소경의 눈이 밝을 것이며, 귀머거리의 귀가 열릴 것이며, 그 때에 저는 자는 사슴 같이 뛸 것이며, 벙어리의 혀는 노래하리니(…)"

유대인들에게 귀머거리의 귀가 열리고 장님의 눈이 뜨이게 되는 것은 메시아가 임하는 미래의 구원 시대에서나 기대되는 일이었다. 그래서 마가는 베드로의 신앙 고백에 앞선 7장에서 귀머거리가 듣게 되는 이적을, 8장에서 맹인이 눈을 뜨는 이적을 소개한다. 세 이야기를 나란히 소개하여 예수의 그 이적들이 "메시아의 행동이며, 구약 예언의 성취"라는 점을 강조한 것이다.

따라서 마가가 벳세다 맹인의 이적을 베드로의 신앙 고백 바로 앞에 소개한 것은 베드로의 신앙 고백을 소개하기 위한 일종의 준비 작업으로 생각된다. 베드로도 메시아의 시대에 일어날 일들을 알았고, 또 예수가 한 이런 이적들을 보았기 때문에 예수를 메시아 곧 그리스도라고 고백할 수 있었던 것이다. 그래서 복음서 연구가들은 이 이야기를 "베드로 신앙 고백을 소개하기 위한 서론적, 예비적 작업"이라고 부르기도 한다.

그러나 이것이 마가의 의도 전부는 아니다. 또 다른, 더 중요한 의도가 문맥 상 담겨있다. 이미 잘 알려진 것처럼 마가복음 전반부에서 마가는 예수의 계속되는 이적 활동에도 불구하고 제자들이 계속 무지하고 어리석었음을 강조해왔다.

> 또 가라사대 너희가 이 비유를 알지 못할진대 어떻게 모든 비유를 알겠느뇨? (막 4:13)
>
> 저희가 심히 두려워하여 서로 말하되 저가 뉘기에 바람과 바다라도 순종하는고 하였더라 (막 4:41)
>
> 제자들이 그의 바다 위로 걸어오심을 보고 유령인가 하여 소리 지르니 (막 6:49)
>
> 제자들이 마음에 심히 놀라니 이는 저희가 그 떡 떼시던 일을 깨닫지 못하고 도리어 그 마음이 둔하여졌음이니라 (막 6:51-52)

> 예수께서 이르시되 너희도 이렇게 깨달음이 없느냐? (막 7:18)

마가는 벳새다의 맹인을 고친 이적 이야기 직전에 제자들의 우둔함과 깨닫지 못함을 집중적으로 언급한다.

> 아직도 알지 못하고 깨닫지 못하느냐? 아직도 마음이 둔하냐? 너희는 눈이 있어도 보지 못하고 귀가 있어도 듣지 못하느냐? 잊어버렸느냐? (막 8:17-18)

> 너희가 아직도 깨닫지 못하느냐? (막 8:21)

이렇게 우둔해서 "깨닫지 못하는" 제자들이 8장 29절에서 베드로를 대변인으로 예수께서 메시아이심을 "밝히 보고(막 8:25)" 고백하기 위해서는 예수께서 그들의 보지 못하는 눈을 고쳐주어야만 했다. 현재 문맥에서 눈이 있어도 보지 못하는 이들은 바로 제자들이었다. 그들은 귀머거리였고 맹인이었다. 그들은 깨닫지 못했고, 둔했고, 예수를 제대로 알아보지 못했다. 이렇게 이해할 때 맹인을 고쳐준 이야기는 곧 눈이 먼 제자들의 눈을 뜨게 해주는 이야기가 된다.

마가는 벳새다 맹인 이야기를 베드로의 신앙 고백 바로 앞에 편집함으로써 우둔했고 무지했던 제자들이 어떻게 예수를 바로 알아보고 메시아로 고백하게 되었는지 과정과 이유를 설명하려고 한다. 예수의 메시아 되심에 대한 베드로의 신앙 고백(막 8:27-30)을 제자들의 무지와 우둔함에 대해 강조한 말씀(막 8:14-21) 바로 뒤에 소개할 수는 없었다. 그렇게 된다면 아무것도 모르는 제자들이 예수를 메시아로 고백한 것이 되고, 그들의 신앙 고백 역시 한없이 가벼워지기 때문이다. 마가는 제자들의 무지와 제자들의 신앙 고백 간의 비약과 괴리를 좀 더 합리적으로 연결시켜야만 했다. 그래서 벳새다의 맹인을 고쳐준 이적을 제자의 무지와 베드로의 신앙 고백 사이에 편집함으로써 그 문제를 해결하려고 한 것이다.

예수께서 맹인을 고쳐준 이적이 있기 전에는 제자들이 둔했고, 알지 못했고, 깨닫지 못했고, 눈이 있어도 보지 못했고, 귀가 있어도 듣지 못했다(막 8:17-18). 그런데 예수께서 맹인의 눈을 고치시어 앞을 보게 하자마자 제자들도 이제는 예수를 밝히 보고 베드로의 입을 통해서 예수를 메시아로 고백하게 되었다. 때문에 우리는 예수께서 벳세다의 맹인을 고쳐준 이야기가 곧 예수께서 제자들이 자신을 메시아로 바로 보고 이해할 수 있도록 그들의 멀어버린 눈을 열어준 이야기라는 것이라고 생각할 수 있다.

이런 생각은 마태복음에서도 어느 정도 드러난다. 마태복음 16장 17절에 의하면, 제자들이 깨닫고 그리스도를 메시아로 고백한 것은 "혈과 육에 의한 것이 아니라 하늘에 계신 아버지"의 계시에 의한 것이다. 그래서 마태는 베드로의 신앙 고백 직후에 "시몬 바요나야, 너는 복이 있다. 네게 이것을 알게 한 이는 혈육이 아니라 하늘에 계신 내 아버지시다"라고 말한다. 이런 점을 고려할 때 마가가 벳세다 맹인을 고쳐주는 이야기를 소개할 문맥으로 지금의 위치보다 더 적절한 곳은 없었을 것이다.

예수께서 맹인을 고치시기 위해 두 번에 걸쳐 치료를 시도한 사실도 이와 같은 해석에 비추어 이해해야 한다. 예수께서 병자를 고치려고 두 번이나 시도하는 것은 다른 공관복음서에서는 유례를 찾아볼 수 없다.

벳세다의 맹인을 치료하는 과정에서 예수께서 맹인의 두 눈에 침을 바른 후 그에게 손을 얹으시고 "무엇이 보이느냐?"고 물었을 때 맹인은 "사람들이 보이나이다. 나무 같은 것들이 걸어가는 것을 보나이다"라고 불완전하게 대답했다. 그래서 예수께서는 "또 다시(eita palin)" 그의 두 눈에 손을 대었고, 그 후에야 맹인은 시력을 완전히 회복하여 모든 것을 "밝히 보게(eneblepen telaugos)" 되었다.

사실 벳세다의 맹인 치료가 두 번에 걸쳐 이루어졌다고 해서 이 치료 방법이 점진적인 것이라고 말할 수 없다. 더욱이 예수의 치료가 첫 번째는 실패하고, 두 번째에 성공했다고 생각해서는 안 된다.

복음서에 나오는 대부분의 이적 이야기들은 언제나 예수의 말씀(명령)이나 행동(접촉이나 안수)에 의해 "즉시" 또는 "곧" 이루어졌다. 이런 즉각적인 치료는 특히 마가의 경우 "즉시(euthus)"란 단어를 통해서 강조되고 있다. 이것은 병 고침의 이적이 예수의 뜻대로 아무런 지체 없이 즉각 이루어짐으로써 그 능력이 더욱 강조되고 있는 것으로 이해해야 한다.

그렇다면 마가는 왜 여기서만 점진적인 치료를 통해 병을 고쳐주는 이야기를 소개한 것인가? 마가복음 연구가들은 그 이유를 베드로의 신앙 고백 이야기에서 찾는다. 다시 말해서 벳세다의 맹인을 고치기 위해 예수께서 두 번 시도하신 것과 "나를 누구라고 하느냐?"란 질문에 제자들이 두 번에 걸쳐 대답했던 것이 연관되어 있다는 것이다.

벳세다의 맹인을 치료하기 위해 예수께서 첫 번째 시도를 마쳤을 때 맹인의 시력은 불완전했고, 다시금 두 번째 시도를 했을 때에 비로소 시력이 완전해졌다. 베드로의 신앙 고백 본문도 거의 똑같은 구조로 구성되어 있다. 가이사랴 빌립보에 이르러 예수께서 제자들에게 첫 번째로 자기의 정체에 관해 "사람들이 나를 누구라고 하느냐?"고 질문했을 때, 그들의 대답은 불완전했다("가로되 세례 요한이라 하고, 더러는 엘리야, 더러는 선지자 중의 하나라 하나이다"). 그래서 예수께서는 다시금 제자들에게 두 번째 질문을 한다. "너희는 나를 누구라 하느냐?(막 8:29)" 그제야 제자들을 대표해서 베드로가 "당신은 그리스도(메시아)시니이다"라고 분명하고 완전한 대답을 한다.

이와 같은 구조적 유사성을 염두에 둘 때, 마가는 점진적으로 시력을 회복하는 맹인의 이야기로 예수의 정체에 대한 이해를 점진적으로 알아간 제자들을 상징하려 했다고 해석할 수 있다. 제자들이 예수를 메시아로 인식하게 된 것은 한 순간 갑자기 일어난 게 아니라, 예수를 따라다니며 그의 일들을 보면서 점차적으로 깨닫게 된 결과였다고 말하려 한 것이다.

어떤 복음서 연구가는 이 이적을 해석하면서 "벳세다의 맹인은 가이사랴 빌립보에서 눈을 떴던 베드로 이외의 다른 아무도 아니었다"고 말한다. 그리고 그런 해석은 벳세다가 바로 베드로의 고향이라는 사실(요 1:44) 때문에 더욱 더 받아들일 수밖에 없게 된다.

마가는 중요한 사건을 소개하기에 앞서 맹인이 눈을 뜨는 이야기를 소개함으로써 제자들이나 마가복음을 읽는 독자들이 자신의 눈을 똑바로 뜨고 그 중요한 사건을 제대로 보기를 바랐다. 그래서 마가복음에 나오는 또 다른 맹인 치료 이적은 예수께서 예루살렘에 입성하시기 직전에 소개되고 있다. 예루살렘에 들어가 벌어질 예수의 수난 이야기, 예수의 죽음과 부활 사건 등은 다시금 눈을 크게 뜨고 바로 보아야할 사건들이기 때문이다.

따라서 마가복음을 읽다가 맹인이 눈을 뜨는 이야기가 나오면 독자들도 다시 한 번 눈을 크게 뜨고 본문을 올바로 읽어야 한다. 마가의 본문에서 예수께서 메시아란 사실을 올바로 이해하기 위해 눈을 떠야할 사람이 벳세다의 맹인 곧 벳세다 사람인 베드로였고, 마가복음의 저자에게 눈을 떠야할 사람은 제자들이었지만, 오늘날의 눈을 떠야할 사람은 바로 마가복음을 읽는 독자 자신들 뿐일 것이다.

25 베드로의 신앙 고백

(마 16:13-20)

마태가 소개하는 "베드로의 신앙 고백"은 마가복음 8장 27-30절을 문서 자료로 이용한 것으로 생각된다. 그런데 마태의 본문이 마가의 본문과 상당히 다르다. 마태는 마가의 이야기 상당 부분을 수정해서 소개하기 때문이다.

(1) 마가복음 8장 27-30절과의 차이점

① 마가복음 8장 28절에서는 예수에 관한 견해가 세 인물, 곧 세례 요한과 엘리야와 선지자 중의 하나로 언급되는데[1] 마태에서는 네 번째 인물 "예레미야"가 첨가되어 있다.

② 마가복음에서 베드로는 예수를 "그리스도(메시아)"라고만 고백했는데, 마태복음에서는 "그리스도"이며 살아계신 "하나님의 아들"이라고

---

[1] 사람들이 예수를 세례 요한, 혹은 엘리야 혹은 선지자 중의 하나라고 한다는 제자들의 말은 누가복음에서 헤롯이 "내가 듣는 소문의 그 사람(=예수)은 누구인가?"라는 질문에 대해 어떤 사람들은 세례 요한이 죽은 자들 가운데서 다시 살아났다고, 또 어떤 사람들은 엘리야가 나타났다고, 또 다른 사람들은 옛 예언자 중의 하나가 다시 살아왔다고 말했다는 소문(눅 9:7-9)을 그대로 반영하고 있다.

고백한다. "하나님의 아들"이란 기독론적 명칭은 분명히 마태에 의한 첨가로 생각된다. 누가복음에서도 베드로는 "당신은 하나님의 그리스도입니다(눅 9:20)"라고 예수를 그리스도로만 고백한 것으로 되어 있다.

③ 마태는 마가복음에 전혀 없던 새로운 내용, 곧 예수께서 베드로의 고백을 듣고 칭찬하며 축복하는 내용을 본문 가운데 삽입하였다(마 16:17-19). 첫째는 "바요나야 너는 복이 있도다. 이것을 알게 한 이는 혈육이 아니라 하늘에 계신 네 아버지시다"란 축복의 말씀이고, 둘째는 "내가 네게 말한다. 너는 베드로다. 내가 내 교회를 이 반석에 세울 터인데, 죽음의 권세가 그것을 이기지 못할 것이다"란 말씀이고, 셋째는 "내가 네게 천국의 열쇠를 주겠다. 네가 무엇이든지 땅에서 매년 하늘에서도 매일 것이요, 땅에서 풀면 하늘에서도 풀릴 것이다"란 말씀이다.

이런 여러 차이점은 마태가 어떤 신학적 관심과 강조점을 갖고 마가의 본문을 확대 발전시켰는지를 알 수 있게 해준다.

(2) 사람들이 예수를 "예레미야"라고 했다는 언급(마 16:14)

마태는 사람들이 예수를 세례 요한이나 엘리야, 혹은 선지자 중의 하나로 알고 있었다는 기록에 예수를 예레미야로 알고 있기도 했다는 말을 덧붙인다. 도대체 예레미야가 어떤 선지자이기에 마태는 그토록 중요한 베드로의 신앙고백에서 그의 이름을 예수에 빗대어 언급하고 있는 것인가?

예레미야는 이스라엘 백성들의 마음속에선 "저주의 심판을 선포한 예언자(a prophet of doom)", 아니 거기서 더 나아가 아예 예루살렘 성전의 전적인 멸망을 예언한 선지자로 기억되고 있다. 탈무드에도 "예레미야는 멸망이 전부다!(Jeremiah is all destruction!)"란 말이 나온다.

기독교의 모든 전승이 예수를 완전히 그런 관점에서 보고 있는 것은 아니지만, 마태복음을 주의 깊게 살펴보면 예수는 이스라엘의 지도자들에 대한 저주 선언과 함께 예루살렘 성전의 멸망을 예언했던 선지자로 생각될 수 있다.

예를 들면 산헤드린에서 예수께서 심문을 받을 때 예수를 고소한 주요 내용 가운데 하나는 예수께서 성전을 위협했다는 사실이다(마 26:61). 예수는 예루살렘에 입성한 직후에 성전에 들어가 성전 뜰에서 제사용 짐승들을 팔고 사는 사람들을 다 내어 쫓고, 성전 세를 위해서 돈 바꾸어 주는 사람들의 상을 뒤집어엎는 등 성전 제사 제도에 대한 직접적인 도전을 감행했다(마 21:12-13). 또 제자들에게 성전 건물을 가리키면서 "내가 진정으로 너희에게 말한다. 여기 돌 하나도 돌 위에 남지 않고 다 무너져버릴 것이다(마 24:2)"라고 예언했다. 예루살렘 종교 지도자들은 예수가 성전에 위협이 된다고 생각하여 그를 제거하려고 했다. 이런 사실은 마가복음이나 마태복음에서 분명히 드러나고 있다. 또 마태만이 그의 복음서에서 예수를 "성전보다 더 큰 이(마 12:6)"라고 주장하면서 예수의 성전 공격의 의미를 암시한 바 있기도 하다.

마태는 예수의 성전 숙정 사건을 열매 맺지 못한 무화과나무에 대한 예수의 저주 사건과 나란히 소개하면서 무화과나무 저주와 성전 저주를 똑같은 관점에서 읽게 만들었다. 그리고 23장에 소개된 일련의 저주 선언들에 이어서 예수께서는 "보라 너희의 성전은 하나님께로부터 버림을 받을 것이다(마 23:38)"라고 선언하신다.

결국 마태복음에서 예수는 예루살렘 성전에 도전하고, 성전을 저주하고, 성전이 파괴될 것을 예언한 사람이었으며, 그래서 결국 성전 모독죄로 십자가에 처형당하게 되었다. 게다가 오직 마태만이 예수의 십자가 처형 장면에서도 지나가던 행인이 예수를 모욕하면서 "성전을 헐고 사흘 만에 짓겠다던 사람아, 네가 하나님의 아들이거든 네 자신을 구원하고 십자가에서 내려오라(마 27:40)"고 조롱하는 말을 소개한다.

이러한 점들은 예수의 성전에 대한 도전과 저주가 마태복음에서 얼마나 중요한 주제인지를 보여준다. 마태에게 예수는 제2의 예레미야였을 것이다. 구약 예언자들 중 예루살렘 성전의 멸망을 예언한 자가 바로 예레미야가 아니었던가? 그렇다면 예수 당시, 그리고 마태복음이 기록될 당시 많은 사람들이 예수를 예레미야의 이미지로 이해했다는 것은 오히려 당연한 일이 아니었겠는가?

(3) 당신은 그리스도요 살아계신 하나님의 아들입니다(마 16:16)

마가복음에서 베드로가 예수를 "그리스도"라고 한 신앙고백은 불완전성에 대한 논란이 있어왔다. 그러나 마태복음에서의 베드로의 고백 "그리스도요 살아계신 하나님의 아들"은 참되고 분별력 있는 고백이라는 사실에 대해 아무런 이론의 여지가 없다. 베드로가 신앙 고백 후에 예수로부터 축복 선언을 들었을 뿐 아니라, 예수도 베드로의 신앙 고백이 "하늘에 계신 내 아버지가 알게 해준 것"이라고 말했기 때문이다.

그렇다면 마태가 마가복음이 소개하는 베드로의 신앙 고백, 즉 "당신은 그리스도입니다"에 "하나님의 아들"이란 명칭을 첨가한 이유와 목적은 무엇인가?

마가복음에서 소개된 "예수는 그리스도다"란 신앙 고백은 예수를 믿고 따르던 그의 제자들이나 초대 교인들이 사용하던 초기 형태의 고백문으로 보인다. 회당 예배에 모이던 유대인들 가운데서 예수를 "그리스도 혹은 메시아"로 믿는 사람들이 생겨났다. 요한복음 1장 41절에서 안드레가 자기 형제인 시몬에게 "우리가 메시아를 만나 뵈었소"라고 말한 경우처럼 말이다. 실제로 초기에는 많은 유대인들이 예수가 정말로 그리스도인지 아닌지 궁금해 했다(cf. 요 10:24). 심지어 세례 요한을 그리스도로 생각하는 사람들도 있었다(cf.눅 3:15).

그런 가운데서 일부 유대인들이 예수는 그리스도란 믿음으로 예수를 따랐고, 이들은 그런 신앙 때문에 회당 당국으로부터 박해를 받다가 끝내 회당으로부터 분리되어 예수를 그리스도로 믿는 "신앙 공동체"를 구성하게 되었다. 이것이 곧 유대적 기독교(the Jewish Christianity)의 시작이었다.

"그리스도"는 유대인들만 사용하는, 이방인들에게는 잘 알려지지 않은 말이었다. 그러다보니 초대교회 특히 마태의 신앙 공동체 안에 이방인 기독교인들의 숫자가 늘어나면서 예수를 그리스도로만 이해하고 전파하는 데에 한계를 느꼈다. 마태에게는 헬레니즘 세계의 이방인을 염두에 둔 좀 더 포괄적인 기독론적 명칭이 필요했다. 그래서 마태와 초대 기독교는 예수가 그리스도란 고백에 예수가 하나님의 아들이란 고백을 덧붙여 가르치고자 했던 것이다.

마태는 이미 8장 29절에서 이방 지역 가다라 지방의 귀신들린 사람의 입을 통해서 "하나님의 아들이여"란 칭호를 사용했고, 또 14장 33절에서 제자들의 입을 통해서도 "참으로 당신은 하나님의 아들이십니다"란 고백을 소개한 바 있다.

마태복음 자체가 팔레스틴적인 유대 기독교와 헬라적인 디아스포라 유대 기독교 사이를 연결시키는 일종의 가교문서(a bridge documents)였기에 "그리스도"라는 유대적 명칭과 "하나님의 아들"이란 헬라적 명칭을 함께 연결시킴으로써 문화적이며 민족적인 경계를 초월하면서도 그 뜻을 보존할 수 있는 신앙 고백문을 독자들에게 제시하려고 했던 것으로 보인다.[2] 이런 관점에서 본다면 "하나님의 아들"이란 고백은 예수

---

2) 누가가 마가복음에 나오는 베드로의 신앙고백문, 즉 "당신은 그리스도입니다"란 고백을 "당신은 하나님의 그리스도입니다(눅 9:20)"라고 수정한 것도 거의 같은 의도 때문으로 생각된다.

가 "그리스도"라는 고백을 보충하며 규정짓는 고백문이라고 말할 수 있을 것이다. 헬라 세계 이방인들을 염두에 둔 하나님의 아들이란 신앙 고백의 사용은 마가복음 1장 1절이나 요한복음 20장 31절에서도 그대로 잘 드러나고 있다.

(4) 베드로의 신앙 고백에 대한 예수의 축복 말씀
(마 16:17-19절)

① "바요나 시몬아 너는 복이 있도다(17절)"

"복이 있도다"란 예수의 축복의 말은 마태복음에서 모두 13번 사용되었는데, 예수께서 특정한 개인의 이름을 부르며 그에게 축복한 경우는 여기가 유일하다. 신약성서에서 예수로부터 이름을 불리면서 축복 선언을 받은 사람은 베드로뿐인 것이다. 이 구절이 마태의 첨가 본문에만 있다는 사실은 마태가 특별히 베드로를 아주 중요한 인물로, 예수로부터 축복 선언을 받은 유일한 인물로 강조하려는 의도를 드러낸다. 이는 마태가 17절과 함께 18-19절을 더 삽입하는 데에서 더욱 분명해진다.

② "너는 베드로다. 내가 내 교회를 이 반석 위에 세울 터인데 죽음의 권세가 그것을 이기지 못할 것이다(18절)"

헬라어로는 "너는 Petros다. 나는 이 Petra 위에 내 교회를 세울 것이다"라고 되어 있다. 그러나 예수께서 사용하시던 아람어로는 "너는 Kepha이다. 나는 이 Kepha 위에 내 교회를 세울 것이다"로 "베드로"란 이름과 "반석"이란 단어 사이에 아무 차이가 없다. 가톨릭교회에서는 아람어로 "베드로"와 "반석"이 똑같다는 점을 근거로 교회가 베드로란 반석 위에 세워졌다며 베드로의 중요성을 강조하는 경향이 있다.

그러나 마태복음은 아람어가 아닌 헬라어로 기록되었으며, 마태는 그의 복음서를 기록할 때 의도적이든 아니든 "베드로"란 이름은 남성 명사 "Petros"로, "반석"은 여성 명사 "Petra"로 차이를 두어 표현하였다. 개신교 학자들은 이 점을 근거로 교회의 진정한 반석과 토대는 베드로란 인물이 아니라 베드로가 말했던 "신앙 고백"이라고 주장한다.

이런 해석은 베드로가 "당신은 그리스도이며 하나님의 아들입니다(16:16)"라고 말했을 때 예수께서 "너는 베드로다(16:18)"라고 말하기도 했지만, 곧 이어 다시 베드로에게 "너는 나를 넘어지게 하는 걸림돌(skandalon)이다"라고 한 데에서 그 정당성을 찾을 수 있다. 베드로는 분명히 "반석"이지만 "걸림돌"이 될 수도 있기 때문이다. 그래서 교회는 베드로란 인물 위에 세워진 것이 아니라 베드로가 고백했던 그 신앙 고백 위에 세워졌다는 해석에 힘이 실리게 된다.

③ "내가 네게 천국의 열쇠를 주겠다. 네가 무엇이든지 땅에서 매면 하늘에서도 매일 것이요 땅에서 풀면 하늘에서도 풀릴 것이다(19절)"

가이사랴 빌립보에서 베드로가 예수를 향해 "당신은 그리스도시오 살아계신 하나님의 아들이니이다"라고 고백했을 때, 예수께서는 베드로에게 "축복 선언"과 더불어 "천국 열쇠"와 "네가 땅에서 무언이든지 매면 하늘에서도 매일 것이요 네가 땅에서 무엇이든지 풀면 하늘에서도 풀리리라"는 말씀을 주신다. 베드로에게 주어진 이 "매고(bind)" "푸는(loose)" 권세의 의미는 무엇인가? 다음과 같은 학자들의 해석은 주목해 볼 만 하다.

첫째, 이 권세를 교회 안에서의 가르침의 권위(teaching authority)로 보면서, 베드로가 기독교인들이 해야 할 일과 해서는 안 될 일들을 교리적으로 결정할 수 있는 권위를 가지고 있다고 보는 해석으로 전통적인 가톨릭교회의 입장이다.

둘째, 베드로에게는 죄를 사해줄 권세와 죄를 사해주지 않을 권세가 주어진 것이라고 보는 해석으로 요한복음 20장 23절과 탈굼에서 많이 나오는 "loose and forgive"란 문구가 이런 해석을 뒷받침 해준다.

셋째, 베드로에게는 파문의 권위, 즉 공동체로부터 축출을 결정할 수 있는 권위가 주어진 것이라고 보는 해석으로 마태복음 18장 18절이 그를 뒷받침 해준다.

여러 가지 해석들이 있지만, 무엇보다도 이런 특별한 권위가 오직 베드로에게만 주어졌다는 사실을 마태가 강조한다는 점이 중요하다. 마태는 그의 복음서에서 특별히 베드로를 다른 제자들과 구별하여 아주 중요하게 부각시킨다. 마태는 16장 17-19절을 첨가함으로써 베드로가 다른 제자들과는 다른 "수제자" 혹은 "으뜸 제자"이고 "제자들 중의 제자"로서 가장 훌륭한 제자(the disciple par excellence)임을 강조한다.

이와 같은 경향은 오직 마태만이 열두 제자의 명단을 소개할 때 베드로의 이름 앞에 "첫째로"란 단어를 첨가한 것(마 10:2), 바다 위를 걸었던 예수의 이야기에 베드로도 예수처럼 바다 위를 걸었다는 이야기(마 14:28-29)를 첨가한 것 등에서도 나타난다. 베드로를 제자 중의 제자, 가장 중요한 제자로 강조하고 있는 것은 마태복음만의 중요 특징 중 하나이다.

누가복음의 변화산 이야기
(눅 9:28-36)

예수께서 베드로와 요한과 야고보 세 제자를 데리고 높은 산에 올라갔다가 그들 앞에서 그 얼굴이 변하고, 옷이 눈부시게 희어지고 빛이 났다는 이야기는 공관복음 모두에 나온다(막 9:2-10, 마 17:1-8, 눅 9:28-36). 마태와 누가는 마가의 기록을 문서자료로 삼아 큰 틀을 따라가고 있으나, 자세히 읽어보면 서로 내용과 몇몇 부분에서 중요한 차이가 있음을 알 수 있다. 이런 차이점들은 대체로 누가의 독특한 관점을 보여주며, 누가의 의도를 알아볼 수 있는 중요한 열쇠가 된다.

첫째로 마가복음과 마태복음에서는 예수께서 세 제자를 데리고 "높은 산"에 올라가셨는데, 누가는 그냥 "산"에 올라갔다고 말한다. 높은 산이라고 말하지 않았다. 예수께시 올라가 변화하셨던 "산"은 그가 기도하러 올라간 산인데(눅 9:28), 누가복음의 예수께서는 기도하러 "늘 하시던 대로" 감람산에 가셨다(눅 24:39). 그래서 누가는 예수께서 올라가 변화하신 산을 감람산으로 생각했던 것 같다. 오직 누가복음만 예수의 "얼굴 모습이 변하고 그 옷이 눈부시게 희어지고 빛이 난" 때가 "예수께서 기도하고 계실" 때였다고 말하기 때문이다(눅 9:29).

둘째로 마가는 예수께서 "엿새 후에" 높은 산에 올라가셨다고 말하는데[1], 누가는 "여드레쯤 되어" 산에 올라가셨다고 말한다. 아마 "엿새"보다는 "여드레"란 말이 갖는 신학적 의미가 누가에게 중요했기 때문으로 보인다. 하나님의 백성으로 태어난 모든 유대인은 여드레가 되었을 때 할례를 받게 되어 있고(cf.창 17:12, 21:4), 누가는 예수께서도 태어난 지 여드레가 되었을 때 할례를 받았다고 전한 바 있다(눅 2:21). 이런 점을 염두에 둘 때 누가는 예수께서 변화산에서 "하나님의 아들이요, 하나님의 택한 자(눅 9:35)"란 하늘의 음성을 들은 때와 여드레가 연관되는 것이 보다 의미 있다고 생각한 것 같다. 흥미롭게도 요한복음에 예수께서 부활하신 후 도마와 함께 있는 제자들에게 나타나 "너희에게 평화가 있기를!"이라고 말씀하신 때도 예수께서 십자가에서 돌아가신지 "여드레"가 지난 뒤였다(요 20:26).

셋째로 하늘로부터 들려온 음성의 내용이 다르다. 마가복음 9장 7절에는 "이는 내 사랑하는 아들이다. 너희는 그의 말을 들어라", 마태복음 17장 5절에는 "이는 내 사랑하는 아들이다. 나는 그를 좋아한다. 너희는 그의 말을 들어라(다른 고대 사본에서는 "이는 내 아들, 내가 사랑하는 자")"이다. 그런데 누가복음 9장 35절에 음성은 "이는 내 아들이요, 내가 택한 자다. 너희는 그의 말을 들어라"이다.

베드로는 예수의 얼굴이 변하고 모세와 엘리야가 영광 가운데 나타나 예수와 함께 있는 것에 흥분하여 초막 셋을 짓고 여기에 머물자고 했다. 만약 하늘 음성이 아니었다면 놀라운 사건에 흥분한 베드로는 예수

---

1) 모세가 "하나님의 산(출 24:13)"인 시내산에 올라가 하나님을 만나 그 모습이 변화했을 때가 "엿새 후"인 "이렛날"이었다(출 24:12-18). 따라서 마가와 마태가 "엿새 후에"란 말을 사용한 것은 예수의 모습 변화를 모세의 모습 변화에 빗대어 말하기 위한 것으로 생각된다(cf.모세 유형론).

께 부여된 고귀한 사명을 알아차리지 못했을 것이다. 예수께서 세례 요한에게 세례를 받으신 이야기에서 예수께서 요한에게 세례를 받으셨다는 사실보다 세례를 받을 때 들려온 하늘 음성의 내용과 의미가 더 중요한 것처럼, 변화산 이야기에서도 예수께서 제자들 앞에서 그 모습이 변화하셨다는 사실보다 더 중요한 것은 하늘로부터 들려온 하늘 음성의 내용과 그 의미이다.

예수의 모습이 변화했을 때 들려온 하늘 음성은 예수는 하나님의 "아들"이요, 특정한 사명을 위해서 하나님으로부터 "택함을 받은 자"라는 선포였다(눅 9:35). 그 특정한 사명은 바로 예수께서 "예루살렘에서 이루실 일, 곧 그의 떠나심(눅 9:31)"인데, 다른 말로 한다면 십자가의 죽음을 통해 인류를 구원하는 일이었다. "너희는 그의 말을 들으라"고 한 말씀은 제자들에게 예수께서 하나님의 아들과 하나님의 택함을 받은 자로서 받은 그의 임무를 잘 인식하고 순종하라는 것이다.

넷째로 예수께서 변화했을 때 모세와 엘리야가 예수와 더불어 말을 나누었다는 언급과 관련해서다. 마가와 마태의 본문에서는 모세와 엘리야가 나타나 예수와 말씀을 나누었다는 언급(막 9:4, 마 17:3)만 있을 뿐 대화의 내용은 알 수 없다. 그러나 누가복음에는 "그들은 영광에 싸여 나타나서 예수께서 예루살렘에서 이루실 일, 곧 그의 떠나가심에 대하여 말하고 있었다(눅 9:31)"며 대화의 내용을 분명히 밝힌다.

여기서 "떠나가심"이라고 번역된 말의 헬라어는 "exodos"이다. 누가는 마가, 마태와는 달리 특별히 예수의 "떠나가심(exodos)"을 언급하면서 자신의 주요 메시지를 드러낸다. "exodos"는 ① 구약에서 모세를 통해 이스라엘 백성들을 애굽으로부터 출애굽(exodos)시킨 하나님의 구원 이야기와 ② 예수의 죽음을 뜻한다. 헬라어에서 "exodos"는 "죽음"을 가리키는 완곡어(euphemism)이다. "죽었다"는 직설적인 표현대신

"떠나가셨다"는 보다 부드러운 말을 사용하는 것이다.

누가는 변화산 이야기에서 예수의 "죽음"을 암시한다. 누가는 변화산 이야기 직전에 예수의 첫 번째 수난을 "인자가 반드시 많은 고난을 받고 장로들과 대제사장들과 율법학자들에게 배척을 받아 죽임을 당할 (눅 9:22)" 것이라고 예고한 바 있다.

누가는 변화산에서 모세와 엘리야와 예수가 함께 말을 나눌 때 구름이 일어나서 세 사람을 휩쌌고(눅 9:34), 하늘 음성을 통해 예수를 하나님의 아들이며, 하나님의 선택된 자라고 인침으로써 그의 메시아적 신분과 사명을 확인시켜주고 있다. 그리고 이런 사건 한 가운데서 예수께서 예루살렘에서 이루실 일, 곧 그의 떠나가심(exodos)에 대해 언급한다. 즉 예수의 고난이 갖고 있는 구원적인 의미와 성격이 누가복음의 변화산 이야기에 담긴 것이다.

이쯤에서 우리는 변화산 이야기에서 "모세와 엘리야"가 예수와 함께 등장하는 것이 왜 그렇게 중요한지 생각해볼 필요가 있다. 두 사람의 등장은 본문을 이해하는 중요한 열쇠이기 때문이다.

흔히 모세는 율법을 대표하고 엘리야는 예언자를 대표하는 것으로 이해하는데, 그것은 후대 해석가들의 생각일 뿐이고 복음서 저자들의 생각은 아니었다. 복음서 기록 당시 유대인들에게 모세와 엘리야는 모두 구원의 예언자로서 자기들의 임무를 완성한 사람들로 기억되고 있었다.

예를 들어 유대인들이 유월절을 지킬 때마다 모세는 하나님의 구원 드라마에서 가장 중요한 인물로 기억되었다. 그는 그의 백성들을 애굽의 종살이로부터 구원해낸 예언자였다. 엘리야 또한 유월절의 전통적인 식사 가운데서 언급된다. 유대인들의 사상에서 엘리야는 하나님의 백성들을 구원해낼 미래의 지도자로 생각되었다. 그래서 유대인들은 메시아가 오기 전에 먼저 엘리야가 올 것이라고 기대하고 있었다. 하나님께서는 모세를 향해 "이제 나는 너를 바로에게 보내어 나의 백성 이스라엘 자손을 이집트에서 이끌어 내게 하겠다(출 3:10)"고 말씀하셨고, 엘리야를 향해서도 "주의 크고 두려운 날이 이르기 전에 내가 너희에게 엘리야 선지자를 보내겠다(말 4:5)"고 말씀하셨다. 유대인들의 미드라쉬 설교에 의하면 모세는 하나님의 백성을 애굽 종살이로부터 구원해낸 첫 번째 예언자이고, 엘리야는 하나님의 최종적인 구원과 관련된 마지막 예언자이다. 그런데 이 두 예언자가 예수와 함께 예수께서 예루살렘에서 당할 죽음에 대해 말을 나누고 있다. 결국 변화산 이야기의 중요한 의미는 예수께서 모세와 엘리야와 같이 그의 백성들을 구원하실 예언자라는 메시지이며, 특히 예루살렘에서의 십자가 죽음(exodos)을 통해 그의 백성들을 구원하시는 예언자란 메시지이다.

또 예수께서는 하나님의 아들이요 하나님의 택한 자라는 말씀과 함께 "그의 말을 들어라"는 말씀은 문맥상 예수께서 변화하시기 바로 직전에 제자들에게 말한 수난 예고(눅 9:22)를 가리키는 것으로 해석될 수 있다. 예수께서 말씀한 수난 예고는 "많은 고난을 받고(…)죽임을 당하고서 사흘날에 살아나야 한다"는 내용으로 십자가의 죽음뿐 아니라 사흘 만에 다시 부활할 것을 언급하고 있다. 따라서 누가가 변화산 사건을 통해 독자들에게 주려던 메시지는 예수께서 예루살렘에서 십자가에 못 박혀 죽임을 당하시지만, 사흘 만에 다시 부활하실 것임을 말하려는데 있다.

이 경우 변화하신 예수의 모습은 어떤 의미에서 부활한 예수를 보여주기 위함으로 생각할 수도 있다. 외경 복음서 중에는 변화산 이야기가 부활 이야기 다음에 소개된 것이 있는데, 이런 이해를 반영하는 것으로 생각된다.

그렇다면 변화산 이야기에서 모세와 엘리야가 등장한 것은 두 사람 모두 이 땅에 무덤을 남기지 않은 사람들이기 때문으로 추정해볼 수 있다. 엘리야는 직접 하늘로 승천하여 이 땅에 무덤을 남기지 않았고(왕하 2:11), 모세는 "오늘날까지 그의 무덤이 어디에 있는지를 아는 사람이 아무도 없다(신 34:4)". 예수께서도 자기 무덤도 아닌 아리마대의 무덤에서 부활하여 그 무덤조차도 비게 만든, 그래서 무덤이 없는 분 아닌가? 이런 전승들은 두 사람이 마치 예수께서 장차 그의 부활과 승천 때에 그럴 것처럼 죽음을 이겼다는 것을 암시하고 있다. 예수의 빛나는 모습은 많은 학자들로 하여금 변화산 이야기가 부활 현현 이야기에서 기원된 것이라고 결론 내리게 했다.[2]

결국 누가에게 변화산 이야기는 문맥상 예수의 첫 번째 수난 예고 후(눅 9:22), 예수께서 수난의 도성인 예루살렘으로 출발하시기 전(눅 9:51)에 편집되면서 한편으로는 예수의 수난 예고와 예루살렘에서 이루실 일을 연결시키고 있으며, 다른 한편으로는 예루살렘에서 십자가에서 죽임을 당하고 사흘날에 살아날 것(눅 9:22)에 대한 확신을 주는 이야기인 셈이다.

---

[2] These traditions suggest that the two triumphed over death, just as Jesus will do at his resurrection and ascension. The luminous appearance of Jesus on this occasion has led a number of scholars to conclude that the transfiguration originated as the appearance story (of the risen Jesus) and then was remodeled by Mark to function as the turning point of his gospel. (Cf.Funk, The Act of Jesus, p. 220)

거지 맹인 바디매오를 고쳐준 예수
(막 10:46-52)

마가복음에는 예수께서 예루살렘에 입성하시기 직전에 여리고에서 거지 맹인이었던 디매오의 아들 바디매오를 고쳐주시는 이적이 나온다. 예수께서 지나가신다는 말은 들은 바디매오는 "다윗의 자손, 예수여, 저를 불쌍히 여겨주십시오"라고 소리소리 질렀다. 얼마나 간절하게 또 얼마나 크게 소리를 질렀는지, 주변에 있던 무리들이 바디매오에게 제발 조용히 하라고 꾸짖기까지 했다. 그러나 예수께서는 바디매오의 간절한 요청을 들으시고 발걸음을 멈춰 제자들에게 "그를 부르라"고 명령하신다. 바디매오는 겉옷을 벗어던진 채 뛰어 예수께 나아왔고, 예수께서 "네가 무엇을 원하느냐?"고 물었을 때 두말없이 "선생님, 보기를 원합니다"라고 대답했다. 예수께서는 그를 불쌍히 여기시고 또 그의 믿음을 보시고 "가라 네 믿음이 너를 구원 하였느니라"고 선언하신다. 바디매오는 눈을 뜨게 되었을 뿐만 아니라 구원까지 받게 되었다. 바디매오는 예수를 "따랐다"고 기록되어 있다. 예수의 제자가 되었다는 말이다. 이것이 마가가 전해주는 여리고에서 있었던 맹인 바디매오의 치료 이적 이야기이다.

바디매오 이야기는 마가복음에 나오는 다른 이적들과 여러 가지 차이를 보인다. 첫째로 마가가 소개하는 대부분의 이적들은 소위 "이적의 복음"이라 불리는 복음서의 전반부에서, 주로 갈릴리를 배경으로 일어나는데, 바디매오 이야기는 이른바 "수난의 복음"이라 불리는 후반부에서, 또 예루살렘 근처에서 일어난다. 때문에 이 이야기가 마가에게 "이적 이야기"로 의도되었는가 하는 의문이 제기되곤 했다. 만약 이 이야기를 마가가 이적 이야기로 여겼다면 복음서의 전반부에서 소개했을 것이라는 것이다.

둘째로 이 이야기에는 이적 이야기 특유의 전형성이 나타나지 않는다. 예를 들어 이적 이야기의 전형적인 결말인 "무리들의 놀람" 혹은 "무리들의 합창"이 전혀 나타나지 않는다. 대개의 이적 이야기에는 병자가 나은 것을 보고 무리들이 놀라거나, 이런 것을 본적이 없다고 소리치는 것으로 끝난다. 그래서 몇몇 학자들은 이 이야기를 이적 이야기가 아니라 "말씀 교훈(paradigm)"으로 분류하기도 한다. 실제로 마가의 본문에서는 맹인의 "믿음(faith)"과 그의 "따름(discipleship)"이 강조되며, 믿음과 제자직에 관한 교훈이 이야기의 중심이고 이적은 부수적인 요소로 보인다.

마가는 바디매오 이야기를 이적 이야기로 소개하는 것이 아니라 또 다른 교훈적인 목적 때문에 복음서의 후반부에서, 더구나 예수의 수난의 장소인 예루살렘에 입성하기 직전에 소개하는 것으로 보인다.

(1) 부자 청년과 거지 바디매오

그렇다면 마가가 이 이야기를 통해서 독자들에게 주려던 메시지는 무엇이었을까? 적절한 대답을 얻기 위해서는 이야기의 문맥을 살펴볼 필요가 있다.

먼저 본문의 먼 문맥을 먼저 살펴본다면, 마가는 10장 뒷부분에서 거지 맹인 바디매오가 "길에서(막 10:46)" 예수를 만나 고침을 받고 "예수를 따르는(막 10:52)" 이야기를 소개하기에 앞서 10장 앞부분에서 부자한 사람이 "길에서(막 10:17)" 예수를 만나 예수로부터 "나를 따르라(막 10:21)"는 명령을 받고도 따르지 못하는 이야기와 연결한다.

거지 맹인 바디매오는 길에서 예수를 만나 큰 소리로 "다윗의 자손 예수여, 저를 불쌍히 여겨주십시오. 선생님, 보게 해주십시오(막 10:48,51)"라고 간청한다. 부자 청년도 길에서 예수를 만나 "선하신 선생님, 제가 영생을 얻으려면 무엇을 해야 하겠습니까?(막 10:17)"라고 간절히 묻는다. 바디매오는 눈뜨기를 원하고, 부자 청년은 영생을 얻는 길을 알기 원한다. 두 사람이 예수께 나아와 자기의 소원을 말한다는 점에서 이야기의 시작은 비슷하다. 그러나 바디매오는 예수의 이적으로 눈을 뜬 후 모든 것을 버리고 기꺼이 예수를 따랐지만, 부자 청년은 예수의 말씀을 들은 후에 근심하며 예수를 떠나가 버렸다. 기쁜 마음으로 예수의 뒤를 따르는 거지 바디매오와 근심하며 예수를 등지고 떠나가는 부자 청년이 매우 대조적으로 소개되어 있다.

이러한 대조는 "부자가 하나님 나라에 들어가기는 참으로 어려운 것이다. 부자가 하나님 나라에 들어가는 것보다 낙타가 바늘귀로 나가는 것이 더 쉬울 것이다(막 10:24-25)"라는 예수의 말씀과 "가난한 자가 복이 있나니 하나님나라가 저의 것이라"고 하신 예수의 말씀을 상기시켜준다.

사실 마가는 그 전에도 대조를 통해 자신의 의도를 강조한 바 있다. 마가는 5장에서 명망 있는 회당장 야이로와 혈루병을 앓던 이름 없는 한 여인을 대조시켰다. 사회의 상류층에 속하는 남자와 하류층에 속하는 여인을 대조시킨 것이다. 그 후 다시금 10장에서 사회의 상류층에 속하는 부자 청년과 하류층에 속하는 맹인 거지 바디매오를, 많은 것을 가진 자와 아무것도 갖지 못한 자를 대조시키고 있다. 실제로 5장과 10장의 두 이적 이야기 사이에 몇 가지 공통점[1]이 있는 것으로 보아 대조의 형식은 마가가 자신의 의도를 강조하는 수단이었던 것으로 생각된다.

부자 청년과 바디매오는 똑같이 길에서 예수를 만났다. 부자 청년은 "네가 가진 것을 다 팔아 가난한 사람에게 나누어 주고 와서 나를 따르라"는 예수의 말씀을 듣고도 끝내 자신의 재물을 포기하지 못했다. 그러나 바디매오는 "그를 부르라"는 예수의 말씀을 듣고 자신의 겉옷을 던져버린 채 예수께로 뛰어왔다. 그가 집어던진 겉옷은 거지가 구걸할 때 땅에 펴놓는 유일한 소유물이며 생계 수단이었다.

예수의 제자가 되어 예수를 "따른다"는 것은 사회적 지위와 관계없고, 소유의 많고 적음에 좌우되지 않는다. 예수의 말씀처럼 오히려 부자가 하나님 나라에 들어가기가 참으로 어렵고, 부자가 하나님 나라에 들어가는 것보다 낙타가 바늘귀로 나가는 편이 더 쉬울 것이다.

하나님 나라에서는 오히려 처음 된 자가 나중 되고 나중 된 자가 먼저 된다. 상류층 부자라도, 영생을 얻고자 하더라도 예수를 따르는 제자가 되지 못할 수 있다. 반면에 하류층에 속하는 거지요, 장애가 있는 맹인이더라도 진정으로 "눈을 뜨기" 원한다면, 곧 "비전"을 갖기 원한다면

---

1) ① 마가복음의 이적 이야기에서 사람의 "이름"이 밝혀진 것은 오직 회당장 야이로와 맹인 바디매오뿐이다. ② 두 이적 이야기 모두 무리들이 이적을 방해한다. 5장 31절에서는 무리들이 너무 몰려들어 여인이 예수를 직접 만나기 어려웠고, 10장 48절에서는 무리들이 바디매오를 꾸짖어 예수를 부르지 못하게 하고 있다. ③ 두 이적 이야기 모두 "네 믿음이 너를 구원했다"는 말로 믿음이 강조되고 있다. 5장 34절에서 예수께서 혈루병 여인을 향해서 "네 믿음이 너를 구원했다"고 말씀하셨고, 10장 52절에서는 예수께서 바디매오를 향해서 "가라 네 믿음이 너를 구원하였느니라"고 말씀하셨다. 모두 믿음으로 구원함을 받았다. ④ 두 이적 이야기 모두 예식 상의 불결 혹은 부정에 관한 이야기이다. 유대교의 정결법에 의하면 혈루병 여인은 예식상 "부정(不淨)"하며, 바디매오란 이름은 그 자체가 히브리어로 "부정(不淨)의 아들"이란 뜻이다. 사회에서 부정하고 더러운 사람이라고 취급되던 사람들이 예수에 의해서, 믿음으로 구원받게 되었다.

예수를 따르는 제자가 될 수 있다.

(2) 야고보와 요한 형제와 거지 바디매오

다음으로 본문의 가까운 문맥을 살펴보면, 이 이야기는 예수의 두 제자인 야고보와 요한이 하늘의 영광의 자리를 요구하는 이야기 바로 뒤에 편집되어 있다. 이것 역시 바디매오와 예수의 두 제자인 야고보와 요한을 대조시키기 위한 것으로 생각된다.

마가의 의도는 두 본문들을 비교할때 분명하게 드러난다. 야고보와 요한이 예수 앞에 나아왔을 때, 예수께서는 그들에게 "너희에게 무엇을 하여 주기를 원하느냐?(막 10:36)"고 물으신다. 그리고 바디매오가 예수께 나아왔을 때도, 예수께서는 그에게 "네게 무엇을 하여 주기를 원하느냐?(막 10:51)"는 거의 똑같은 질문을 하신다. 이 질문이 현재의 문맥 속에서 두 이야기를 연결시켜 주는 중요한 역할을 하고 있다. 예수의 질문은 거의 똑같았지만, 그들의 대답은 상당히 달랐다.

야고보와 요한은 예수의 질문에 "주께서 영광을 받으실 때에 자기들을 하나는 주의 오른편에 하나는 왼편에 앉도록 해달라"고 요청했다. 곧 영광의 자리, 특별한 지위와 특권을 원했다. 그러나 바디매오는 예수의 질문에 단지 자신의 시력, 곧 비전을 원했다. 영광의 자리는 예수께서 주실 수 없는 것이었지만 눈을 뜨게 되어 세상에 대한 비전을 갖는 것은 예수께서 해주실 수 있는 일이었다.

이 두 이야기를 대조시켜 마가가 주려던 메시지는 무엇이었을까? 그것은 우리가 스스로 장님이라는 사실을 인정하고 참된 시력, 곧 비전을 추구할 때에만 참된 제자직이 가능하다는 진리일 것이다. 육체적으로 예수를 따른 제자라도 맹인일 수 있으며, 맹인이더라도 눈을 뜨고 비전을 가질 때 예수의 진정한 제자가 될 수 있다. 결국 마가에게 있어서 육체적 시력(physical sight)의 회복은 영적 통찰력(spiritual insight)의 창조를 의미한다.

한 가지 흥미로운 사실은 마태가 이 이야기를 그의 복음서에서 소개할 때 "거지 맹인 바디매오"를 "두 사람의 맹인"으로 바꾸었다는 점이다(마 20:29-34). 마태는 바로 앞에서 영광의 자리에 눈이 멀어 주의 오른편 자리와 왼편 자리를 요청했던 야고보와 요한을 직접적으로 아주 분명하게 "두 사람의 맹인"이라고 지칭한 것이다. 마태는 마가가 은근히 말한 것을 명시적으로 밝히고 있는 셈이다.

(3) 예루살렘으로 가시는 예수를 따라간 바디매오

더구나 마가는 이 이야기를 예수의 예루살렘 입성 직전에 소개한다. 그리고 바디매오가 예수께서 가시는 길을 따라갔다는 말로 이야기가 끝난다. 바디매오는 눈을 뜬 후에 예수를 따르되 예루살렘까지 따라 들어갔다는 말이다.

마가에게 예루살렘은 예수의 수난의 장소이다. 그리고 마가에게 예수의 참다운 정체는 수난과 십자가를 통해서만 올바로 드러날 수 있다. 베드로가 가이사랴 빌립보에서 예수를 향해서 "당신은 메시아이십니다(막 8:29)"라고 신앙 고백 했을 때, 예수께서 자기에 대해 아무에게도 말하지 말라고 명령하신 것도 아직 예수께서 예루살렘에, 그리고 십자가에 이르지 않았기 때문이다. 예수는 오직 십자가를 통해서만 올바로 알려질 수 있는 분이다. 십자가에서 처형되는 예수를 보고 백부장이 "이 사람은 진실로 하나님의 아들이로다(막 15:39)"라고 고백했던 것도 그 때문이다. 십자가에서만 예수의 참다운 정체가 드러나기 때문이다. 우리가 믿는 예수는 인간을 구원하려 십자가 위에서 자신의 생명을 희생의 제물로 바친 하나님의 아들이기 때문이다.

마가는 영광의 자리만을 원하는 눈 먼 제자들이 예루살렘에 들어가기 전에, 예루살렘에 들어가 예수께서 십자가에 달려 죽으시는 것을 보기 전에 눈을 뜨기 원했다. 제자들이야말로 제대로 눈을 뜨고 예루살렘 안에서 일어날 일들을 똑똑히 보아야 할 사람들이 아닌가?

28 예수의 가장 큰 계명

(마 22:34-40)

마태가 소개하는 이 본문은 마가복음 12장 28-34절, 누가복음 10장 25-28절과 평행 본문이다. 그러나 내용과 관점에 있어서 서로 상당한 차이를 보인다.

우선 누가의 본문은 완전히 다른 문맥에서 소개되며, 선한 사마리아인의 비유를 소개하기 위한 도입 본문 형태로 되어 있다. 또 질문자도 마태복음이나 마가복음의 경우처럼 "바리새인"이나 "서기관"이 아니라 "율법사"이며, 질문 내용도 마태나 마가의 경우처럼 "계명"에 대한 것이 아니라 "무엇을 하여야 영생을 얻으리이까?" 하는 것이었다. 그리고 마지막 대답도 예수가 아니라 질문자 자신에 의해 제시되고 있다. 이 때문에 누가복음의 본문은 마태나 마가의 것과는 완전히 다른 전승에 의존한 것으로 생각되기도 한다.

마태의 본문은 누가와 달리 마가의 본문에 충실히 의존한다. 마태는 마가의 문맥을 그대로 따르고 있을 뿐만 아니라 같은 내용, 즉 "계명"에 대한 질문을 다룬다. 그러나 몇 가지 중요한 차이점도 있는데 이런 차이점들은 마태의 본문을 이해하는 데 중요한 역할을 한다.

첫째로 마가복음의 본문은 "사제 간의 대화" 형식으로 되어 있다. 서

기관 중 한 사람이 "예수께서 대답 잘 하시는 줄 알고(막 12:28)" 예수께 나와 질문하며, 질문 자체도 순전히 종교적이고, 지적인 관심으로부터 제기되고 있다. 또한 어조도 논쟁적이지 않고 상당히 우호적이다. 그래서 마가의 본문은 예수의 칭찬으로 끝난다("예수께서 그 지혜 있게 대답함을 보시고 이르시되 네가 하나님의 나라에 멀지 않도다(막 12:34a)"). 그러나 마태복음의 본문은 "논쟁 설화"의 형식으로 되어 있다. 예수와 계속 논쟁을 벌이고 있는 "바리새인"이 질문하며, 또 그들의 질문은 "예수를 시험하기" 위한 것이었다.

둘째로 마가복음에서는 "첫째가는 계명"이 무엇이냐고 묻고 있는데, 마태복음에서는 "큰 계명"이 어떤 것이냐고 묻고 있다(cf."크고 첫째 되는 계명(마 22:38)").

그러나 이런 형식적인 차이 외에도 마태는 마가 본문에 없는 (그리고 누가의 본문에도 없는) 중요한 구절을 두 개 첨가하는데, 이것이 다른 복음서 저자들과는 다른 마태의 주요 관심사인 동시에 주요 강조점으로 드러난다.

첫째로 마태만이 22장 39절에서 첫째 계명에 이어 둘째 계명을 소개하면서 "둘째는 그와 같으니(deutera de homoia aute; a second is like it; the second is equal to the first)"란 문구를 첨가한 것이다. 두 번째 계명도 첫 번째 계명과 같다는 것이다. 율법 중에서 크고 첫째 되는 계명은 "네 마음을 다하고 목숨을 다하여 주 너희 하나님을 사랑하라"하는 것이고, 둘째 계명은 "네 이웃을 네 몸과 같이 사랑하라"는 것이었다. 그러나 이웃 사랑은 두 번째로 언급된 것뿐이지 "중요성에서 두 번째는 아니라(not second in importance)"는 말이다.[1]

---

[1] Davies and Allison, Matthew III., p. 243: "'homoios' here means…'equally great or important, equal to'. Hence the following commandment is 'in no way less important' than the first: both qualify as 'the greatest' imperative(cf.7:12). Their equality reflects their unity."

마태에게 "하나님 사랑"과 "이웃 사랑"은 "같은" 것, 곧 하나였다. 마태가 첨가한 "둘째는 그와 같다"는 진술은 두 계명을 동일한 수준에 올려놓고 있으며, 예수께서 25장 40절에서 "내가 진정으로 너희에게 말한다. 너희가 여기 내 형제 중에 지극히 보잘것없는 사람 하나에게 한 것이 곧 내게 한 것이다"라고 말씀하신 것을 위한 길을 예비하고 있다.[2)]

마태는 그의 복음서에서 "이웃 사랑하기를 네 몸과 같이 하라"는 레위기 19장 18절을 세 번이나 인용한다(마 5:43, 19:19, 22:39). 첫 번째 인용에서는 이웃의 의미를 보편적으로 확대하여 원수까지 포함하며, 두 번째 인용에서는 레위기 19장 18절의 위치가 십계명의 도덕적 요구의 근본적인 요약으로 나타나고 있다. 그리고 세 번째 인용에서는 이웃 사랑을 하나님 사랑과 밀접히 연관시키고 있다. 이렇게 함으로써 종교와 윤리를 밀접히 결합시키고 있다.

둘째로 마태가 첨가한 중요한 구절은 22장 40절이다. "이 두 계명이 온 율법과 선지자의 강령이니라." 이 문구는 분명히 마가복음 12장 31절에서 "이에 더 큰 계명이 없느니라"고 말한 예수의 말씀에 덧붙여진 것이다. "마태의 본문은 사랑의 계명이 단지 가장 큰 계명일 뿐만 아니라 그것에 비추어 다른 모든 계명들을 해석해야 하는 그런 계명이다. 그리고 이 문구는 마지막 심판에서 유일하게 고려될 계명이 바로 사랑의 계명이 되고 있는 마태복음 25장 31-46절의 마지막 심판 장면을 위한 길을 예비하고 있다."[3)]

마태가 이처럼 이웃 사랑을 하나님 사랑과 동등하게 보는 관점은 산상 설교에서 "제단에 제물을 드리려 할 때 형제에게 어떤 원한을 품은 것이 생각나거든 너는 그 제물을 제단 앞에 두고 나가서 먼저 형제와 화해하라. 그리고 와서 제물을 드리라(마 5:23-24)"고 말하는 데서도 드

---

2) Peter F. Ellis, Matthew: his Mind and his Message, p. 76.
3) Peter F. Ellis, Matthew: his Mind and his Message, p. 76.

러난다. 이웃 형제와의 화해가 하나님과의 화해와 동등하며, 오히려 그것보다도 더 우선 한다고 여기는 것이다. 더불어 마태가 그의 복음서에서 "내가 긍휼을 원하고 제사를 원치 아니하노라(호 6:6)"는 호세아 말씀을 두 번씩이나 인용하여 강조하는 점을 보아 마태가 얼마나 이웃 사랑을 중요시하는지 잘 알 수 있다.

다른 한편으로 이 본문은 산상 설교를 상기시켜주고 있다. 특히 본문이 "율법과 선지자의 강령"에 관심을 갖기 때문에 산상 설교와 유사성이 더욱 도드라져 보인다. 본문에서 예수께서는 율법에 관한 그의 교훈에 대해 질문을 받고, 하나님과의 관계에서 요구되는 것이 무엇인지, 이웃과의 관계에서 요구되는 것이 무엇인지 분명히 밝히고 있다. 산상 설교에서도 먼저 율법에 대해 가르치고 있으며(마 5:17-48), 종교적인 주제들에 관해 말씀하신 후(마 6:1-18), 제자직의 윤리적인 면에 대해 가르치신다(마 6:19-7:12). 즉 두 이야기가 똑같이 세 가지 주제, 곧 "율법", "하나님께 해야 할 일(what is owed God)"과 "이웃에게 해야 할 일(how to behave towards one's neighbour)"를 다루고 있다.

더구나 교훈 자체가 두 경우 모두 비슷하다. ① 예수의 말씀이 율법과 선지자를 완성한다(마 5:17-48, 7:12, 22:40). ② 종교적인 의무는 사람들의 칭찬을 위해 행해져야 할 것이 아니라 하나님 아버지와의 친밀한 관계로부터, 하나님에 대한 사랑과 그에 대한 헌신의 마음에서 나와야 한다(마 6:1-18, 22:37). ③ 이웃은 자기 자신을 사랑하듯이 사랑하고 대해야 한다(마 7:12, 22:39). 결국 산상 설교나 이 본문 모두 비슷한 방법으로 율법과 선지자를 요약하고 있는 셈이다.[4]

---

4) Davies and Allison, Matthew III., p. 247.

예수께서 가르치신 사랑의 "새 계명"
(요 13:34, 15:12,17)

공관복음서 모두에는 예수께서 가르치신 "사랑의 계명"이 "두 큰 계명(the great commandment, 막 12:29-31, 마 22:37-39, 눅 10:27)"의 형태로 나온다.[1] 그 내용은 "첫째는 이것이니(…)네 마음을 다하고 목숨을 다하고 뜻을 다하여 주 너희 하나님을 사랑하라 하신 것이요, 둘째는 이것이니 네 이웃을 네 몸과 같이 사랑하라[2] 하신 것"이다. 그리고 두 큰 계명, 곧 하나님 사랑과 이웃 사랑에 이어서 "원수 사랑"까지 강조하고 있다. 예를 들어 마태는 "네 이웃을 사랑하고 네 원수를 미워하라 하였다는 것을 너희가 들었으나 나는 너희에게 이르노니 너희 원수를 사랑하라(마 5:43-44)"고 가르친다.

그런데 이상하게도 요한복음에는 예수께서 가르치신 "사랑의 두 큰 계명"에 대한 언급이 전혀 없다.

---

1) 누가복음의 경우는 마가나 마태와는 달리 "두 큰 사랑의 계명"의 형태로 주어진 것은 아니다. 또한 예수께서 직접 주신 교훈의 형태가 아니며, 〈선한 사마리아인의 비유〉를 위한 서론으로 "영생을 얻는 조건"에 대한 예수의 질문에 대한 율법학자의 대답 형태로 제시되고 있는 점이 다르다.
2) 예수의 둘째 계명은 모세 오경 중 레위기 19:18의 직접적인 인용 형태로 제시되고 있고, 예수의 첫 번째 계명은 십계명의 첫 번째 계명을 반영하고 있다.

① 요한복음에는 "네 마음을 다하고 목숨을 다하고 뜻을 다하여 주 너희 하나님을 사랑하라"는 하나님 사랑에 대한 계명이 없다.

② 요한복음에는 "네 이웃을 네 몸과 같이 사랑하라"는 이웃 사랑에 대한 계명이 없다.

③ 요한복음에는 "네 원수까지라도 사랑하라"는 원수 사랑에 대한 계명이 없다.

그렇다면 요한복음은 "사랑"에 대해 별로 관심이 없는 복음서일까? 결코 그렇지 않다. 어떤 면에서는 신약성경 27권 중 가장 사랑을 강조하는 책이기도 하다.

첫째로 공관복음서들과 비교할 때, "사랑"이란 단어[3]의 사용 빈도가 요한복음이 가장 높다. 사랑을 뜻하는 헬라어 "agape"는 명사와 동사를 모두 합쳐 공관복음에서 총 29번(마태=9번, 마가=6번, 누가=14번) 사용되었는데, 요한복음에서는 44번, 그리고 요한일서에서만 46번 사용되었다. 사랑을 의미하는 또 다른 헬라어 "philia"의 경우 공관복음에서는 총 8번(마태=5번, 마가=1번, 누가=2번) 사용되었는데, 요한복음에서는 13번 사용되었다. 정리하자면 "사랑"이라고 번역된 단어의 명사와

---

3) 우리나라 말에는 "사랑"이란 단어 하나가 비슷한 감정 여러 가지를 뜻한다. 가령 하나님 사랑이라고 할 때도, 어버이 사랑, 애인 사랑, 심지어 강아지 사랑이나 아이스크림 사랑이라고 할 때도 모두 같은 단어를 쓴다. 그러나 헬라어에는 "사랑"을 뜻하는 단어가 모두 4개, "agape", "philia", "storge", "eros"가 있다. 신약성경에서는 그 중에서 "agape"와 "philia"만 사용된다. 우리말로 모두 "사랑"으로 번역되지만, 헬라어에서는 의미의 차이가 있다. 가령 "eros"란 영어의 "erotic"이란 말로도 잘 알려진 바와 같이 남자와 여자, 곧 이성간의 사랑, 수컷과 암컷 간의 육체적인 시랑을 의미한다. "storge"는 "eros"보다는 단계가 조금 높은 부모와 자식 간의 혈연적인 혹은 본능적인 사랑을 뜻한다. "philia"란 좀 더 높은 가치에 대한 사랑을 가리킨다. 좋은 실례가 바로 "philosophia"이다. 철학을 영어로 "philosophy"라고 하는데, 이는 헬라어 "philia"와 지혜를 뜻하는 헬라어 "sophia"의 합성어이다. 철학 "philosophia"는 "지혜에 대한 사랑"을 의미한다. 지혜, 음악, 학문 등 보다 높은 가치에 대한 사랑을 말할 때 "philia"란 단어를 사용한다. "agape"는 하나님의 사랑, 가장 거룩하고 숭고한 신적인 사랑을 뜻한다. 신약성경에서는 "eros"나 "storge"는 한 번도 사용되지 않았는데 성경을 기록한 저자들이 보기에는 그것들은 진정한 의미의 사랑이 아니라고 생각했기 때문일 것이다.

동사가 공관복음에서는 총 37번(마태=14번, 마가=7번, 누가=16번), 요한복음에서는 57번, 요한일서에서는 46번 사용되었다. 이것만 보더라도 요한복음이 "사랑"을 얼마나 자주 언급하는지, 그리고 "사랑"을 얼마나 중요시하는지 잘 알 수 있다.

둘째로 신약성서 저자들 중 오직 요한만이 하나님을 사랑으로 정의 내리고 있다.

> 사랑하지 아니하는 자는 하나님을 알지 못하나니 이는 하나님은 사랑이심이라 (요일 4:8)

> 하나님이 우리를 사랑하시는 사랑을 우리가 알고 믿었노니 하나님은 사랑이시라 (요일 4:16)

셋째로 요한복음만이 사랑을 예수의 제자 된 가장 중요한 특징으로 규정한다.

> 너희가 서로 사랑하면 모든 사람이(…)내 제자인 줄 알리라 (요 13:35)

이런 특징들 때문에 요한복음은 "사랑의 복음"이라고 불리며, 요한복음을 기록한 저자를 "사랑의 사도"라고 부른다. 그런데 왜 이토록 사랑을 중요하게 생각하는 요한복음은 공관복음에서 강조하는 예수의 "사랑의 두 큰 계명"을 언급하지 않는 것일까? 하나님 사랑, 이웃 사랑, 그리고 원수 사랑에 대해 아무런 언급도 하지 않는 이유는 도대체 무엇일까? 예수의 두 큰 계명에 대한 가르침이나 그것에 관한 전승을 듣지 못하고 알지 못해서일까? 아니면 요한복음을 기록한 요한 공동체 안에서는 하나님 사랑, 이웃 사랑, 원수 사랑에 대한 가르침이 필요하지 않았던 것일까?

이런 의문에 앞서 우리는 요한복음이 공관복음과는 아주 다른 형태의 "사랑의 계명"을 소개한다는 것을 알아야 한다. 요한복음은 사랑의 계명을 "두 큰 계명"의 형태가 아닌 "새 계명(the New Commandment)"을 통해서 가르친다. 그리고 형태 뿐 아니라 계명의 내용도 아주 다르다. 요한복음은 사랑의 계명으로 공관복음처럼 하나님 사랑, 이웃 사랑, 원수 사랑이 아니라, "서로 사랑" 혹은 "형제 사랑"을 강조한다.

> 이제 내가 새 계명을 너희에게 준다. 서로 사랑하라. 내가 너희를 사랑한 것 같이 너희도 서로 사랑하라 (요 13:34)

> 내 계명은 이것이다. 내가 너희를 사랑한 것 같이 너희도 서로 사랑하라(…)내가 이러한 것을 너희에게 명하는 것은 너희로 서로 사랑하게 하려는 것이라 (요 15:12,17)

> 사랑하는 이들이여, 서로 사랑합시다(…)하나님께서 이렇게까지 우리를 사랑하셨으니 우리도 서로 사랑해야 합니다(…)우리가 서로 사랑하는 것은 하나님께서 먼저 우리를 사랑하셨기 때문입니다…하나님을 사랑하는 사람은 자기 형제도 사랑해야 합니다 (요일 4:7,11,19,21)

> 이것은 내가 새 계명으로 쓰는 것이 아니라 처음부터 우리가 가지고 있는 계명인데, 우리가 서로 사랑하자는 것입니다 (요이 1:5)

요한복음에는 "하나님이 세상을 사랑한 것처럼" 세상을 사랑하라는 말씀도 없다. 도리어 "누구든지 세상을 사랑하면 그 안에 아버지의 사랑이 없다(요일 2:15)"고 말하기까지 하다. 그리고 요한복음에서 가장 큰 사랑으로 제시되고 있는 것도 "친구 사랑"이다.

> 사람이 친구를 위해서 자기 목숨을 버리면 이보다 더 큰 사랑이 없나니(…) (요 15:13)

이처럼 요한복음이 강조하는 사랑의 대상은 하나님, 세상, 이웃, 원수가 아니라 형제나 친구 등 가까운 사람들에 국한된 아주 좁은 의미의 "서로 사랑"이다.

요한복음을 연구하는 많은 학자들은 요한복음의 사랑의 개념에 문제가 있다고 지적해왔다. 첫째로 사랑의 범위나 대상을 형제나 친구로 축소시켜 사랑의 폭이 아주 좁다(narrow)는 점이다. 둘째로 하나님 사랑, 이웃 사랑, 원수 사랑에 비해 요한복음이 요구하는 사랑의 질과 수준이 아주 낮다(inferior)는 점이다. 그래서 몇몇 연구가들은 요한의 사랑 개념이 다른 복음서나 다른 신약성서들에 비해 열등(distinctively inferior)할 뿐만 아니라 저급하다고 말한다.

요한복음에 나오는 사랑의 개념이 이처럼 편협하고 열등해 보이는 이유는 무엇일까? 요한복음은 왜 이런 사랑의 계명을 강조하고 있는 것일까? 이 대답은 요한 공동체가 처해 있던 특수한 역사적 상황 속에서 찾아야 할 것이다.

요한의 공동체는 열두 사도가 주도하는 초대 기독교의 주류에 속하지 않은, 일종의 종파적 성격의 비주류 공동체였다. 그렇기 때문에 배타적인 종파적 의식으로 인해 이웃, 세상, 원수에 대한 사랑보다는 자신의 공동체에 속한 형제들 "상호간의 사랑"을 요구하며 강조할 수밖에 없었다. 공동체 구성원들끼리의 더욱 굳건한 결속을 추구하려고 했던 것이다. 실제로 이런 점은 모든 종파적 공동체의 주요 특징이기도 했다.

그러나 초대교회가 많은 문서들 가운데서 요한복음을 정경으로 선택했을 때에는, 종파적 특징을 넘어서는 다른 중요한 의미를 발견했을 것이다. 즉 복음서 당시 저자들의 눈에는 약간 열등해보이고 저급해 보이는 사랑의 개념이었지만, 그것이 모든 시대 모든 기독교인들에게 주는 신앙적 교훈이 될 수 있었기 때문이다. 분명히 요한복음은 공관복음이나 다른 신약성경이 가르치는 사랑의 개념을 보완해주는 중요한 역할을 하고 있다.

우선 공관복음이나 다른 신약성경들이 대체로 대외적인 사랑을 가르친다면, 요한복음은 대내적인 사랑을 강조하고 있다.[4] 예를 들어 교회가 성경을 토대로 하나님 사랑을 강조하고 있지만, 하나님은 구체적으로 우리 눈에 보이지 않는다. 따라서 하나님을 사랑하라는 말은 상당이 관념적일 수밖에 없다. 구체적으로 어떤 것이 하나님을 사랑하는 것인지 분명하지 않다는 말이다. 그래서 요한일서 4장은 "눈에 보이지 않는 하나님을 사랑하는 구체적인 방법은 눈에 보이는 형제를 사랑하는 것이라"고 가르치고 있다.

이것은 이웃 사랑의 경우도 마찬가지이다. 사랑의 대상으로 이웃이란 말자체가 애매할 수 있기 때문이다. 우리가 사랑해야할 이웃이 구체적으로 누구란 말인가? 누가복음 10장에 보면, 한 율법학자가 예수께 나아와 "내가 무엇을 해야 영생을 얻겠습니까?"라고 물었을 때 예수님은 너희 율법에서는 어떻게 가르치고 있느냐고 물었다. 그때 율법학자는 "네 마음을 다하며 목숨을 다하며, 힘을 다하고 뜻을 다하여 주 너희 하나님을 사랑하고 또 네 이웃을 네 몸과 같이 사랑하라"고 하였다고 대답했다. 예수께서는 네 대답이 옳으니 그대로 행하면 네가 영생을 얻을 것이라고 말해주었다. 그 말을 들은 율법학자는 곧바로 예수께 "그러면 내 이웃이 누구입니까?"라고 물었다. 율법학자도 이웃이 누구인지 자명하지 않았다는 말이나. 우리도 이웃이 구체적으로 누구를, 무엇을 의미하

---

[4] 이 점은 공관복음에서 〈사랑의 계명〉이 모두 적대자들과의 논쟁 가운데서 "율법학자"들을 상대로 말씀하신 것인데 비해서, 요한복음에서 〈사랑의 계명〉은 예수가 잡히시기 전날 밤에 제자들과 마지막 만찬을 나누면서 제자들과의 "고별 설교"의 형태 가운데서 "제자들"을 상대로 말씀하신 것이라는 차이에서도 엿볼 수 있다.

는지는 애매하게 알 뿐이다. 원수 역시 상당히 관념적인 개념이라서 구체적으로 누구를 가리키는 것인지 분명치 않다.

이처럼 구체적인 대상이 눈에 보이지 않는 애매한 상태에서는 하나님을, 이웃을, 원수를 사랑한다고 쉽게 말할 수 있다. 그래서 기독교인들이 열심히 사랑을 노래하지만 실제로 구체적인 삶 속에서는 눈에 보이는 형제조차 진심으로 사랑하지 못하고 있는 것이 사실이다.

우리가 사랑하지 못하는 대상, 아니 실제로 사랑하기 어려운 대상은 눈에 보이지 않는 하나님, 이웃, 원수가 아니라 일상에서 자주 만나는 구체적인 사람들이다. 그 사람이 교회의 목사나 장로나 집사일 수도 있고, 직장의 상사나 동료 경쟁자일 수 있고, 때로는 배우자나 자식일 수도 있다.

요한복음은 눈에 보이지 않는 대상을 향한 관념적인 사랑보다는 공동체 안에서 함께 살며 부닥치는 구체적인 형제나 친구들에 대한 사랑을 요구한다. 이렇게 이해한다면 요한복음은 우리에게 보다 구체적인 상황에서, 보다 구체적인 대상을 향한, 보다 구체적인 사랑을 요구하는 것이며, 우리에게는 보다 실제적이고 현실적인 사랑의 계명이 아닐 수 없다. 우리는 하나님 사랑, 이웃 사랑, 원수 사랑을 말하기 전에 먼저 더불어 지내는 가까운 형제를 사랑하는 일부터 시작해야 하지 않겠는가? 바로 이것이 공관복음의 사랑의 "두 큰 계명"에 이어서 요한복음의 사랑 "새 계명"이 우리에게 필요한 이유이다.

포도원 일꾼 비유

(마 20:1-16)

마태복음 20장에는 다음과 같은 예수의 천국 비유가 소개되고 있다.

하늘나라는 자기 포도원에서 일할 일꾼을 고용하려고 이른 아침에 집을 나선 포도원 주인과 같다. 주인은 하루 품삯을 한 데나리온으로 합의하고 일꾼들을 자기 포도원으로 보냈다. 주인이 아홉 시쯤에 나가보니 사람들이 장터에 빈둥거리며 서 있었다. 그래서 그들에게 "여러분도 포도원에 가서 일을 하시오. 적당한 품삯을 주겠소."라고 말하였다. 그들은 일을 하러 포도원으로 떠났다. 주인은 다시 열두 시와 오후 세 시쯤에 나가서도 그렇게 하였다. 오후 다섯 시쯤에 주인이 또 나가보니 아직도 빈둥거리고 있는 사람들이 있어서 그들에게 "왜 당신들은 온종일 이렇게 하는 일 없이 빈둥거리고 있소?" 하고 물었다. 그들이 주인에게 대답하기를 "아무도 우리에게 일을 시켜주지 않아서 이러고 있습니다." 하였다. 그래서 주인은 "당신들도 포도원에 가서 일을 하시오"라고 말하였다. 저녁이 되어 포도원 주인이 자기 관리인에게 말했다. "일꾼들을 불러 맨 나중에 온 사람들부터 시작하여 맨 먼저 온 사람들에게까지, 품삯을 치르시오." 오후 다섯 시쯤부터 일을 한 일꾼들이 한 데나리온을 받았다. 맨 처음에 와서 일을 한 사람들은 은근히 그들보다 좀 더 받으려니 생각하였는데, 그들도 한 데나리온을 받았다. 그들은 받고 나서 주인에게 투덜거렸다, "마지막에 온 이 사람들은 한 시간밖에 일하지 않았는데도 찌는 더위 속에서 온종일 수고한 우리들과 똑같이 대우하였습니다." 그러자 주인이 그들 가운데 한 사람에게 말하기를 "이보시오. 나는 당신을 부당하게 대한 것이 아니오. 당신은 나와 한 데나리온으로 합의하지 않았소? 당신의 품삯이나 받아 가지고 돌아가시오. 당신에게 주는 것과 꼭 같이 마지막 사람에게 주는 것이 내 뜻이오. 내 것을 가지고 내 뜻대로 할 수 없다는 말이오? 내가 후하기 때문에 그것이 당신 눈에 거슬리오?" 하였다 (마 20:1-15)

예수의 이 비유에서 가장 중요한 이슈는 포도원 주인이 새벽부터 하루 종일 땀 흘려 일한 일꾼들이나, 저녁 늦게 나와 기껏해야 한 시간 정도 일한 일꾼들에게 똑같이 하루 품삯인 한 데나리온을 지불했다는 점이다. 그 때문에 일꾼들 사이에서 공평성을 두고 불평과 논란이 일어났다. 예수께서는 이 비유로 무엇을 가르치시려고 했을까?

당시 유대교 랍비들이 가르치던 비유 중에서도 예수의 것과 아주 비슷한 내용이 있었다. 우리는 예수께서 주시려던 교훈을 분명히 알아보기 위해서, 먼저 랍비들의 의도는 무엇이었는지 알아볼 필요가 있다.

첫째로 예루살렘 탈무드에는 랍비의 비유(the parable of Industrious Laborer)가 있다. "랍비 번 바르 하야(Rabbi Bun bar chaya)를 누구에게 비교할까? 그는 포도원을 위해 수많은 일꾼들을 고용한 왕과 같다. 그런데 그 일꾼들 중 하나가 다른 일꾼들보다 능률이 훨씬 뛰어났다. 왕이 어떻게 했을까? 그는 그의 손을 붙잡아 이끌고 그와 더불어 들판을 이리저리로 산책하였다. 저녁 때에 일꾼들이 그들의 품삯을 받기 위해 모였을 때, 이 일꾼도 그들과 함께 나아왔다. 왕은 그에게 온전한 하루 품삯을 주었다. 그러자 다른 일꾼들이 수군거리며 우리는 하루 종일 일했으나 이 사람은 오직 두 시간 밖에는 일하지 않았는데, 왕께서는 그에게 우리와 똑같이 하루 품삯 전부를 주었다고 말했다. 왕이 그들에게 말했다. '왜 너희가 수군거리느냐? 이 사람은 두 시간 동안 너희가 하루 종일 일했던 것보다 더 많은 일을 했다.'"[1]

---

1) Brad H. Young, The Parables: Jewish Tradition and Christian Interpretation (Massachusetts: Hendrickson Publishers, 1998), p. 76.

랍비의 비유에서도 두 시간 밖에 일하지 않은 일꾼과 하루 종일 일한 일꾼들에게 똑같이 하루 품삯을 준 것 때문에, 하루 종일 일한 일꾼들이 왕(고용인)에게 공평성을 두고 문제를 제기한다. 이 점은 예수의 비유와 아주 비슷하다. 그러나 랍비의 비유에서는 왕이 불평하는 다른 일꾼들에게 "이 사람은 두 시간 동안 너희가 하루 종일 일했던 것보다 더 많은 일을 했다"고 말한다. 왕이 보기에 그는 하루 품삯 전부를 받을만한 충분한 자격이 있었다. 바로 이 점에서 랍비의 비유는 예수의 비유와 중요한 차이를 보인다. 랍비의 비유에서는 두 시간 일한 일꾼이 다른 일꾼들보다 능률적으로 일을 했고, 따라서 자기가 받아야할 품삯을 충분히 받은 것이다. 사실 이 비유는 랍비 제라(Rabbi Zera)가 자기의 친구인 저명한 율법 학자였던 랍비 번 바르 하야(Rabbi Bun bar Chaya)가 젊은 나이에 죽자, 장례 연설에서 말한 것이다. 비록 랍비 번 바르 하야가 28년 밖에 안 되는 짧은 인생을 살았지만, 수많은 백발노인 학자들보다 더 많은 일을 해놓았다고, 그의 공로와 업적을 높이 치하하기 위한 것이었다.

요아킴 예레미야스(Joachim Jeremias)는 랍비의 비유에서 두 시간 일한 일꾼은 능률이 좋았기에 자기가 받아야 할 품삯을 충분히 받은 것이지만, 예수의 비유에서 맨 마지막에 고용된 일꾼은 하루 품삯 전부를 다 받을 자격과 이유가 전혀 없는데 오로지 고용주의 자비 때문에 받은 것이었음을 지적한다. 이 점이 바로 랍비의 비유와 예수 비유 사이의 엄청난 차이이며, 이것이 곧 두 세계 간의 차이, 즉 공로의 세계와 은총의 세계, 율법과 복음의 차이라는 것이다.[2]

둘째로 유대교 랍비의 "왕과 그의 게으른 일꾼들(the King and the Lazy workers)" 비유가 있다. 이는 앞선 랍비의 비유처럼 공로와 업적

---

[2] J. Jeremias, The Parables of Jesus(London: SCM Press, 1963), p. 139.

사상을 드러내지는 않는다. "솔로몬이 거룩하신 하나님에 대해 말했다. 우주의 주인이신 그 분은 복이 있도다! 왕이 선한 일꾼들을 고용하여 일을 시키고 그들에게 임금을 지불할 때, 그는 언제 그리고 어떤 칭찬을 받을 만한가? 그가 게으른 일꾼들을 고용했지만 그러나 그럼에도 그들에게 온전한 임금을 지불할 때이다!(시 26:3에 대한 미드라쉬)"[3]

이 비유에서는 하나님을 선한 일꾼들이나 게으른 일꾼들에게 모두 똑같이 온전한 임금을 지불하시는 자비로운 왕으로 표현한다. 하나님께서 사람을 대하실 때 그 사람이 한 일 만을 가지고 대하시지는 않는다. 하나님의 은혜는 인간의 공로와는 관계가 없다(God's grace is unmerited). 하나님은 게으른 일꾼들에게도 선한 일꾼들과 마찬가지로, 그들의 공로와 업적에 상관없이 온전한 임금을 똑같이 지불해주는 왕처럼 그렇게 은혜로운 분이다.

셋째로 "랍비 시므온 벤 엘르아잘(Rabbi Simeon ben Eleazar)"의 비유가 있다. "이 일을 무엇에 비유할까? 왕이 두 명의 일꾼을 고용했다. 첫 번째 사람은 하루 종일 일했고 한 데나리온을 받았다. 두 번째 사람은 오직 한 시간만 일했으나 그도 역시 한 데나리온을 받았다. 누가 더 사랑을 받았는가? 오직 한 시간만 일했지만 한 데나리온을 받은 사람은 아니다. 마찬가지로 우리의 스승인 모세는 120년 동안 이스라엘을 섬겼고, 사무엘은 오직 52년 동안 섬겼다. 그럼에도 두 사람 모두 전능하신 하나님 앞에서는 똑같다(Semachot de Rabbi Chiyah 3:2)."[4]

유대교 전통에 따르면 사무엘 선지자는 52년 동안 이스라엘 백성들을 섬겼다. 반면에 모세는 하나님의 포도원에서 사무엘의 두 배가 넘는

---

3) Brad H. Young, The Parables: Jewish Tradition and Christian Interpretation, p. 80.
4) Brad H. Young, Jesus the Jewish Theologian(Grand Rapids: Baker Academic, 1995), p. 134.

120년 동안이나 일했다. 그럼에도 랍비들에 따르면 하나님의 은혜는 사무엘과 모세에게 똑같이 같은 분량으로 주어졌다. 하나님은 일한 시간과 업적에 상관없이 모든 일꾼들에게 똑같은 은혜를 베푸시는 분이다.

예수의 비유에서도 마찬가지다. 포도원 주인은 새벽부터 나와 하루 종일 일한 일꾼이나 기껏해야 한 시간 정도 일한 일꾼이나 똑같이 하루 품삯 전부를 지불하였다. 한 시간 밖에 일하지 못한 일꾼에게도 그와 그의 가족이 하루를 먹고 살 수 있게 해주려고 은혜와 자비를 베푼 고용주처럼 하나님은 은혜로운 분이시다. 이것이 예수께서 전하려던 메시지이다. 많은 랍비들의 메시지처럼 하나님의 자비하시고 사랑이 많은 분이라는 것이다. 하나님은 결코 우리가 하는 일의 분량과 결과에 따라 우리를 대하시는 분이 아니라는 교훈이다.

물론 이 비유에서 일꾼들이 제기한 것처럼 하루 종일 일한 일꾼들과 한 시간 밖에 일하지 못한 일꾼들에게 똑같은 품삯을 지불했다는 사실 때문에 공평성과 자비, 정의와 사랑에 대한 논란이 일 수 있다. 하루 종일 일한 노동자, 6시간 일한 노동자, 마지막에 채용되어 한 시간 밖에 일하지 못한 노동자 모두에게 똑같이 하루 품삯인 한 데나리온씩 주는 것은 공평하지 않고, 옳지도 않다고 생각하는 사람들이 있을 수 있다.

이렇게 생각하는 사람들의 입장에서 보면, 하루 종일 일한 노동자들의 항의와 불만은 정당한 것이다. 그들은 이중으로 부당한 대우를 받고 있다고 생각할 수도 있기 때문이다. 첫째로 노동 시간의 차이가 전혀 고려되지 않은 임금 지불이었다. 둘째로 노동 여건의 차이가 전혀 고려되지 않은 임금 지불이었다. 자기들은 하루 종일 찌는 햇볕 아래서 열악한 노동 조건 속에서 땀 흘리며 일했는데, 마지막 일꾼은 저녁 선선한 시간에 좀 더 쾌적한 노동 조건 속에서 일했다.

따라서 아침부터 하루 종일 일했던 일꾼들은 자기들이 일한 시간의 분량이나 그 수고와 고생을 볼 때 마지막에 온 일꾼보다는 더 많은 품삯을 받을 충분한 이유와 자격이 있다고 생각했을 것이다. 임금이 노동의 대가라고 생각할 때, 포도원 주인이 노동의 분량은 물론 노동의 여건에 상관없이 임금을 지불하는 것은 부당했다. 이점에서 그들은 자신들의 불평과 항의가 정당하다고 믿었을 것이다. 만약 당시 노동법이 있어 그것에 근거하여 고용주인 포도원 주인을 고소할 경우, 분명히 승소할 수 있을 것이라고 믿었을는지 모른다.

그러나 그들은 한 가지 중요한 점을 놓치고 있다. 자기들이 고용주와 맺었던 임금 계약을 잊은 것이다. 그 계약에는 "하루에 한 데나리온"이라고 명시되어 있었다(마 20:2). 바로 이점 때문에 그들의 항의는 끝내 정당화될 수 없고, 그들이 포도원 주인을 고소했더라도 분명히 승소하지 못했을 것이다. 주인은 노동자들과의 고용 계약을 어기지 않았으며, 그들에게 아무런 잘못을 범한 것이 없었다. 본문에서도 이점을 분명하게 밝힌다.

고용주는 불평하는 자들을 향해서 "이보시오, 나는 당신을 부당하게 대한 것이 아니오. 당신은 나와 한 데나리온으로 합의하지 않았소?(…) 내가 후하기 때문에 그것이 당신 눈에 거슬리오?(마 20:13-15)"고 말하고 있다.

사실 이 비유에서 일어난 문제는 주인의 잘못 때문이 아니라 오히려 그가 잘한 일(후한 일), 즉 주인이 마지막에 온 일꾼에게 특별히 자비를 베푼 것 때문에 문제가 생겨난다. 맨 마지막에 고용된 일꾼은 사실상 하루 종일 일한 사람들이 받기로 계약되어 있던 품삯인 한 데나리온을 받을 아무런 자격과 이유가 없었다. 그러나 그가 하루 품삯에 해당하는 한 데나리온을 받을 수 있었던 것은 오직 고용주의 선하심, 곧 고용주가 그를 불쌍히 여겨 그에게 사랑과 은혜를 베풀었기 때문이었다. 포도원 주인은 한 시간 밖에 일하지 못한 일꾼에게도 그와 그의 가족이 하루를 먹고 살 수 있게 해주려고 특별한 배려를 베푼 것뿐이었다. 하나님은 이 비유에서 한 시간밖에 일하지 못한 일꾼들에게도 하루 종일 일한 일꾼들과 똑같이 하루 품삯 전부를 지불해준 고용주와 같이 은혜로운 분이다. 예수가 전한 하나님은 이런 하나님이다.

이 비유는 본래 자신들의 경건한 종교적 노력과 헌신에도 불구하고 예수께서 자신들은 완전히 무시한 채 세리와 창녀들과 같은 아무런 자격이 없는 사람들을 용납하며 그들에게 과분한 은혜와 사랑을 베푸는 것에 대해서, 더구나 "세리와 창녀들이 바리새인들보다 먼저 하나님 나라에 들어갈 것이라"고 하신 예수의 말씀에 대해 불평하며 분개하던 그 당시의 경건한 종교 지도자들을 향한 말씀이었다.

세리와 죄인들에게 하나님 나라의 기회가 제공되고 또 그들에게 특별한 용서와 사랑의 은혜가 베풀어지는 것은 그들이 한 일 때문이 아니라 오로지 하나님의 은혜와 자비 때문이었다. 그렇다면 이 비유의 본래 의도는 엄격한 정의나 공로와 관계없이 베풀어지는 하나님의 자비와 사랑의 선포인 것이다. 모든 사람에게 넘치는 하나님의 과분한 은혜를 강조하는 것이다. 그리고 바로 이런 맥락에서 예수 비유의 본래 초점은 포도원 일꾼들이 아니라 포도원 주인에게 있다.

예수께서 선포하시는, 그리고 우리들이 믿고 있는 하나님은 태어날 때부터 열심히 신앙생활을 하는 바리새인들에게만 구원을 주시는 하나님이 아니라, 구원받을 가치가 없다고 생각되던 세리와 죄인들에게도 하나님 나라에 들어갈 수 있는 길을 열어주시며 구원을 베풀어 주시는 분이다. 그것은 결코 세리와 죄인들에게 그런 공로와 자격이 있어서가 아니다. 오직 하나님의 자비와 은혜 때문이다. 마지막 날 심판 때에도 하나님은 그런 식으로 심판하실 것이다. 예수께선 하나님이 그런 분이기 때문에 나도 그렇게 행동한다고 말씀하신다. 그런고로 예수께 있어서 이 비유는 인간의 공로와 자격에 관계없이 주어지는 예수의 사랑에 대한 변증이요 옹호이다.

예수의 비유가 이런 진리를 가르치는 것이라면, 우리는 이 비유를 "포도원 일꾼 비유"나 "포도원 품꾼 비유"로 부를 것이 아니라 "자비로운 고용주의 비유"라고 불러야 될 것이다. 이 비유의 목적이 포도원 일꾼들에 대해 이야기하려는데 있는 것이 아니라 그런 일꾼들에게 사랑과 자비를 베푸는, 그래서 고용의 기회와 함께 기대하지 않았던 풍성한 품삯을 주는 고용주에 대해 이야기하려는데 있기 때문이다.

31. 열매 없는 무화과나무를 저주한 예수
(막 11:12-26)

예수께서 무화과나무를 저주하여 말려 죽인 이야기는 몇 가지 점에서 아주 이해하기 어렵다. 첫째로 예수의 이적 대부분은 사람들을 질병이나 죽음의 지배로부터 구원해주는 건설적이고 생산적인 것들인데 오직 이 이적만 유일하게 비생산적이고 파괴적이다. 멀쩡한 무화과나무를 저주하여 말려 죽이기 때문이다. 둘째로 다른 이적들은 모두 타인을 위한 것인데, 이 이적은 예수 자신을 위해 행한 유일한 것이다. 예수께서 십자가에 달려계실 때 지나가는 행인이 "십자가에서 내려오라. 다른 사람은 구원하면서 네 자신은 구하지 못하느냐"고 말해도 예수께서는 자기의 생명을 구하기 위해 어떤 이적적인 능력을 행하지 않았다. 그런 예수께서 자신의 시장기를 만족시키지 못했다는 아주 개인적인 이유로 살아있는 나무를 저주하여 죽게 만들었다는 것은 정말이지 이해하기 힘들다. 셋째로 본문의 기록에 의하면 예수께서 무화과나무를 저주한 때는 무화과 철이 아니었다. 아무리 예수께서 시장하셨기로 열매 맺을 철도 아닌 때에 열매를 구한 것도 이상하거니와 열매를 맺지 않았다고 그 나무를 저주하여 말려 죽인 것은 더더욱 이상한 일이다. 따지고 보면 문제는 무화과나무에 있었던 것이 아니라 오히려 철도 아닌 때에 열매를 찾았던 예수, 더구나 그 무화과나무를 저주하여 말라 죽게 한 예수에게 있었던 것이 아닌가? 도대체 이런 이상한 이적 이야기를 전하고 있는 복음서 저자의 의도는 무엇일까?

마가복음 저자의 의도를 알아보기 위해서는 다른 복음서 저자와의 차이를 살펴볼 필요가 있다. 먼저 누가복음에서 무화과나무 이야기는 비유의 형태로 소개되고 있다. 누가복음 13장 6-9절에는 열매를 맺지 못하는 무화과나무 비유가 나온다. 무화과나무가 삼 년 동안 아무런 열매를 맺지 못하자 주인이 포도원지기에게 그 나무를 찍어버리라고 명했다. 그때 포도원지기는 주인에게 한 해만 더 기다려보고 그래도 열매를 맺지 못하면 그 때 찍어버리자고 간청한다. 이 비유에서도 열매 없는 무화과나무를 저주하면서 찍어버리려고 하는 것이 요점이다.

마가복음과 누가복음에서 무화과나무 이야기가 소개된 형태는 다르지만, 두 본문에서 쓰인 용어들은 매우 유사하다. 가령 "무화과나무(a fig tree)", "열매(fruit)", "그가 와서(he came)", 그리고 "하나도 찾지 못했다(he found nothing)"란 문구가 두 본문에서 똑같이 나타난다. 그래서 두 본문은 본래 같은 이야기였으며, 열매를 맺지 못해 저주받아 죽은 무화과나무의 이적 이야기는 열매 맺지 못하는 무화과나무의 비유를 역사적인 실제의 사건으로 전환 혹은 변형시켜 소개한 것이라는 주장도 나왔다.

만약 이것이 사실이라면 예수께서 열매를 맺지 못한 무화과나무를 저주한, 그것도 제 철이 아닌 때에 열매를 맺지 못했다고 저주한 이야기는 비유적인 혹은 상징적인 이야기였을 가능성이 있는 셈이다. 그리고 마가와 마태가 이것을 예수의 이적 이야기 형태로 변형시키고, 성전 숙정 이야기와 연관시켜 자기 나름의 독특한 교훈을 가르치려 했던 것으로 이해할 수 있다. 그러나 문맥상 마태와 마가 역시 차이가 있다.

　　마가는 무화과나무 이야기와 예수의 성전 숙정 이야기를 샌드위치처럼 밀접하게 연관시켜 소개한다. 두 이야기가 같은 의미를 갖고 있다고 생각했기 때문이다. 마가에게는 잎사귀만 무성하되 열매를 전혀 맺지 못한 무화과나무를 저주한 것이나, 외형만 으리으리하고 장엄할 뿐 속으로는 장삿속만 가득한 성전 제사 제도를 저주하여 숙정한 것이나 똑같았다. 따라서 두 이야기를 읽을 때에는 마치 샌드위치를 먹을 때처럼 안과 밖을 동시에, 함께 연관시켜 이해해야 한다.

　　성전 건물은 웅장하고 화려했다. 제사를 집행하는 제사장들의 복장이나 제사 행위는 아주 거룩했다. 그러나 그 안에서는 장사판을 벌이고 제사보다는 젯밥에 더 마음을 기울이고 있는 등, 제사 제도의 속셈은 아주 이기적이며 아주 파렴치한 것이었다. 성전에서 돈을 바꾸어주는 환전상들은 해외 동포들의 성전세를 성전에서 통용되는 화폐로 교환해주면서 고율의 수수료를 받아 챙겼다. 그리고 성전 제사장들의 검사필 합격 도장을 찍어 파는 소, 양, 비둘기 등의 제물 값은 시중 가격보다도 턱없이 비쌌다. 어떤 문헌에 의하면 성전 안에서 팔던 제물용 짐승들의 값이 성전 밖 예루살렘에서 팔던 것보다 무려 10배나 더 비쌌다고 한다. 이렇게 거룩한 성전과 하나님께 드리는 제사 제도를 빙자해서 개인적의 이익을 챙기는 사람들이 많았다. 그런 사람들 대부분이 제사장이었고, 그들과 결탁한 성전 관리들이었다.

　　글자 그대로 유대교의 성전 제사 제도는 빛 좋은 개살구였으며, 잎사귀만 무성할 뿐 아무런 열매도 없었던 무화과나무와 다를 바가 하나도 없었다. 이제 성전은 만민이 기도하는 집이 아니라 예배자나 순례자의 돈을 털어먹는 "강도들의 소굴"로 바뀌어 있었다. 성전이 사람에게 유익을 주는 기관이 아니라, 제사 제도를 이용해서 사람들로부터 이익을 갈취하는 기관이 되어버렸다. 그래서 마가는 열매가 없이 잎사귀만 무성한 무화과나무를 저주한 사건과 성전을 숙정한 사건을 나란히 소개한 것이다.

예수께서는 열매 없는 무화과나무를 저주했고, 또 참다운 성전의 정신, 참다운 예배의 정신이 사라진 성전을 저주했다. 사건은 서로 달랐지만 무화과나무 이야기와 성전 숙정 사건의 의미와 교훈은 똑같은 것이었다. 그래서 복음서 연구가들은 마가복음의 경우 이 이야기가 "성전을 숙정 혹은 성전을 청소한 사건"으로 불리는 것은 옳지 않고, 도리어 "성전을 저주한 사건"이라고 부르는 것이 더 옳다고 지적해왔다.

마가는 이처럼 무화과나무 이야기와 성전 숙정 이야기를 밀접히 연관시킴으로써 예수께서 잎사귀만 무성하고 실상 아무런 열매도 없는 무화과나무를 저주했듯이, 형식과 건물만 화려하고 웅장할 뿐 실상 아무런 내용이나 진심이 담겨있지 않은 성전 제사 제도를 저주했음을 강조하는 것이다. 이 경우 성전 숙정 사건과 무화과나무 이야기 사이에 다음과 같은 알레고리적 연관성이 성립된다.

성전 = 무화과나무
화려한 예식 = 무성한 잎사귀
믿음 = 열매
숙정 = 저주

마가의 이런 의도는 뒤이어 소개되는 "악한 포도원 일꾼 비유(막 12:1-12)"를 통해서도 더욱 분명히 드러난다. 어떤 주인이 포도원을 일꾼들에게 맡기고 멀리 갔다가 소출을 거두어들일 때가 되었을 때 종들을 보내어 "열매"를 얻으려고 했는데, 포도원 일꾼들이 종들을 죽여 버렸고 나중에는 주인이 보낸 아들까지 죽여 버렸다. 그러자 주인이 친히 포도원에 찾아와 "열매"를 바치지 않는 일꾼들을 다 죽여 버리고 포도원을 빼앗아 "열매"를 바칠 다른 일꾼들에게 넘겨준다. 이 비유의 본래 형태가 어떠했던지 간에 현재의 상태에서 이 비유는 분명히 이스라엘(일꾼들)이 하나님께 마땅한 "열매"를 바치지 않아서 심판을 받는다는 비유이다.

무화과나무 이야기에서는 "열매"를 맺을 것으로 기대했던 무화과나무가 아무런 "열매"를 맺지 못한 것 때문에 "이제부터는 영원히 네게서 열매를 따먹을 사람이 없을 것이다"라는 저주를 받고 죽어버리는데, 악한 포도원 일꾼 비유에서는 "열매"를 바칠 것으로 기대했던 포도원 일꾼들이 아무런 열매도 바치지 않은 것 때문에 주인으로부터 죽임을 당하고 있다. 무화과나무 이야기와 악한 포도원 일꾼 비유는 "열매"라는 단어에 의해 서로 연결되어 있으며, 둘 다 같은 메시지를 드러내고 있다. 곧 "열매"를 내지 못할 때 저주를 받아 죽게 된다는 메시지이다. 따라서 마가가 무화과나무 이야기를 성전 숙정 이야기 및 악한 포도원 일꾼 비유와 연관시켜 편집한 것은 아주 의도적인 것으로 생각된다. 자신이 가르치고자 하는 메시지를 강조한 것이다.

무화과나무 이야기는 몇 가지 중요한 교훈들을 우리에게 가르쳐 준다. 첫째로 하나님의 성전이, 하나님의 교회가 예수의 저주와 숙정의 대상이 될 수 있다는 사실이다. 겉만 화려하고 속은 비어있는, 외양만 그럴듯하고 내용은 하나도 없는, 그래서 교회가 교회 본연의 역할을 하지 못할 때, 또 경건의 모양은 있으나 경건의 능력이 없어서 경건의 아름다운 "열매"를 전혀 맺지 못하는 교인은 저주받아야 마땅하다는 교훈이다.

둘째로 예수로부터 저주받아 말라버린 "열매" 없는 무화과나무는 오늘날 우리들에게 무엇을 가르쳐주고 있는가? 오늘날의 교인들 중에는 경건의 모양만 있고 경건의 능력은 없는 사람들이 많이 있다. 신앙생활의 잎사귀는 무성한데 실제로 신앙생활의 "열매"는 하나도 없다. 예수께서는 이런 신앙인들을 저주하신다. 겉으로는 입으로 주여, 주여 하면서도 일상생활 속에서 하나님의 뜻을 진실 되게 행하지 못하는 교인들을 저주하셨다는 말이다.

그런데 본문에서 예수께서는 열매 맺을 철도 이르기도 전에 열매를 찾으셨고, 그 때 열매가 없다는 이유로 저주를 하셨다. 이것이 이 이야기에서 이해하기 어려운 점이라고 앞서 말한 바 있다. 그러나 이 이야기가 실제 사건이 아니라 우리에게 교훈을 주기 위한 설교라고 생각하면 어려울 것이 없다.

철이 아닌 때에, 때가 이르기도 전에 열매를 찾으신 예수의 행동이 부당하다고 생각해서는 안 된다. 우리가 인정해야 할 사실은 예수께서는 우리에게 언제든지 열매를 요구하실 수 있다는 사실이다. 우리가 계획하고 정해놓은 그 때에만 열매를 맺을 생각 말고, 우리가 보기에 아직 철이 아니라고 생각할 때도 예수께서는 우리에게서 열매를 찾고 계시다는 점을 기억해야 한다. 하나님의 나라도, 주님의 재림도 우리가 전혀 생각하지 못한 때에 임할 것이라고 하지 않았던가? 그날과 그때는 하나님 이외에 아무도, 심지어 예수까지도 알지 못한다. 우리의 생각과 계획에 따라서만 열매 맺을 생각을 말아야 한다. 믿는 사람들은 언제나 어디서나 항상 열매를 맺을 수 있어야 한다. 그래서 열매를 찾으시는 예수를 언제라도 기쁘게 수 있는 우리가 되어야 한다.

악한 포도원 농부 비유
(막 12:1-12, 마 21:33-46, 눅 20:9-19)

비유의 명칭이 비유의 이해와 해석을 좌우한다. 전통적으로 이 본문은 중심인물을 "악한 포도원 농부들"로 여기고 비유를 "악한 포도원 농부 비유(the parable of the wicked husbandmen)"로 불렀다. 이 명칭으로 비유를 읽을 경우, 하나님께서 유대 백성을 버리고 새 이스라엘로 대치한다는 것이 비유의 핵심 메시지가 된다. 주인에게 소출을 바치지 않고 끝내 포도원 주인의 "사랑하는 아들"까지 죽인 포도원 농부들은 하나님을 반역하고 끝내 그 "사랑하는 아들"까지 죽인 이스라엘 백성들을 의미하는 것으로 이해되며, 비유에서 포도원 주인은 "그 악한 자들을 가차 없이 죽이고, 제 때에 소출을 바칠 다른 농부들에게 포도원을 맡길 것이라(마 20:41, cf.막 12:9, 눅 20:16)"고 말한다.

그런데 이 해석에는 결정적인 문제가 있다. 비유의 결론 구절인 시편 인용을 고려하지 않은 단편적인 해석이란 점이다. 세 복음서는 모두 "건축자의 버린 돌이 집 모퉁이의 머릿돌이 되었다(막 12:10-11, 마 21:42, 눅 20:17)"는 구약 시편 구절들로 마무리된다. 마태와 누가는 이 "모퉁이 돌"에 대한 언급에 덧붙여서 "누구든지 그 돌 위에 떨어지면 그는 부스러질 것이요 그 돌이 어느 사람 위에 떨어지면 그를 가루로 만들 것이다(마 21:44, 눅 20:18)"란 별도의 해석까지 첨가하여 비유를 끝낸다. 따라서 "모퉁이 돌"에 대한 이해가 없는 해석은 이 비유에 대한 올바른 해석으로 보기가 어렵다.

다른 한편 본문의 중심인물이 악한 포도원 농부들이 아니라, "포도원 주인"이라는 지적이 제기되기도 했다. 실제로 이 비유에는 포도원 주인의 행동을 묘사하는 동사들로 가득 차 있다. 마가의 본문에는 주인이 포도원을 만들었고 산울로 둘렀고, 즙 짜는 구유를 팠고, 망대를 지었고, 농부들에게 세로 주었고, 소출을 받으려고 종들을 보냈고, 나중에는 아들도 보냈다. 그리고 주인이 포도원을 다른 사람에게 넘겨줄 것도 언급된다. 포도원 주인의 행동이 비유의 설화적 발전을 주도하는 것이다. 더구나 "포도원 주인이 어떻게 하겠느냐?"는 마지막 질문(막 12:9, 마 21:40, 20:15)은 이야기의 가장 극적인 부분이다. 그래서 이 비유는 포도원 주인이 어떤 종류의 인물인지를 묻는 비유로 생각되기도 했다.

예수께서 비유를 사용한 본래 의도는 하나님은 회개하지 않고 계속 하나님께 반역하는 백성들이 회개하고 돌아올 때까지, 즉 회개하고 소출을 바칠 때까지 인내심을 갖고 기다리시는 분이라는 점을 강조하려던 것으로 생각된다. 마치 집 나간 탕자가 돌아올 때까지 문밖에서 기다리는 "사랑이 많은 아버지"처럼 말이다. 예수께는 비유의 초점이 "악한 농부들"이 아니라 "포도원 주인"에게 있다고 생각되며, 그래서 이 비유의 보다 적절한 명칭은 "인내심이 많은 포도원 주인의 비유(the parable of the patient vineyard owner)"가 더 옳다는 주장도 제기되었다.[1] 정리

---

[1] 이것은 마치 "포도원 일꾼 비유"에서 예수의 본래 의도는 한 시간 일한 일꾼들에게도 하루 품삯을 주는 "자비로운 고용주의 비유"였던 것과 마찬가지이다. Derrett, "Allegory and Wicked Vinedressers," JTS 25(1974), pp. 426-432도 이 비유의 본래 의도는 구원사에 대한 설명에 있는 것이 아니라 하나님을 반역하는 사람들에 대한 하나님의 인내하심을 보여주는 데 있다고 말한다.

하자면 "인내심이 많은 포도원 주인의 비유"가 예수 자신의 본래 비유 의도에 더 가까운 명칭이며, "악한 포도원 농부 비유"는 나중에 초대교회의 신학적 관심이 반영된 명칭이라고 볼 수 있다.

그러나 예수의 의도에 따라 "인내심이 많은 포도원 주인의 비유"로 읽어도 "건축자의 버린 돌이 건물의 모퉁이 돌이 되었다"는 언급은 완전히 무시되고 있다. 복음서에는 분명히 "건물의 모퉁이 돌"에 대한 언급이 있기 때문에 그 말씀을 도외시하거나 간과한 가운데 이 비유를 올바로 이해하고 해석할 수 있는 길은 없을 것이다. 그렇다면 복음서 저자들이 소개하는 이 비유를 올바로 이해할 수 있는 길은 무엇인가? 비유의 중심인물을 포도원 주인의 "아들"로 생각할 때, 특히 비유의 결론인 "모퉁이 돌"에 초점을 맞추어 해석할 때, 우리는 이 비유를 보다 잘 읽을 수 있을 것이다.

이 비유에서 포도원 주인의 아들은 "아들(마 21:37)", 하나 밖에 없는 "사랑하는 아들(막 12:6)", "사랑하는 아들(눅 20:13)"이라고 언급된다. "사랑하는 아들"이란 말은 복음서에서 예수께서 세례 받을 때와 변화산에서 변화했을 때 하늘 음성으로 선포된 문구이다. 게다가 마가복음 12장 6절에서 "하나" 밖에 없는 아들이란 표현은 "독생자"의 의미를 나타낸다. 자연히 이 비유는 기독론적 예수와 관련되었다는 인상을 받게 된다. 더구나 "건축자의 버린 돌"은 예수를 다윗의 아들로 선포하는 것으로 해석될 수 있기 때문에 더욱 그러하다.

유대인들의 사상에서 "돌"은 다윗 왕을 가리키는 것으로 이해된다. 이런 이해는 "집 짓는 사람들이 내버린 돌이 집 모퉁이의 머릿돌이 된" 것이 바로 "주께서 하신 일이라"는 시편 118편 22-23절에 대한 유대인들의 일반적인 이해와 해석을 통해서 잘 알 수 있다. 이 시편 구절에 대해 유대인 해석가들은 "돌"을 다윗 왕과 연관시키고 있다. 왜냐하면 이스라엘의 왕 가운데 가장 위대한 왕이 된 다윗이 처음에는 왕을 세우는 건축자들에 의해 버림을 받았기 때문이다. 시편 118편 22절에서 언급된 "건축자들"은 구체적으로 사무엘과 이새를 가리킨다. 그들은 처음에 다윗을 버렸다. 그들이 보기에 다윗은 왜소했고 머리털도 붉었기 때문이다. 그들은 이새의 다른 아들 중 더 보기 좋고 강한 아들을 선호했다. 그러나 젊은 소년 목자인 다윗의 힘은 내부에 있었고, 결국 다윗이 택함을 받아 기름부음을 받게 되었으며 가장 위대한 왕이 되었다. 다윗은 처음에는 버린 돌이었지만 나중에는 가장 중요한 모퉁이 돌이 되었다.[2]

유대 문헌은 왕을 세우던 건축자들인 예언자 사무엘과 다윗의 아비인 이새가 왜 미래의 왕인 다윗을 버렸는지 말해주고 있다. 처음에 그들은 이새의 다른 아들 중 하나를 사울의 뒤를 잇는 이스라엘의 왕으로 세워 기름 부으려 했다. 그들은 다윗을 원치 않았다. 그러나 하나님께서는 이새의 다른 아들을 왕으로 세우려는 사무엘에게 "너는 그의 준수한 겉모습과 큰 키만을 보아서는 안 된다. 그는 내가 세운 사람이 아니다. 나는 사람이 판단하는 것처럼 그렇게 판단하지 않는다. 사람은 겉 모습만을 따라 판단하지만 나, 주는 중심을 본다(삼상 16:7)"라고 말하면서, 결국 다윗을 왕으로 세우셨다(삼상 16:1-13). 왕을 세우는 건축자들, 곧 집을 짓는 건축자들인 예언자 사무엘과 다윗의 아비 이새는 결국 하나님의 말씀을 받아들였다. 다윗은 처음에는 버림을 받았으나 나중에는 모퉁이의 머릿돌이 되었다.

복음서 저자들이 예수의 비유를 소개하면서 시편을 비유의 결론으로 삼았을 때, 복음서 독자들은 자연히 포도원 주인의 "사랑하는 아들"이 곧 다윗의 아들, 다윗의 자손인 예수를 가리키는 것으로 이해했을 것이다. 사람들은 메시아가 다윗의 집안에서 나올 것이라고 기대했다. 이런

---

2) Brad H. Young, Jesus the Jewish Theologian(Grand Rapids: Baker Academic, 1995), p. 218.

기대는 공관복음 모두에서 드러난다. 예수는 다윗의 집안에서 태어난 다윗의 자손이다. 메시아는 당연히 다윗의 자손일 것이고, 이 비유의 돌 역시 다윗의 자손을 가리킨다.

포도원 주인의 아들은 죽임을 당하지만, 그는 모퉁이의 머릿돌이 되었다. 이 비유는 예수에 관한 비유이며, 예수께서 제자들에게 하신 수난 예고를 상기시킨다. 예수께서는 죽음에 대해서만 예고한 것이 아니다. 죽임 당한 예수가 사흘 만에 다시 살아날 것을 분명히 밝히고 있다. "보아라. 우리는 예루살렘으로 올라가고 있다. 인자를 두고 예언자들이 기록한 모든 일이 이루어질 것이다. 인자가 이방 사람들에게 넘어가고 조롱을 받고 모욕을 당하고, 침 뱉음을 당할 것이다. 그들은 채찍질한 뒤에 그들 죽일 것이다. 그러나 그는 사흘째 되는 날에 살아날 것이다(눅 18:31-33)" 예수는 버림받고 죽임 당한 "아들"이다. 그러나 사흘째 되는 날에 죽음으로부터 다시 살아날 것이다. 마치 건축자의 버린 돌이 집 모퉁이의 머릿돌이 되듯이 말이다.

"돌"에 대한 말씀을 제대로 이해하지 못한다면 이 비유의 메시지를 제대로 이해할 수 없다. 예수께서는 그의 미래 승리를 예언하는 것으로 비유를 결론짓는다. 건축자들에 의해 버림받았던 사랑하는 아들의 죽음이 다윗의 자손인 예수의 궁극적 승리를 막을 수 없을 것이다. 예수께서 말씀하셨다. "누구든지 그 돌 위에 떨어지면 그는 부스러질 것이요, 그 돌이 어느 사람 위에 떨어지면 그를 가루로 만들 것이다."

어떤 편이 나을까? 부스러지는 것이 더 나은가? 아니면 가루로 만들어지는 것이 더 나은가? 예수께서는 성전에 모여 있던 무리들에게 무슨 말씀을 하고 계신 것인가? 수수께끼 같은 이 말씀은 문자적으로 부수고 가루로 만들겠다는 것이 아니다. 예수께서 이 말씀을 통해 강조하려고 하는 것은 "돌" 그 자체이다. 어떤 사람이 돌 위에 떨어지는 것이나, 돌이 어떤 사람 위에 떨어지는 것이나 아무런 차이가 없다. 다만 어떤 일이 벌어지던 간에 돌은 아무런 손상 없이 그대로 남아있다는 사실이다.

유대인 랍비가 유대 백성들에 대한 공격과 관련하여 비슷한 예화를 말한 적이 있다. 유대 백성들은 그들을 박해하며 죽이려는 이방 압제자들에 의해 결코 깨지지 않는다고 말하기 위해 항아리와 돌의 비유를 든다. 돌은 곧 유대 백성이다. "돌이 항아리 위에 떨어진다면, 항아리에겐 재앙이로다! 만약 항아리가 돌 위에 떨어진다면, 항아리에겐 재앙이로다! 둘 중 어느 경우든, 항아리에겐 재앙이로다! 이스라엘 백성들을 감히 공격하는 사람이라면 그 누구든지 그 대가를 톡톡히 치르게 될 것이다."[3] 예수의 말씀 중 언급된 돌처럼, 랍비의 교훈 가운데서 언급된 "돌" 역시 비록 항아리는 깨어질지라도 아무 손상 없이 그대로 남는다는 점이 강조되고 있다.

다윗의 자손인 예수를 멸망시킬 수 없다. 예수는 모퉁이의 머릿돌이 된 돌이다. 예수께서 자신의 고난과 죽음을 예고할 때마다 후렴처럼 "사흘 만에 다시 살아나리라"란 말을 반복한 이유가 바로 거기에 있다. "집 짓는 사람들이 버린 돌이 집 모퉁이의 머릿돌이 되었다" 이 비유는 버림을 받았지만, 모퉁이 돌이 된 예수에 대한 비유이다. "악한 포도원 농부 비유"란 명칭이 교회론에 집중하여 새 이스라엘인 교회가 옛 이스라엘을 대신한다는 것을 가르치고 있지만, 이 비유는 기독론에 관한 비유이며 복음서에서 가장 메시아적인 본문 가운데 하나이다. 따라서 이 비유는 "사랑하는 아들의 비유(the parable of the beloved Son)" 혹은 "죽임을 당한 아들의 비유(the parable of the murdered Son)"로 불러야 옳을 것이다.

---

3) Esther Rabbah 7:10 and see Billerback, Kommentar zum Neuen Testament aus Talmud und Midrash, 1.877.

33. 타락한 성전 제사장들에 맞서 싸운 예수
(막 11:15-18)

복음서가 전해주는 바에 의하면, 예수께서는 예루살렘 성전의 타락한 제사장 계급들과 맞서 싸우다가 끝내 그들의 손에 의해 죽임을 당하셨다. 성전과 제사장들이 본연의 임무에서 벗어나 제사 행위나 예배 행동을 상업화하거나 세속화시켜 버렸을 때 예수께서는 참지 않으셨다. 그의 공생애 말기 제사장들의 본거지인 예루살렘 성전에 가셔서, 성전 뜰에서 제사용 소, 양, 비둘기를 파는 사람들과 환전상들을 모두 쫓아낸 사건에서 분명히 알 수 있다.

예루살렘 성전은 유대교의 심장이며, 유대교 종교 지도자들 특히 제사장 계급의 주요 활동지였다. 특히 유대교의 핵심이라고 말할 수 있는 온갖 제사들이 제사장들에 의해 집행되는 거룩한 곳이기도 했다. 예수께서 제사장 계급의 본거지인 성전에 들어가 그들의 주요 업무인 제사 행위, 제사를 위한 제물 매매 행위, 성전세 징수를 위한 환전 업무 등을 방해하고 끝내 무력화 시킨 일은 제사장 계급들로부터 분노와 반발을 샀다. 결국 예수께서는 예루살렘 성전의 주요 성직자들인 제사장 계급에 의해서 배척을 받아 죽음을 당하게 되었다.

그러나 그 사건 하나 때문에 예수께서 십자가에 못 박혀 죽게 되었다고 말하는 것은 결코 옳지 않다. 왜냐하면 사실상 그의 공생애 내내 유대교 제사 종교의 타락과 성전 세속화의 주요 책임자인 제사장들을 공격의 대상으로 삼았기 때문이다. 이런 의미에서 예수의 공생애 활동은 처음부터 끝까지 제사장이란 직분과 성전의 제사 활동을 빌미로 개인적인 이익 확보에만 눈이 멀어 있던 그 당시 제사장들에 대한 도전이요 공격이라고 말할 수도 있을 것이다. 그 실례는 그가 공생애 가운데 사람들의 병을 고쳐준 이야기들에서 쉽게 찾아볼 수 있다.

예수께서는 공생애 활동에 나선 직후 "하나님나라의 도래", 곧 하나님의 직접적인 통치의 도래를 선포하면서 동시에 많은 병자들을 고쳤다. 그 당시 병자들, 가령 맹인이나 앉은뱅이, 문둥병자, 귀신들린 사람, 혈루병 여인 같은 사람들은 성전 출입은커녕, 유대교의 각종 제사에도 참여할 수가 없었다.

유대인의 율법에 따르면, "누구든지 너희 자손 중 대대로 육체에 흠이 있는 자는 그 하나님의 음식을 드리려고 가까이 오지 못할 것이니라. 누구든지 흠이 있는 자는 가까이 하지 못할지니 곧 맹인이나 다리 저는 자"라고 명확히 규정하고 있다(레 21:17-18). 그런 사람들이 성전 제사에 참여하기 위해서는 먼저 유대교 정결법에 따라 정결 예식을 치러야 했고, 그 후에야 부분적으로 제사가 허용되었다. 이런 모든 일을 독점적으로 행사하며 결정하는 일은 전적으로 제사장의 몫이자 특권이었다.

그런데 예수께서는 공생애 활동을 시작하면서 처음부터 맹인들과 앉은뱅이들, 문둥병자와 혈루병 여인을 고쳐주었다. 이런 일들은 어떤 의미에서, 아니 진정한 의미에서 제사장의 특권을 침해하는 일이었고, 또 어떤 의미에서는 제사장이란 존재와 그 역할 자체를 아예 무력화시키는 일이었다.

대표적인 것이 공관복음서에 있는 예수께서 문둥병자를 고쳐준 이야기(막 1:40-45, 마 8:1-4, 눅 5:12-16, cf.눅 17:11-19)이다. 복음서 중 최초로 기록된 마가복음에는 이 이야기가 예수께서 행하신 네 번째 이적으로 소개되었으며, 나중에 마가복음을 문서 자료로 이용한 마태복음에는 그의 공생애 활동 중에 제일 먼저 행하신 최초의 이적으로 강조되어 있다.

예수께서 문둥병자를 고쳐주신 이야기(막 1:40-45)를 올바로 이해하기 위해서 먼저 예수 당시 유대교의 문둥병에 관한 율법 규정들을 잠깐 알아볼 필요가 있다. 문둥병에 관한 율법 규정의 본질은 두 가지이다. 하나는 문둥병이 전염될 수 있기 때문에 문둥병에 걸린 사람과 다른 사람들과의 접촉을 금지하는 것이고, 다른 하나는 문둥병을 제사예식을 통해 다시 정결하게 해주어 문둥병자를 다시 공동체의 삶 속으로 돌려보낼 수 있는 사람은 오직 제사장이라는 점이다.

마가복음 본문에는 그 당시 사람이라면 이해하기 힘든 놀라운 사실 몇 가지가 있다. 첫째는 이야기 서두에서 문둥병자가 "예수에게로 나아왔다(막 1:40)"는 언급이다. 그가 예수 앞에 무릎을 꿇고 "당신이 하고자 하신다면 저를 깨끗하게 하실 수 있습니다"라고 말한 것을 보면, 분명히 그는 문둥병으로부터 고침을 받기 원해서 예수에게 나아온 것이다. 물론 이 문둥병자는 저주받은 병으로부터 고칠 수만 있다면 누구라도 찾았을 것이고, 모든 방법을 다 시도했을 것이다. 그러나 당시 유대교의 정결법을 고려한다면 문둥병자가 찾아가야 할 사람은 예수가 아니라 제사장이었다. 문둥병자도 잘 알고 있었을 것이다. 그런데 문둥병자는 의외로 예수를 찾아왔다.

그는 당시 정결법에 의해 정죄 받아 버림받은 삶을 살았기 때문에 유대교 정결법 자체에 반감과 원한이 있었을지 모른다. 또는 예수께서 유대교의 정결법 자체에 반발하고 있다는 점을 잘 간파하고 있었을 수도 있다. 여하간 문둥병자가 "깨끗해지기 위해서", 즉 고침 받기 위해서 제사장이 아닌 예수를 찾아 나온 것은 그가 유대교의 정결법을 무시하고 있었음을 암시해준다. 문둥병자가 고침 받기 위해 제사장이 아닌 예수를 찾아 나왔다는 사실은 유대교의 정결법 규정과 제사장의 독점적인 특권을 무시하고 무력화시킨 것이라고 생각할 수 있게 해준다.

둘째는 예수께서 정결법에 의해 다른 사람들과의 접촉이 금지된 문둥병자를 불쌍히 여겨 손 내밀어 만져주었다는 사실이다. 정결법에 따른다면 예수께서는 문둥병자를 만지셨기 때문에 덩달아 부정한 사람이 되어야 했다. 그러나 예수께서 만지신 문둥병자는 예수에 의해 "깨끗해졌다(막 1:41)." 이제 더 이상 문둥병자가 아니라는 말이다. 더구나 이야기에서 "깨끗해지다(헬라어로 katharizein)"란 말이 여러 번 반복되어 사용되고 있는데, 이는 "깨끗해지다(to cleanse)"를 의미하는 것이 아니라 "깨끗하다고 선포하다"란 뜻을 갖고 있다. 따라서 문둥병자와의 접촉을 금지하는 율법과 문둥병자를 "깨끗하다고 선포할" 수 있는 특권이 오직 제사장에게만 있다는 점을 고려할 때, 예수의 행동은 글자 그대로 당시 정결법을 무시하고 제사장의 특권에 도전하는 일이었다고 생각할 수밖에 없다.

셋째는 예수께서는 문둥병자에게 깨끗해졌다고 선포한 직후에 그에게 "제사장에게 가서 네 몸을 보이라" 그리고 "모세의 율법에 정해진 대로 예물을 바쳐 네 몸이 깨끗하게 된 것을 사람들에게 증명하라"고 말했다.[1] 흔히 "제사장에게 가서 네 몸(혹은 너희 몸)을 보이라"는 말씀은 예

---

[1] 예수께서는 열 사람의 문둥병자들을 고쳐주신 후에도 똑같이 "제사장들에게 가서 너희 몸을 보이라"고 말했다(눅 17:11-19).

수께서 모세의 율법 규정을 따라 문둥병자에게 제사장으로부터 몸이 깨끗해졌다는 확인을 받으라고 지시한 것으로 해석되기도 했다. 그러나 이것은 이야기의 요점을 놓치는 일이다.

이 이야기를 제일 먼저 기록했던 마가복음 1장 43절에 의하면, 예수께서는 문둥병자를 "꾸짖으며 그를 곧바로 쫓아 보냈다(개인 번역)"고 했다. 또 41절에서 예수께서 문둥병자를 "불쌍히 여겨" 손을 내밀어 그를 만져주셨다고 번역되어 있지만, 더 오래된 권위 있는 사본에 의하면 "불쌍히 여겼다"는 말 대신에 "성을 내셨다(being angry)"는 말이 사용되고 있다. 이런 점을 고려할 때 예수께서는 문둥병자를 보고 "성을 냈고", 깨끗해진 문둥병자를 꾸짖으며 그를 곧바로 제사장에게로 쫓아냈다. 이러한 예수의 행동은 다른 각도에서 다른 의미로 이해되어야 할 것이다.

체드 마이어(Ched Myers)의 해석[2])에 의하면 문둥병자는 이미 제사장들을 찾아갔었다. 그러나 이런저런 이유로, 아마도 제사장들이 요구하는 제물을 마련할 능력이 없어서 거부당한 것으로 보인다. 예수께서는 바로 그 점을 문제 삼기 위해서 문둥병자에게 '아무에게도 말하지 말고 제사장에게로 다시 돌아가 네 자신을 보여주고 네가 이미 깨끗해진 것으로 인해 모세가 명한 제물을 제사장에게 불리한 증거로 바치라'고 지시한 것이다. 문둥병자는 제사장에게 거부당해 깨끗해질 수 없었지만, 제사장이 아닌 예수로 인해 깨끗해진 것에 대한 제물을 제사장에게 바쳐 제사장에게 불리한 증서를 삼으라는 것으로 해석될 수도 있다. 따라서 "제사장에게 가서 네 몸을 보이라"는 말씀은 유대 제사법과 제사장에 대한 직접적인 도전인 동시에 제사장을 향한 일종의 조롱일 수도 있다.

---

2) Ched Myers, Binding the Strong Man: A Political Reading of Mark's Story of Jesus(New York: Orbis Books, 1988), p. 153.

문둥병자는 신체적으로만 병든 것이 아니라 제의적으로도 부정했다. 유대교 율법에서 문둥병자가 건강을 되찾고 제의적으로 깨끗해질 수 있는 유일한 방법은 제사장을 찾아가 아주 번거롭고 비용이 많이 드는 제사를 드리는 것이었다.

유대교 율법에서 문둥병자가 정결하게 되는 과정에 관한 규정(레 14:1-32)을 살펴본다면, 먼저 제사장에게 정결한 새 두 마리와 백향목 가지, 홍색 털실 한 뭉치, 우슬초 한 포기를 가져와야 한다. 제사장은 새 두 마리 가운데 한 마리를 즉시 잡아 그릇에 담는다. 그리고는 살아 있는 나머지 한 마리 새와 백향목 가지와 털실 뭉치와 우슬초에, 처음 잡은 새의 피를 찍어 문둥병자에게 일곱 번 뿌린다. 그런 다음에 살아있는 새를 날려 보낸다. 이레 후 문둥병자는 온몸의 털을 밀고 깨끗한 물에 몸을 씻는다. 그리고 여드레째 되는 날 문둥병자는 흠 없는 숫양 두 마리와 흠 없는 어린 암양 한 마리, 곡식 제물로 바칠 기름 섞은 고운 밀가루를 제사장에게 가져와야 한다. 제사장은 그것들을 태워 하나님께 제물로 바친다. 그 후에 제사장은 제물의 피를 받아 문둥병자의 오른쪽 귓불과 오른쪽 엄지와 오른발 엄지에 바르고 그에게 일곱 번 기름을 뿌린다. 이 모든 과정이 끝나야 문둥병자는 문둥병의 원인이 된 자기의 죄를 용서받게 된다. 그러고 난 이후에야 그는 비로소 다시 하나님의 백성이 될 수 있다.

그런데 예수께서는 자기가 고쳐준 문둥병자(들)에게 하나님께 바칠 제물로 새 두 마리와 숫양 두 마리, 암양 한 마리, 백향목 가지, 진홍색 털실 한 뭉치, 우슬초 한 포기, 고운 밀가루와 기름 한 병을 사서 제사장에게 가져가라고 말씀하시지 않았다. 다만 제사장에게 가서 "이미 깨끗하게 나은" 너의 몸을 보여주라고 했을 뿐이다.

예수께서는 단지 문둥병자의 병을 치유한 것이 아니라 그를 제의적으로 깨끗하게 했고, 문둥병자가 다시 공동체로 돌아가 살 수 있게 해주었을 뿐만 아니라, 성전에도 당당히 들어갈 자격이 있는 참 이스라엘 사람으로 만들어주었다. 더 놀라운 것은 예수께서는 문둥병자로부터 아무런 대가도 받지 않았다. 십일조도 받지 않았고 그 어떤 제물도 받지 않았다.

이처럼 예수께서는 오직 제사장만이 할 수 있는 일을 제사장과는 달리 아무런 대가 없이 해주었다. 그리고 거기서 더 나아가 "제사장에게 가서 깨끗해진 네 몸을 보이라"고 말씀하심으로 제사장의 특권이 무력화되었음을, 즉 제사장을 통하지 않고도 많은 비용이 드는 제물들을 가져다 바치지 않고도 문둥병으로부터 고침을 받을 수 있음을 제사장에게 직접 보여주는 것이었다. 따라서 고침을 받은 문둥병자에게 "제사장에게 가서 네 몸을 보이라"는 예수의 말(마 8:4, 눅 17:14)은 제사장을 향한 도전이며 조롱일 수밖에 없다.[3]

유대교의 대표적 지도자인 제사장 계급이 처음부터 이런 예수를 제거하려고 한 것은 오히려 당연한 일이었다. 이렇게 이해할 때 제사장 계급의 본거지인 성전을 저주하고 뒤집어엎은 사건은 그 마지막 단계에 지나지 않았을 뿐이다.

예수께서는 병 고치는 일을 통해서만 제사장들에게 도전한 것이 아니었다. 비유를 통해서도 유대 종교 지도자들, 특히 제사장들에게 비판과 공격을 퍼부었다. "선한 사마리아인의 비유(눅 15:30-37)"가 그러했다. 어떤 사람이 예루살렘에서 여리고로 내려가다가 강도를 만났다. 강도들은 그 사람의 옷을 벗기고 때려 거의 죽게 만든 채 길가에 내버려두었다. 마침 어떤 "제사장"이 그 길로 내려가다가 그 사람을 보았는데 제사

---

3) 레자 아슬란, 민경식 역, 〈젤롯〉(서울: 미래엔, 2014), p. 175

장은 그를 피해 다른 길로 지나갔다. 그 다음으로 제사장 계통인 어떤 레위사람도 그곳에 이르러 죽어가는 그 사람을 보았지만, 마찬가지로 그 사람을 피해 다른 길로 지나갔다. 그런데 세 번째로 어떤 사마리아 사람 하나가 길을 지나다가 그를 보고 측은한 마음이 들었다. 가까이 다가가 그 상처에 올리브기름과 포도주를 붓고 싸맨 다음, 자기 가축에 태워 여관으로 데리고 가서 돌보아 주었다. 다음 날 그는 두 데나리온을 꺼내 여관 주인에게 주고 "이 사람을 잘 돌보아주시오. 비용이 더 들면, 내가 돌아오는 길에 얼마든지 더 드리겠습니다."하고 말했다.

오랜 동안 이 비유는 어려움에 처한 사람을 도와주어야 한다는 가르침으로 해석되어왔다. 그러나 예수께 직접 비유를 들었던 당시 사람들은 이 이야기가 사마리아 사람의 선행을 칭찬하는 이야기가 아니라 오히려 죽어가는 사람을 보고도 그냥 지나쳐 다른 길로 가버린, 사람을 살려내는 제사장 본연의 임무와 함께 이웃을 네 몸과 같이 사랑하라는 율법의 계명을 도외시한 "제사장"과 "레위 사람"의 무정함과 비열함을 조롱하며 비난하는 것임을 알고 있었을 것이다.

죽어가는 사람을 보고 그냥 지나친 사람으로 "제사장"과 "레위 사람"을 적시하여 "사마리아 사람"과 대비시킨 이유가 무엇일까? "유대인"과 "사마리아 사람"을 대비시키는 것이 오히려 더 적절할 수 있었는데도 말이다.

당시 사마리아 사람들은 이방인과 피를 섞은 부정하고 불결한 사람들이라며 배척당하고 있었다. 그래서 예루살렘 성전 출입이 금지되었고, 다른 유대인들처럼 예루살렘 성전에서 하나님께 제사를 드릴 수가 없게 되었다. 사마리아 사람들은 불가불 자기들의 지역인 그리심 산에 예루살렘 성전을 모형으로 삼은 성전을 세워 하나님을 섬겼다. 유대인들은 사마리아 사람들이 '하나님의 성소는 오직 예루살렘 시온산 한 곳에만 두어야 한다'는 하나님의 율법을 무시한 불신앙의 사람들이라고 미워하며 경멸했다. 거기서 더 나아가 제사장들은 자기들의 허락과 도움 없이 다른 곳에서 예배하며 제사하는 일은 자신들의 독점적인 특권과 역할을 침해하며 무시하는 일이라고 생각하여 사마리아 사람들을 더욱 미워하며 경멸했다.

예수께서는 "선한 사마리아인의 비유"를 통해서 예루살렘 성전의 권위와 율법을 부정한다고 비난을 받던 사마리아 사람은 "네 이웃을 네 몸과 같이 사랑하라"는 하나님의 계명을 잘 실천하였는데, 오히려 예루살렘 성전을 근거로 부귀와 권위를 누리고 있던 성전 지도자인 제사장 계급은 정작 하나님의 계명을 무시하고 모른 체했음을 꼬집은 것이다. 다시 말해 "선한 사마리아인의 비유"는 제사장들은 성전에서 제사를 빌미로 자신들의 개인적인 이득을 취하며 부귀만 누릴 뿐 실제로 하나님의 계명을 지키는 일에는 아무런 관심도 없다는 것을 조롱하며 비판한 것이다.[4]

"악한 포도원 일꾼 비유(막 12:1-12, 마 21:33-46, 눅 20:9-19)"도 마찬가지다. 이 비유 역시 제사장들에 대한 직접적인 공격이었다. 주인에게 바쳐야 할 소출을 바치지 않고 주인의 몫을 자기들이 차지하려 했을 뿐만 아니라, 주인의 포도원까지 가지려고 했던 강도 같은 포도원 일꾼들을 비난하며 공격하기 위한 비유였다.

예수께 직접 비유를 들은 당시 청중들은 "악한 포도원 일꾼"이 누구인지 단번에 알아차렸을 것이다. 하나님께 드려야 할 참다운 제사를 드리기보다는 성전의 제사를 이용해 순례자들과 예배자들을 착취하면서

---

[4] 이런 점에서 일찍이 예수의 비유들이 본래 예수의 삶의 자리에서는 "논쟁의 무기"였다고 말한 Arthur T. Cadoux의 지적은 옳다고 생각된다. Cf.The Parables of Jesus: Their Art and Use(London: James Clark, 1930), pp. 11-13.

오직 자신들의 이익만을 챙기고 있던, 하나님의 성전을 자신들의 부귀의 수단으로 생각하여 "장사하는 집"과 "강도의 굴혈"로 만들었던 제사장들을 생각했을 것이 틀림없다. 이 비유를 전하는 모든 복음서 저자들이 이구동성으로 예수께서 이 비유를 말씀하셨을 때, 곧바로 "대제사장들과 바리새인들이 예수의 비유를 듣고 자기들을 가리켜 말씀하심인 줄 알고 (예수를) 잡고자 했다(마 21:45-46, cf. 막 12:12, 눅 20:19)"는 말을 전해주고 있는 점을 보아 더욱 분명해 보인다.

그렇다면 "악한 포도원 일꾼 비유"도 분명히 자신들의 이익만을 추구하며, 하나님의 집인 성전이 자신들의 소유인 것처럼 행세하던 제사장들과 종교 지도자들에 대한 직접적인 공격이었다고 보아야 할 것이다.

우리는 예수의 공생애 활동이 처음부터 끝까지 제사장 계급에 대한 도전이요 공격이었다고 말할 수 있다. 오늘날 교회와 성직자들도 그 본연의 임무에 충실하지 못하고 타락해버린다면 예수의 도전과 공격의 대상이 될 수 있다는 사실을 명심해야 할 것이다.

34 제자들의 발을 씻긴 예수

(요 13:1-20)

예수께서 잡히시기 전날 밤 제자들과 마지막 만찬을 하면서 그들의 발을 씻기신 이야기는 오직 요한복음에만 나온다. 공관복음서는 예수께서 마지막 만찬 때 성만찬 예식을 제정하셨다고 소개한다. 그러나 요한복음에서는 마지막 만찬 때 성만찬 제정이 있었다는 이야기는 전혀 없다. 반대로 공관복음서에는 제자들의 발을 씻긴 이야기가 없다.

이처럼 예수의 마지막 만찬에 대한 공관복음과 요한복음의 큰 차이는 많은 연구가들의 관심의 대상이 되었다. 이런 차이가 요한복음에서 어떤 중요한 신학적 의도를 반영하고 있는지 살펴볼 필요가 있다.

(1) 마지막 만찬에 대한 공관복음과 요한복음 간의 차이점

첫째로 공관복음에서(막 14:12와 그 평행 구절) 예수께서는 죽기 전날 밤에 제자들과 함께 "유월절 식사"를 나누었다. 곧 "무교절 첫 날 곧 유월절 양을 잡는 날(막 14:2)"인 니산 월(月) 15일이다. 그러나 요한복음에서 마지막 만찬은 "유월절 전에(요 13:1)"에 있었고, 예수의 십자가 죽음은 유월절 전날인 니산 월 14일에 있었다(요 19:14). 따라서 십자가 처형일이 니산 월 14일인가 아니면 니산 월 15일인가? 예수의 마지막 만찬은 유월절 식사였는가 아니면 그 이전에 가졌던 식사였는가 하는 문제가 제기된다.

이는 쉽게 해결하기 어려운 질문이지만 한 가지 공통점을 보인다. 공관복음이나 요한복음 모두 예수의 죽음을 유월절 어린 양의 죽음으로 보며, 또 그렇게 이해시키려고 의도한다. 공관복음에선 "유월절 양을 잡는 날"에 예수께서 마지막 식사를 하면서 떡과 포도주를 자신의 살과 피로 동일시하고 있으며, 요한복음에선 예수께서 십자가 위에서 죽은 시간을 유월절 전날 정오라고 말함으로써 제사장들이 유월절 양을 잡는 그 시간에 예수께서 죽으셨음을 말한다. 예수와 유월절 양을 동일시한 것이다.

둘째로 공관복음에서 예수께서는 유월절 식사 중에 성만찬 예식을 제정하신 것으로 기록되어 있는데, 앞에서 언급한 것처럼 요한복음에는 성만찬 제정에 대한 이야기는 전혀 없고, 제자들의 발을 씻기시는 이야기가 나온다. 맥그리거(G.H.C. MacGregor)에 의하면 요한은 공관복음에 나오는 성례전 제정 이야기를 제자들의 발을 씻기신 이야기로 대체했는데, 그 이유 중 하나는 성례전 예식에서 떡이나 포도주에 어떤 특별한 의미를 부여하려고 하는 물질주의적 사상을 견제 혹은 배격하고, 성만찬에 참여하는 자의 올바른 정신으로 희생과 봉사를 강조하기 위함이라고 말한다. 그리고 이것은 일반적으로 요한이 반(反) 성례전적(the anti-sacramental) 입장을 취하고 있기 때문인 것으로 해석되고 있다.

셋째로 공관복음에는 예수께서 "열두 제자"와 함께 마지막 만찬을 가진 것으로 기록되어 있으나, 요한복음에는 "열두 제자"란 언급 없이 "제자들"과 식사한 것으로 전해진다. 요한복음에는 전반적으로 열두 제자에 대한 언급이 거의 나타나지 않고,[1] 일반적으로 "제자들" 혹은 "형제들"이란 말을 사용하는 경향이 있다. 아마 요한의 공동체가 "열두 제자"를 중심으로 발전한 초대교회 주류에 속한 공동체가 아니었기 때문에 그들에 대한 언급을 기피하려한 것으로 보인다. 특히 요한복음 저자가 교회 내 특정 제자들의 존재와 그들의 중요성을 인정하지 않으려는 분명한 의도, 즉 "교회 내 지도력의 민주화" 혹은 이른바 "만인사제직 사상" 때문이 아니었을까 하는 생각을 갖게 해준다.

(2) 제자들의 발을 씻긴 이야기(13:1-20)

존 마쉬(John Marsh)는 그의 요한복음 주석에서 이 이야기가 하나님 아들의 "기원과 운명"에 관한 심오한 말씀(특히 요 12:27-36) 직후 나온다는 점에 먼저 주목한다.[2]

예수께서는 하나님께로부터 와서 하나님께로 돌아간다. 두 행동 모두 "자발적인 겸손(a voluntary humility)"을 나타내고 있다. 성육신하여 인간으로 오신 것도 "겸손한 행동"이고, 죄인의 죽음 형태로 아버지께 다시 돌아가는 것도 나름대로 "겸손한 행동"이라는 말이다. 그런데 예수께서는 종들이 상전에게 하는 일을 친히 제자들에게 함으로써 스스로 "겸손한 행동"을 보여주고 있다.

그러나 이 이야기가 단순히 도덕적인 차원에서 기독교적인 "겸손"을 가르치는 것은 아니다. 예수의 씻김을 받지 않으면 예수와 아무런 상관이 없다는 말(요 13:8)은 예수의 행동이 제자들을 위한 주님의 겸손한

---

[1] 예외적으로 요 6:67,70,71에서만 몇 번 언급되고 있을 뿐이다. 이런 사실은 요한복음 저자가 열두 제자의 존재에 대해 분명히 알고 있었음을 보여준다. 그럼에도 불구하고 그의 복음서 전반에 걸쳐 그들에 대한 언급이 거의 나타나지 않고 있는 점에는 특별한 의도가 있는 것으로 보인다.
[2] John Marsh, Saint John, p. 484.

죽음을 의미할 뿐만 아니라, 제자들로 하여금 예수와 하나가 되도록 즉 예수의 승리적인 겸손의 행동에 동참하도록 요구하는 것이다(cf."누구든지 나를 섬기려면 나를 따라야 한다(요 12:26)"). 예수의 수난이 예수의 겸손한 행동이라면 제자들도 예수처럼 다른 사람을 위해 고난당하고 죽는 데 참여할 수 있어야 한다는 의미를 가질 수 있다. 예수께서 그의 죽음을 통해서 아버지께로 가듯이 제자들도 예수의 죽음에 동참함으로써 아버지께로 가 영생을 얻을 수 있게 된다.

이렇게 보면 제자들의 발을 씻긴 이야기는 요한복음에서 수난 이야기의 서론이며, 동시에 예수의 수난은 곧 제자들이 당할 수난의 모범으로 생각할 수 있다.

(3) 예수의 발을 씻긴 마리아(12:1–8)와 제자들의 발을 씻기신 예수(13:1–11)

요한복음을 보면 예수께서 제자들의 발을 씻기신 이야기는 흥미롭게도 마리아가 예수의 발을 씻긴 이야기 뒤에 소개된다. 이 점은 매우 중요하다. 마리아 혹은 한 여인이 예수의 발을 씻긴 이야기는 공관복음에

마리아	예수
유월절(…)전에	유월절 전에
잔치할 새(deipnon)	저녁 먹는 중(deipnon)
가룟 유다 사람(auton paradidonai)	가룟 유다 사람"(paradoi auton)
예수의 발에	제자들의 발에
향유로	물로
닦다(wipe)	씻다(wash)
나의 장사 날을 위해	자기의 때가 온 것을 아시고

도 나오는데,[3] 요한은 그 이야기를 예수께서 그의 제자들의 발을 씻기신 이야기 앞에 소개하며 연관시킨다.

인접한 문맥에서 두 이야기가 나란히 편집된 이유는 무엇일까? 그 이유를 알아보기 전에 먼저 두 본문 간에 나타나는 유사성에 주목할 필요가 있다.

이같은 유사성은 요한복음 저자가 두 이야기를 의도적으로 같은 형태로 같은 문맥에서 소개한다고 생각하게 만든다. 특히 여인이 기름 부은 예수의 신체 부위를 "머리"가 아니라 "발"이라고 말함으로써(마태와 마가에서는 예수의 "머리에") 예수께서 제자들의 발을 씻기신 이야기와 문맥상으로만 연결시킨 것이 아니라 내용적으로도 연결시킨다.

요한복음에만 여인이 예수의 발에 기름 부은 후에 "자기 머리털로 그의 발을 닦았습니다(요 12:3)"란 말이 기록된 것도, 예수께서 제자들의 발을 씻기신 이야기에서 예수께서 "제자들의 발을 씻기시고 그 두르신 수건으로 닦아주시기 시작했습니다(요 13:5)"라고 기록된 것과 연관되고 있다(실제 요한은 두 경우에서 똑같은 헬라어 동사인 "ekmasso"를 사용하고 있다). 또 여인이 예수의 발을 씻긴 행동은 식사 준비의 행동으로 언급되고 있는데(요 12:2), 예수께서 제자들의 발을 씻기신 행동도 마지막 만찬에서 식사 준비의 행동으로 언급되는 점도 두 이야기의 의도적인 연관성을 말해준다.

놀랍게도 요한복음 저자는 이런 편집과 기록을 통해서 여인의 행동이 마치 예수의 행동 모델이기나 한 것처럼 소개하고 있다. 즉 예수께서는 여인이 자신의 발을 씻기고 닦아준 것처럼 제자들의 발을 씻기고 닦

---

[3] 거의 똑같은 전승이 막 14:3-9, 마 26:6-13, 눅 7:36-38에 나온다. 이 전승들 중 마가와 마태의 것은 이름이 알려지지 않은 한 여인이 예수의 예루살렘 입성 후, 곧 그의 죽음 이전에 베다니에서 예수의 "머리에" 기름을 부은 내용으로 거의 동일하다. 누가의 전승은 예수의 갈릴리 활동 중에 바리새인 시몬의 집에서 있었던 이야기로 소개되고 있을 뿐만 아니라 죄 많은 여인이 예수의 "발에" 기름을 부은 것으로 되어 있다.

아주고 있다. 예수께서는 제자들의 발을 씻기신 후에 "내가 너희에게 행한 것 같이 너희도 행하도록 내가 본을 보여준 것이다(요 13:5)"라고 말씀하시는데, 제자들에게 본을 보이신 분이 예수라면 예수에게 먼저 본을 보인 사람은 바로 한 여인, 베다니의 마리아였다.

요한복음 저자는 제자들에게 여인이 예수의 발을 씻긴 것처럼, 예수가 너희의 발을 씻기신 것처럼 다른 사람의 발을 씻어주라고("내가 너희에게 행한 것 같이 너희도(…)(요 13:15)") 가르치고 있는 것이다.

(4) 예수의 발을 씻긴 여인과 예수를 배반한 유다

요한이 이 전승 자료에 가한 편집적인 손질 가운데 주목해야 할 것은 여인이 향유로 예수의 발을 씻긴 신실한 봉사의 행위가 13장에서 반복적으로 언급되는 가룟 유다의 배반 행위(요 13:2,26-30)와 대조된다는 사실이다. 그리고 예수께서 여인과 가룟 유다의 중간에서 두 인물을 연결시켜주고 있다.

다른 평행 본문과는 달리 오직 요한복음만이 여인의 행동에 불만을 표시한 사람이 가룟 유다였다고 구체적으로 밝힌다(마가에선 "어떤 사람", 마태에선 "제자들"). 또 본문은 가룟 유다에게는 "장차 예수를 잡아 줄(요 12:4)" 사람이라고 못 박으며, 여인에게는 예수께서 "그 여인이 하는 대로 가만 두어라 그는 나의 장사 날을 위하여 그렇게 한 것이다(요 12:7)"라며 그 행위를 인정하고 옹호하고 있다. 결과적으로 요한복음 저자는 예수를 위해 참된 봉사를 하는 여인을 "예수를 잡아 넘길" 유다보다 더 참되고 진실 된 제자로 부각시키고 있다.

예수를 배반하여 죽게 만든 유다와 유다의 배반 때문에 죽게 된 예수의 죽음을 위해 기름을 바르는 여인의 대조는 요한복음 저자가 독자들에게 주는 의미 있는 메시지였을 것으로 생각된다. 이처럼 요한복음 저자에게 여인은 유다와는 아주 다른, 예수와는 아주 비슷한 행동을 하는 사람이다.

(5) 섬김과 희생의 본을 보인 예수와 배반과 탐욕의 본을 보인 유다

예수의 발을 씻긴 여인과 예수를 배반하는 유다가 대조되고 있는 것과 함께 제자들의 발을 씻기시며 스스로 겸손한 섬김의 본을 보이신 예수와 적대자들에게 예수를 넘겨줄 생각을 하고 있는 유다 간의 대조에도 관심을 가져야 한다.

예수의 발을 씻기는 여인의 이야기에서 가룟 유다가 언급되듯이(요 12:4), 예수께서 제자들의 발을 씻기시는 이야기에서도 가룟 유다가 거듭 언급되고 있다(요 13:2,27,29). 12장 5절에서 유다는 "예수를 잡아 줄" 자, 13장 2절에서는 "예수를 팔려는" 자라고 언급되고 있다. 12장 6절에서는 유다를 "돈궤에서 돈을 훔쳐가는 도적"이라고 말하는데, 13장 29절에서도 유다를 "돈궤를 맡아가지고 있는" 사람이라고 말한다.

또한 요한복음 저자는 예수를 섬김과 희생의 긍정적인 모델로, 유다를 배반과 탐욕의 부정적 모델로 제시하고 있다. 저자의 이런 의도는 본문에서 예수와 가룟 유다가 반복적으로 언급되는 데에서 드러난다.

예수께서 제자들과 저녁 식사를 하고 있는데 악마가 가룟 유다에게 들어갔다(요 13:2). 예수께서 제자들의 발을 씻기셨으나 "다 깨끗한 것은 아니다"라고 말씀하신 것은 "자기를 넘겨줄 자(요 13:11)" 곧 유다를 두고 하신 말씀이다. 또 만찬 도중에 "내 떡을 먹는 자가 내게 발꿈치를 들었다"는 성경 말씀을 인용한 것이나(요 13:18), "떡 조각을 적셔서 시몬의 아들 가룟 사람 유다에게 주시면서(요 13:26)" 그가 나를 넘겨줄 자라고 말씀하신 것(요 13:21), 유다가 떡 조각을 받는 순간 사탄이 그에게 들어갔다는 언급(요 13:27), 돈궤를 맡아가지고 있던(요 13:29) "유다가 그 떡 조각을 받고 곧 나갔다(요 13:30)"고 말하는 것 등, 본문에는 가룟 유다의 이야기가 예수 못지 않게 많다. 저자의 관심이 예수와 유다에게 집중되고 있다는 증거이다.

(6) 본문에서 드러나는 요한복음 저자의 신학적 관심들

복음서 저자들 중 오직 요한만이 예수께서 제자들의 발을 씻기신 이야기에 관심을 갖고 소개한다는 점에서, 이 이야기는 분명 요한만의 특별한 관심과 의도를 반영해주고 있다. 이 본문에는 요한복음 다른 부분에서도 찾아볼 수 있는 요한의 특별한 신학적 관심들이 그대로 드러난다.

첫째로 기독론에 관한 그의 독특한 강조점이다. 예수께서는 태초부터 계셨던 하나님 혹은 하나님의 아들이지만(요 1:1), 스스로 육신을 입고 우리 가운데 나타나신 분이라는 성육신적 기독론, 다른 말로 겸비의 기독론을 보여주고 있다. 이런 기독론적 관심은 스승으로서 제자들의 발을 씻기시는 겸비의 행동을 보여주는 것으로 나타난다.

둘째로 반 성례전적 관심이다. 많은 요한복음 연구가들은 요한복음 저자가 당시 성행하던 물질주의적 성례전에 반대하여 그의 복음서에서 세례와 성례에 대한 언급을 의도적으로 삭제하고 있다고 지적한다. 물로 세례를 받고, 떡과 포도주를 나눈다고 해서 그것이 구원을 보장하는 것이 아니다. 예수의 마지막 만찬에서 성례전에 참석했던 베드로가 예수를 부인하고, 가룟 유다가 예수를 배반하지 않았던가? 그래서 요한복음 저자는 그런 성례전보다 더 중요한 것, 즉 스스로 자기를 낮추면서 섬기는 일 그리고 스스로 자기 생명을 다른 사람들을 위해 내어주는 일이 더 중요하다고 강조한다.

셋째로 반 사도적 관심이다. 요한복음에서 "열두 제자"가 전혀 중요하지 않은 것은 요한복음의 또 다른 특징이다. "열두 제자"란 말 자체도 거의 사용된 바 없고, 공관복음에서처럼 열두 제자가 하나씩 예수로부터 부름을 받는 소명 설화나, 열두 제자가 예수로부터 파송 받는 이야기도 나오지 않는다. 이런 특징은 요한공동체가 열두 제자가 주도하는 주류에 속하지 않고 "사랑하는 제자"를 중심으로 발전하던 비주류에 속하는 종파적 공동체였기 때문으로 알려지고 있다. 이 본문에서도 예수께서 마지막 만찬을 함께 나누고 발을 씻긴 대상이 "열두 제자"가 아니라 "제자들"이다. 열두 제자들만을 중요시하는 공관복음과는 다른 요한복음 저자의 관심이 여기서도 그대로 나타나고 있다.

넷째로 여인에 대한 관심이다. 요한복음에서는 "여인"이 부각될 뿐 아니라 중요한 역할을 하고 있다. "예수의 모친"이 예수의 공생애 시작(요 2:1-12)과 마지막(요 19:25-27)에서 중요한 역할을 하고 있는 점, 사마리아 여인이 예수의 전도자로 중요한 역할을 하고 있는 점(요 4:39), 베드로의 위대한 신앙 고백이 요한복음에서는 마르다의 입을 통해 소개되고 있는 점(요 11:27), 베다니 여인이 예수의 발을 씻김으로서 예수에게 제자들의 발을 씻어주는 모범을 보인 점, 부활하신 예수를 맨 처음 만난 사람과 가장 먼저 예수 부활의 기쁜 소식을 다른 제자들에게 전해 준 사람이 막달라 마리아였다는 점(요 20:11-18), 그래서 요한복음에서 막달라 마리아는 "사도들에게 보내진 사도"란 별명까지 얻고 있다는 점 등등에서 볼 수 있다. 요한복음에서 여인은 아주 높이 평가되고 있다. 본문에서도 베다니의 여인의 행동이 예수의 말씀과 유다의 행동과 연계되어 높이 평가되고 있다.

다섯째로 요한복음 저자는 독자들에게 예수를 위해 향유를 희생하는 여인과 돈을 위해 예수를 배반하는 유다를 대조적으로 소개하고, 또 다른 한편으로는 다른 사람들의 구원을 위해 자신의 생명을 내어주는 예수와 자신의 탐욕을 위해서 예수를 배반하는 유다를 대조적으로 소개함으로써, 예수를 따르는 제자들의 모습에 대한 신앙적 교훈을 주려고 했던 것으로 생각된다. 무릇 예수를 믿고 따르고자 한다면, 예수처럼 그리고 베다니의 여인처럼 자신을 희생하여 다른 사람을 살려야하고, 절대 유다처럼 자신의 탐욕을 위해서 예수를 배반해서는 안 된다는 교훈을 이 본문 가운데서 읽을 수 있어야 할 것이다.

이처럼 요한복음 저자의 다양한 신학적 관심들은 이 한 본문 안에 집중되어 있다. 바로 이점에서 예수께서 제자들의 발을 씻기신 이야기는 요한복음 저자의 신학적 관심을 들여다 볼 수 있는 좋은 창문이 된다.

35 겟세마네 동산의 예수

(마 26:36-46)

예수께서 십자가의 고난을 앞두고 제자들과 함께 겟세마네 동산을 찾아 기도하신 이야기는 공관복음서 모두에서 소개되고 있다(막 14:32-42, 마 26:36-46, 눅 22:40-46). 그러나 복음서 본문들을 조금만 주의해서 읽어본다면, 그 기록들 간에 적지 않은 차이가 있음을 알 수 있다.

우선 예수께서 기도하신 곳이 마가복음과 마태복음에는 "겟세마네"였는데 누가복음에는 "겟세마네"란 언급은 전혀 없고 예수께서 기도하신 "그 곳(눅 22:40)"이 "예수께서(…)습관을 좇아" 찾으셨던 "감람산"이라고 말한다(눅 22:39). 그래서 "겟세마네 동산의 예수"란 명칭은 마가와 마태의 본문에 어울리며, 누가의 본문에는 "감람산의 예수"가 적합하다.

그보다 더 두드러진 차이는 누가복음의 경우 "1막극(one act drama)" 형식의 이야기로, 예수께서 제자들로부터 떨어져서 기도하시고 제자들에게로 다시 돌아온 사건이 한 번 일어난다. 그에 비해 마가복음과 마태복음은 "3막극(three acts drama)" 형식으로 예수께서 제자들로부터

"세 번" 떨어져서, "세 번" 기도하고, "세 번" 제자들에게 돌아와서, "세 번" 모두 제자들이 잠들어 있는 것을 발견한다. 마가와 마태는 제자들이 잠들어 있었다는 것을 분명하게 강조하는 것이다. 따라서 마가와 마태 본문에 적합한 명칭은 "겟세마네 동산에서 기도하시는 예수"가 아니라, 마땅히 "기도하는 예수와 잠들어있는 제자들"이 되어야 할 것이다. 반면 누가의 본문은 이야기의 초점이 "기도하는 예수"에게 있고, 잠자는 제자들에 대한 언급은 거의 없기 때문에 "감람산에서 기도하시는 예수"라고 부르는 것이 더 적절하다.

또한 똑같이 3막극 형식으로 소개하는 마가복음과 마태복음 간에도 몇 가지 차이가 있다(이하 참조). 그래서 실제로 겟세마네 동산에선 어떤 일이 있었는지, 어느 복음서의 기록이 가장 사실에 가까운 지 알아내기가 쉽지 않다. 이런 점 때문에 복음서 연구가 몇몇은 겟세마네 동산의 예수 이야기가 부활절 이후 기독교 공동체가 교인들을 위한 신앙 교육 목적으로 만들어낸 이야기(an invention of the Christian community after the Resurrection)라고 생각하기도 했다.

그러나 이 이야기가 "무로부터의 창조(creatio ex nihilo)"가 아니라, 어느 정도는 역사적 사실에 근거한 것이라는 주장도 제기되고 있다. 히브리서 5장 7절에서 "그가 육으로 계시던 때에 자기를 죽음에서 구원하실 수 있는 분을 향하여 크게 부르짖고, 눈물을 흘리시며 간구하며 탄원하셨다"는 말씀도 그렇고, 주님이 고민과 번민 가운데서 기도할 때 제자들은 잠들어 있었다는 솔직하고도 부정적인 묘사가 순전히 초대교회의 창조물로 믿기는 힘들다. 어느 정도 역사적 사실에 기초하여 신앙적인 교육을 위해 본문을 구성했다는 말이다.

(1) 마태복음 본문과 기록 목적

마태복음 저자는 자신의 문서 자료인 마가복음 본문을 이용하면서도 이런저런 수정을 가하여 자신만의 독특한 설교를 구성했다. 우리는 먼저 마태가 마가복음 본문에 어떤 편집적인 손질을 가했는지, 편집 과정에서 드러나는 마태의 의도는 무엇인지를 살펴볼 필요가 있다.

이 본문은 마태복음에서 예수께서 그의 제자들과 함께 있는 마지막 본문이다. 이 직후에 "제자들이 다 예수를 버리고 도망한(마 26:56)" 것으로 기록되어 있기 때문이다. 마태복음에서 다시 예수께서 제자들과 함께 하는 장면은 예수의 부활 이후, 예수의 승천 직전이다(마 28:16 이하). 예수께서 가장 힘들어 하실 때, 곧 그가 체포되어 심문을 당하고 십자가에 처형을 당하는 고난의 순간순간에 제자들은 예수와 함께 있지 못했다. 아마 이런 점 때문에 마태는 겟세마네 동산의 이야기를 소개할 때 마가복음이나 누가복음과 달리 "예수와 함께"란 주제를 강조한 것으로 보인다.

마태는 주후 90년경에 그의 복음서를 기록할 때, 마가복음 본문(주후 70년경 기록)을 문서 자료로 이용하면서도 다음과 같은 몇 가지 수정을 가한다.

첫째로 마태는 이야기의 첫 구절에서 마가의 "저희가 겟세마네라 하는 곳에 이르매(막 14:32)"를 "예수께서 제자들과 함께 겟세마네라 하는 곳에 이르러(마 26:36)"로 바꾸었다. 예수를 주어로 내세움으로써 예수의 주도권을 강조하는 것이기도 하지만,[1] 이것이 예수께서 제자들과 함께 있었던 마지막 장면이었음을 암암리에 말해주고 있다.

둘째로 마태는 "예수와 함께"라는 주제를 본문에서 계속 강조하고 있

---

1) 막 14:32에서는 "그들이 겟세마네라고 하는 곳에 이르러"라고 복수 3인칭이 주어로 사용되고 있다.

다. 마태만이 38절에서 마가와는 달리 "나와 함께 깨어 있으라", 40절에서 "나와 함께 한시 동안도 이렇게 깨어 있을 수 없더냐?"라는 말을 통해 "예수와 함께"라는 주제를 거듭해서 말한다. 이는 제자들이 예수와 함께 하지 못했기 때문에 결국 예수를 버리고 도망하고, 배반하고, 부인하게 된 것이라는 의미를 드러낸다.

셋째로 마태는 겟세마네 동산을 찾았던 예수 자신의 "인간적인 정신적 심리적인 갈등"을 상당히 완화시키려고 했다. 마태가 마가복음 14장 33절의 "심히 놀라시며 슬퍼 하사"란 구절에서 "심히 놀라셨다"라는 말을 생략하고, "고민하고 슬퍼하사(마 26:37)"로 수정한 데서 엿볼 수 있다. 또 마가복음 14장 35절의 "이 때가 자기에게서 지나가기를 구했다"는 말을 삭제한데서도 드러난다. 마태는 예수께서 하나님의 뜻에 순복하는 모습을 더 드러내려고 했던 것으로 생각된다.

넷째로 마태는 예수께서 "땅에 엎드리어(막 14:35)" 기도했다고 기록한 것을 "얼굴을 땅에 대시고 엎드리어 기도하셨다(마 26:39)"로 바꾸었다. 본문을 읽는 독자들에게 경건한 유대인들의 기도 자세(the reverential Jewish posture of prostration)[2]를 보다 바람직한 기도 자세로 가르치기 위해서였다.

다섯째로 마가복음에도 예수께서 세 번 가셔서 세 번 기도하셨다는 점이 나타나긴 하지만, 마태는 더욱 분명하게 세 번의 기도와 그 기도 내용까지 명시한다. 먼저 마가복음의 본문은 아래와 같다.

> 아바 아버지여 아버지께서는 모든 것이 가능하오니 이 잔을 내게서 옮기시옵소서. 그러나 나의 원대로 마옵시고 아버지의 원대로 하옵소서 (막 14:36)
>
> 다시 나아가 동일한 말씀으로 기도하셨다 (막 14:39)

---

[2] Frank J. Matera, Passion Narratives and Gospel Theologies, p. 96.

세 번째로 오사 (막 14:41)

마태는 다음과 같이 세 번의 기도 내용을 모두 소개하고 있다.

내 아버지여, 만일 할 만하시거든 이 잔을 내게서 지나가게 하옵소서. 그러나 나의 원대로 마옵시고 아버지의 원대로 하옵소서 (마 26:39)

다시 두 번째 나아가 기도하여 가라사대, 내 아버지여, 만일 내가 마시지 않고는 이 잔이 내게서 지나갈 수 없거든 아버지의 원대로 되기를 원하나이다 (마 26:42)

세 번째 동일한 말씀으로 기도하셨다 (마 26:44)

마태가 누가와 달리 이 이야기를 3막극으로 구성한 것은 베드로가 예수를 모른다고 세 번 부인한 것과 연결 짓기 위함으로 추정된다. 베드로가 예수를 세 번 부인할 것이라는 예언이 겟세마네 동산의 이야기 앞에서 소개되고 있고(마 26:34), 베드로가 실제로 예수를 세 번 모른다고 부인하는 이야기가 실제로 겟세마네 동산의 이야기 뒤에 기록되어 있기 때문이다(마 26:69-75).

마태가 의도적으로 마가의 본문을 수정한 점들이 사소해보일지라도 마태는 예수의 기도를 교회를 위한 모델로 보고 있기 때문에 매우 중요하다. 마태는 예수의 기도 내용을 세 번 소개하고(비록 세 번째 기도문은 "동일한 말씀으로 기도하셨다"고 말하고 있지만), 마가의 "아바 아버지여"란 호칭을 주기도문처럼 "내 아버지여"로 바꾸고, 주기도문에서 예수께서 제자들에게 이렇게 기도하라고 가르쳤을 때와 같이 "당신의 뜻이 이루어지이다"란 주기도문의 문구를 그대로 사용한다. 예수의 겟세마네 동산 이야기를 마태복음 6장의 기도에 관한 교훈과 더불어 초대교회를 위한 기도의 모델로 재구성하여 소개하는 것이다.

예수께서는 마태복음 6장에서 기도를 가르치셨을 때처럼 그 자신이 먼저 "사람들에게 보이려고" 기도하신 것이 아니라, 세 번씩이나 제자들을 떼어 놓고 "조금 나아가사(마 26:39)"[3] "홀로" 기도하셨다.

마가복음 14장 32절과 마태복음 26장 36절에 의하면 예수께서는 먼저 제자 그룹으로부터 홀로 떨어진다. "나의 기도할 동안에 너희는 여기 앉아있으라" 그리고 예수께서는 세 제자들만 데리고 더 가시다가 다시금 세 제자들로부터 떨어진다. "너희는 여기 머물러 깨어 있으라(막 14:35, 마26:39)" 누가복음에서는 예수께서 열두 제자들과 "돌 던질 만큼(눅 22:41)" 떨어져 있던 것에 비해, 마가복음과 마태복음에서는 예수께서 제자들과 두 단계로 격리되어 좀 더 철저히 떨어져 있다.

또한 예수께서는 그 자신이 기도할 때는 "이방사람들처럼 빈말을 되풀이 하지 말고(…)많은 말을 하지 말라(마 6:7)"고 가르치신 것처럼 겟세마네 동산에서 기도할 때 많은 말을 반복하지 않았으며, 사람에게 보이려고 기도한 것이 아니라, 홀로 하나님을 향해 오직 하나님 아버지의 원대로 이루어지기만을 기도했다.

마태가 겟세마네 동산의 이야기를 통해 강조하려고 했던 점, 즉 독자들에게 주려던 교훈은 "시험에 빠지지 않도록 깨어 있어 기도하라(마 26:41)"는 것이었다. 늘 "예수와 함께(마 26:38, 40)", 제자들처럼 잠들어 있지 말고 예수처럼 깨어 있어 기도해야한다는 것이다. 겟세마네 동산에서 기도하는 예수를 긍정적인 기도의 모델로, 기도할 때에 "예수와 함께" 있지 않고 잠을 자느라 "예수처럼" 기도하지 못했던 제자들을 부정적인 모델로 제시한다.

---

3) cf.마 26:42, "나아가", 마 26:44 "나아가"

(2) 누가복음의 본문과 그 기록 목적

누가복음 본문과 마가복음 및 마태복음 본문의 가장 큰 차이는 앞에서 지적했던 바와 같이 1막극 형태로 이야기를 소개한다는 점이다. 마가와 마태가 겟세마네 동산 이야기를 3막극으로 구성한 것이 베드로와의 연관성 때문이었다면, 누가가 1막극 형태로 이야기를 구성한 목적은 "기도하시는 예수"에게만 집중하기 위해서이다. 바로 이런 의도 때문에 누가의 감람산(겟세마네 동산) 이야기는 마가복음이나 마태복음과 다를 수밖에 없다.

첫째로 누가만이 예수께서 "늘 하시던 대로(헬라어 원문에서는 "습관에 따라"란 의미)"란 문구를 첨가하면서 예수께서 감람산을 찾아 기도하신 것이 습관으로 늘 하시던 일이었음을 강조한다. 누가는 독자들에게 기도의 습관을 갖도록 가르치려고 했던 것으로 생각된다.

둘째로 누가만이 이야기의 서론으로 "시험에 들지 않도록 기도하라(눅 22:40)", 결론으로 "시험에 들지 않게 일어나 기도하라(눅 22:46)"는 거의 똑같은 말씀을 반복하여 첨가한다. 누가는 독자들에게 "시험에 들지 않게 기도하라"는 것을 가르치려고 했던 것으로 생각된다.

셋째로 누가만이 예수께서 기도하실 때 "무릎을 꿇고 기도"하셨다는 말을 첨가했다. 그 당시 유대인들의 일반적인 기도 자세는 "서서" 두 손을 높이 들고 기도하는 것이었는데(눅 18:11), 누가는 무릎을 꿇고 기도하시는 예수를 기도의 모범으로 소개하면서 기도의 올바른 자세로 "무릎을 꿇는" 자세를 추천한다. 무릎을 꿇는 행동 자체가 자기 자신을 하나님 앞에 복종시키는 행동이기 때문일 것이다. 누가의 이런 의도는 누가가 기록한 누가복음의 속편인 사도행전에서 처음 제자들이 기도할 때 "무릎을 꿇고 기도"했다는 점을 언급한다는 사실에서도 잘 드러난다(행 7:60, 9:40, 20:36, 21:5).

넷째로 누가만이 예수께서 기도하실 때 "천사가 하늘로부터 예수께 나타나 힘을 더하더라(눅 22:43)"란 구절을 첨가했다. 예수께서 십자가의 고난을 앞두고 기도하실 때 천사와 함께, 천사의 도움을 받으며 기도했음을 강조하고 있다. 천사의 도움을 받아 기도하였기에 예수께서는 자기의 뜻을 고집하지 않고 "아버지의 뜻대로 하옵소서"라고 기도할 수 있었던 것으로 보인다. 우리가 기도할 때에도 예수처럼 천사와 함께, 천사의 도움을 받으며 기도한다면 우리도 우리의 뜻이 이루어지기만을 기도하지 않고, 하나님 아버지의 뜻이 먼저 이루어지기를 기도할 수 있게 될 것임을 가르치려고 했던 것으로 보인다.

다섯째로 누가만이 예수께서 기도하실 때 "간절히 기도하시니 땀이 땅에 떨어지는 핏방울 같이 되더라(눅 22:44)"는 말을 첨가했다. 누가는 독자들에게 기도할 때에는 예수처럼 "땀이 땅에 떨어지는 핏방울이 될" 정도로 간절히 그리고 열심히 기도하라고 가르치려고 했던 것으로 생각된다.

여섯째로 이런 차이점들은 누가의 본문에서는 "기도하시는 예수"만이 주요 관심사요 주요 강조점이라는 것을 보여준다. 마가와 마태에서는 기도하시는 예수뿐 아니라 그것과 대조적으로 잠들어있는 제자들이 강조되고 있기 때문에 좀 더 엄밀히 말하자면 마가와 마태 본문은 "기도하시는 예수와 잠들어있는 제자들"이라고 불러야 할 것이다. 그러나 누가의 본문은 오직 "기도하시는 예수"라고 불러야 할 것이다.

결국 누가는 예수께서 제자들의 배반과 부인 그리고 십자가의 고통을 앞두고 감람산에서 기도하셨다는 이야기를 기록할 때, 예수와 제자들에게 있었던 일을 그대로 전하는데 관심이 있었던 것이 아니다. 오직 예수께서 위기를 앞두고 무엇을 어떻게 하셨는지를 알려줌으로써, 독자들에게 그들이 위기에 직면할 때 예수처럼 예수를 본받아 "기도의 사람"이 될 수 있어야 한다는 점을 가르치는 것이다.

이처럼 복음서 저자들은 겟세마네 동산에서 기도한 예수의 이야기를 같은 의도로, 같은 내용을 소개하지 않는다. 마가와 마태는 위기의 순간에 예수처럼 기도하지 못해 실패했던 제자들을 염두에 두고, 겟세마네 동산 이야기를 통해서 위기를 맞을 때 제자들처럼 잠들지 말고 예수처럼 깨어 기도해야 한다는 점을 가르치고 있다. 누가는 오직 예수만을 기도의 모범으로 제시하면서, 독자들로 하여금 시험에 들지 않도록 예수처럼 기도의 습관을 가져야하며 기도할 때에는 예수처럼 무릎을 꿇고 천사의 도움을 받아가며 땀방울이 피가 되어 떨어질 정도로 열심히 기도할 것을 가르치고 있다. 누가복음을 "기도의 교과서"라고 부르는 이유가 바로 여기에 있다.

36 예수를 부인한 베드로
(막 14:54,66-72)

예수께서 그의 제자, 그것도 수제자로 알려진 베드로에게 세 번씩이나 부인당한 이야기는 가룟 유다에게 배반당한 것만큼이나 시대를 막론하고 모든 사람들에게 상당히 충격적인 사건일 것이다. 그래서 이 이야기는 예수 시대부터 쭉 많은 사람들의 입에 오르내리면서 독자적인 구전 전승으로 발전될 수 있었다.

베드로는 초대교회의 대표적 지도자로 활동하던 사람이 아니던가? 예수를 열심히 전파하던 초대교회 입장에서는 이 전승이 자랑스럽지 않았을 것이다. 이는 초대교회 지도자의 과거 수치스런 약점이며, 초대교회의 위상에도 손상이 될 수 있었기 때문에 당연히 교회 안에서 의도적으로라도 은폐하는 것이 마땅해 보인다. 그런데 초대교회 역사 속에서 최초로 예수의 구전 전승을 기초로 복음서를 기록한 마가는 베드로가 예수를 부인한 이야기를 가룟 유다가 예수를 배반한 이야기와 더불어 그의 복음서에 기록한다.

마가는 단지 40여 년 전에 있었던 과거의 이야기, 예수의 공생애 활동 당시 예수의 수난이 시작되던 때에 베드로가 그의 선생이신 예수를 대제사장의 계집종 앞에서 세 번씩이나 부인한 일과 그 전승을 초대교인들에게 알려주기 위해 기록한 것은 절대로 아니었다. 마가는 역사 기록을 목적한 역사 편찬자가 아니라, 자기에게 전해진 전승 자료들로 자기 시대의 교인들을 신앙적으로 지도하던 복음 전도자였다. 따라서 마가가 이 이야기를 소개하는 목적과 의도는 마가가 처해 있었던 그 당시 교회 상황에 비추어 이해해야 한다. 마가복음은 구체적인 역사적 상황 속에서 구체적인 필요에 의해서 기록된 책이기 때문에 더욱 그러하다.

그렇다면 마가가 그의 복음서를 기록하려고 결심하였을 때, 구태여 베드로가 예수를 세 번씩이나 부인했던 이야기를 소개하려고 했던 목적과 의도는 무엇이었을까? 이것을 알기 위해서 다음과 같은 질문을 던져야 한다. 마가복음이 기록될 당시 마가의 주변에서 어떤 일이 일어나고 있었기에 이 이야기에 관심 갖게 되었을까? 마가가 이 이야기를 그의 복음서에 기록함으로써 독자들에게 주려고 했던 메시지는 무엇이었을까?

마가복음 연구가들은 일반적으로 마가복음이 기록된 시기를 대충 70년 경으로 추정한다. 주후 70년은 예루살렘 성전이 돌 위에 돌 하나 남지 않고 무너진 해이고, 유대 나라가 로마의 의해 멸망당한 해이다. 유대 나라의 멸망은 66년부터 유대 열심당원들의 주도로 시작된 소위 유대 전쟁(the Jewish War)의 마지막 결과였다. 유대 전쟁의 주요 원인 가운데 하나는 주후 64년에 있었던 네로 황제의 기독교인 및 유대인에 대한 극심한 박해였다. 박해의 주요 대상이었던 기독교인 대부분이 유대인 출신이었다. 유대인들, 특히 열심당원들은 이방 세력을 거룩한 땅 예루살렘과 거룩한 성전으로부터 몰아내기 위해 로마를 상대로 주후 66년에 성전(聖戰)을 일으켰다. 그러나 결과는 뻔한 것이었다.

주후 64년 네로 황제의 박해부터 예루살렘 성전이 무너지고 유대 나라가 멸망하기까지의 약 10년간은 특히 마가 교회의 교인들에게 글자 그대로 고난과 박해의 기간이었다. 마가복음은 이 시기의 정점에서 기록되었다. 마가복음을 가리켜 "박해 문학" 또는 "고난의 복음"이라고 말하는 이유가 여기에 있다. 우리는 당시 로마 역사가들의 글을 통해서도 그 시기 기독교인이 당했던 박해와 고난의 참상을 엿볼 수 있다.

"네로는 백성들로부터 기독교인들이라고 불리는 사람들, 혐오의 대상으로 미워하던 부류의 사람들에게 가장 잔혹한 고문을 가했다(…)네로는 자신을 기독교인이라고 시인하는 자들을 잡아들이게 했다. 그리고 그들의 자백에 따라 엄청난 수의 사람들이 추가로 정죄 당했다. 그들의 죄목은 방화죄가 아니라 인류에 대한 미움이었다. 그들의 죽음에는 모든 종류의 조롱이 뒤따랐다. 기독교인들은 짐승의 가죽에 씌워진 채 사나운 개에게 물려 갈기갈기 찢겨 죽었으며, 또는 십자가에 못 박혀 죽었고 또는 해가 진 후에 그들의 몸을 불살라 야간 조명으로 이용하기도 했다."[1]

"네로의 통치 기간 동안에(…)새로운 그리고 잘못된 미신에 빠진 사람들로 알려진 기독교인들에게 형벌이 가해졌다."[2]

"사실상 네로는 그가 어떤 방법을 쓰건 로마의 방화가 그의 명령에 의한 것이라는 비난으로부터 벗어날 길이 없었다. 따라서 그는 그 비난을 기독교인들에게 돌렸으며, 아울러 가장 잔인한 고문을 무죄한 자들에게 부과했다. 아니 아주 새로운 종류의 처형 방법을 만들어내기까지 했다. 그래서 들짐승의 가죽으로 뒤집어씌운 채 기독교인들을 개에 물려 죽게 했고, 다른 한편으로는 많은 사람들을 십자가에 달아놓거나 혹은 불로 태워 죽였고, 해가 진 다음에 야간 동안의 조명 목적으로 불에 타죽은 사

---

1) Tacitus, Annals, 15:44.
2) Suetonius, Nero, 16.

람들도 적지 않았다. 처음에는 이런 식으로 기독교인들에 대한 잔인성이 나타나기 시작했었다. 그런데 후에 이르러서는 그들의 종교가 법으로 금지되기도 했다. 그래서 칙령에 의해 기독교인이 되는 것이 불법임이 공포되기도 했다. 이때에 바울과 베드로가 사형 언도를 받아 바울은 칼로 목이 잘려 죽었고, 베드로는 십자가에 달려 죽었다."[3]

이런 박해 상황에서 마가 시대 교인들은 끊임없이 로마 군인들로부터 자신들의 기독교인 정체에 대한 추궁을 받았을 것이다. 그 상황에서 기독교인이라는 자신의 정체에 대해 시인(고백)하는 것은 곧바로 죽음을 의미했다.

주후 30년 경 베드로가 대제사장의 계집종 앞에서 처해 있었던 상황은 그로부터 약 40년 후 닥친 박해 시대에 마가의 교인들이 자신들의 정체를 추궁하는 로마 군인들 앞에서 당했던 상황과 거의 똑같았다. 다시 말해 마가 시대의 수많은 교인들이 과거 베드로가 처했던 추궁의 자리에 서게 된 것이다.

마가 시대의 교인들이 모두 당당하게 자신의 기독교인 정체를 고백하고 기꺼이 형장의 이슬로 사라졌으리라 생각하기는 쉽지 않다. 적지 않은 교인들이 과거 베드로처럼 자신의 기독교인 정체를 숨긴 채, 과거 베드로처럼 자신들은 예수를 모른다고 자신들은 아니라고 부인하여 위기의 순간을 모면하고 자신의 목숨을 보전하고픈 유혹을 받았을 것이다.

이것이 마가가 "베드로가 예수를 세 번 부인한 이야기"를 주저 없이 선택하여 그의 복음서에 기록하게 만든 상황이다. 마가는 베드로가 예수를 부인한 이야기로 당시 비슷한 상황에 처하게 될, 또는 이미 처해 있던 동료 기독교인들을 신앙적으로 올바로 지도하고자 했을 것이다.

---

3) Sulpicius Severus, Chronicle, ii. 29.

마가의 의도는 무엇이었을까?[4] 그의 의도를 올바로 파악하기 위해서는 이야기가 어떻게 구성되고 편집되었는지 주목할 필요가 있다.

마가의 본문을 살펴보면 마가는 베드로가 예수를 모른다고 부인한 이야기를 독자적인 전승이 아니라, 예수께서 대제사장 앞에서 심문받는 이야기와 밀접히 연관시켜 소개한다. "베드로가 예수를 부인한 이야기(막 14:54,66-72)"와 "예수께서 대제사장 앞에서 심문 받은 이야기(막 14:55-65)"가 서로 샌드위치 된 형태로 소개되고 있다.[5]

본문에서 두 이야기는 대제사장의 집("대제사장의 집 안마당에서(막 14:54)")을 무대로 동시적으로 일어나는 것 같으면서도 아주 대조적으로 소개되고 있다. 마가는 베드로 이야기의 서론인 54절에서 예수와 베드로가 똑같이 대제사장의 집 안마당까지 들어갔음을 말하면서 예수와 베

---

[4] 이 이야기를 그의 복음서에 기록하여 소개하는 마가의 의도에 대해서, 마가는 베드로가 예수를 모른다고 부인했던 이 이야기를 가지고 "베드로와 같은 경험을 했던 사람들을 위한 격려"로 이용하려고 했다고 해석한 학자도 있었다(D.E. Nineham, The Gospel of St. Mark, Pelican Gospel Commentary, Baltimore: Penguin Books, 1973, p. 399). 그의 설명에 따르면 마가 시대에 그의 교회 안에는 박해와 순교의 위기에 직면해서 순간적인 실수로 인해 예수를 부인하고, 자신의 기독교인 정체성을 부인함으로써 목숨을 건진 기독교인들이 많이 있었지만, 나중에 자신들이야말로 또 다른 베드로, 제2, 제3의 베드로라고 생각하면서 가슴을 치며 괴로워하는 교인들도 많이 있었다. 그런 상황에서 마가는 과거에 예수의 으뜸 제자였던 베드로도 위기의 순간에 그런 실수와 과오를 범했던 이야기를 소개하면서, 너무 자책하며 절망하지 말고 나중에 베드로가 회개했을 때 하나님께서는 다시금 그에게 또 다른 기회를 주시어서 초대교회 안에서 수천 명을 회개시키는 놀라운 일을 행했던 일을 상기시키면서, 오히려 회개하고 돌아서서 새 마음으로 새 출발하도록 위로하며 격려하려고 했다고 해석했다. 이런 식으로 해석한다면 〈베드로가 예수를 부인한 이야기〉는 마가의 박해 시대에 순간적으로 예수를 부인함으로서 목숨을 보전했다가 나중에 자신의 행위에 대해 자책하면서 가슴 아프게 회개하는 심령들에게 주는 위로와 격려의 메시지라고 생각할 수도 있을 것이다. 그러나 이런 해석이 비록 의미 있는 그리고 당시 상황에 비추어서도 이해할 만한 해석이라고 생각될 수도 있지만, 이것이 마가의 의도를 올바로 읽어낸 해석이라고 보기는 어렵다.

[5] 한 이야기를 다른 이야기에 샌드위치 시켜 소개하는 이른바 샌드위치 편집 방법(the sandwiching method)은 마가의 독특한 자료 편집 방법으로 잘 알려져 있다. 마가복음에서 이런 형태의 자료 편집은 여러 곳에서 여러 번 나타나고 있다. 대표적인 것으로는 막 5장에서 혈루병 여인의 이야기(5:25-34)가 회당장 야이로의 딸을 고치는 이야기(5:21-24, 35-43)에 의해 샌드위치 되어 있고, 세례 요한의 죽음 이야기(6:14-29)가 열두 사도들의 선교 파송 이야기(6:7-13, 6:33 이하)에 의해 샌드위치 되어 있고, 예수의 성전 숙정 이야기(11:15-19)가 무화과나무 저주 사건(11:12-14, 20-25)에 의해 샌드위치 되어 있는 것 등을 들 수 있다.

드로 모두 시험과 시련을 직면했음을 언급한다. 그러면서도 마가는 예수와 베드로 간에 근본적인 차이점을 부각시키고 있다.

첫째로 예수께서는 대제사장의 "집 뜰 안(막 14:54)"에서 그의 정체에 대해 심문을 당하는데("네가 찬송 받을 자의 아들 그리스도냐?(막 14:61)"), 베드로는 대제사장의 집 "아랫뜰(막 14:66)"과 "바깥뜰에서(막 14:68)" 심문을 당하고 있다("너도 나사렛 예수와 함께 있었도다(막 14:67)", "너는 갈릴리 사람이니 참으로 그 당이니라(막 14:69-70)").

둘째로 예수의 심문 이야기는 예수와 대제사장의 대면으로부터 시작되고 있다(막 14:55). 반면 베드로의 부인 이야기는 예수의 제자요 그의 종인 베드로와 대제사장 집의 계집종과의 대면으로 시작되고 있다(막 14:66). 안에서는 주인이 주인을 심문하고 있고, 바깥에서는 그 종이 그 종을 심문하고 있는 형태이다.

셋째로 예수께서는 대제사장들 앞에서 자신의 정체에 대해 추궁 당했을 때 당당하게 자신의 정체를 고백하였다("내가 바로 그이다(막 14:62)"). 그런데 베드로는 계집종과 사람들 앞에서 자신의 정체성에 대해 추궁 당했을 때 비겁하게 그러나 강경하게 부인하였다("나는 네 말하는 것이 무엇인지 알지도 못하고 깨닫지도 못하겠노라(막 14:68)", "저주하며 맹세하되 나는 너희가 말하는 이 사람을 알지 못하노라(막 14:71)"). 결국 마가는 자신의 정체에 대해 심문을 당했을 때, 당당히 자신의 정체를 밝힌 예수와 비겁하게 자신의 정체를 강력하게 부인한 베드로를 하나의 본문 하나의 장면에서 대소시켜 독자들에게 보여주는 것이다.

마가는 이런 형태의 본문 구성을 통해서 베드로와 비슷한 상황에 처하게 될 마가 시대 기독교인들을 향해서, 너희가 박해의 시기에 기독교인 정체에 대해 추궁당할 때 베드로처럼 비겁하게 예수를 모른다고 부인하여 생명을 보전할 것이 아니라, 오히려 예수처럼 당당하고 용감하게 너희의 기독교인 정체성을 고백하라고 가르치려고 했다.

　　마가는 이미 제자직과 관련하여 8장 35절에서 "누구든지 제 목숨을 구원코자 하면 잃을 것이요 누구든지 나와 복음을 위하여 제 목숨을 잃으면 구원하리라"고 가르쳤고, 또 8장 38절에서는 "누구든지 이 음란하고 죄 많은 세대에서 나와 내 말을 부끄러워하면 인자도 아버지의 영광으로 거룩한 천사들과 함께 올 때에 그 사람을 부끄러워하리라"고 가르친 바 있다. 마가는 자기 시대의 기독교인들로 하여금 육체가 죽는 것을 두려워하기보다 오히려 영혼이 영원히 죽는 것을 두려워해야 한다고 가르치려고 했다. 이렇게 이해한다면 마가의 의도에는 박해와 고난의 시기에 있을 수 있는 "배교의 위험을 겨냥한 경고(a warning against the perils of apostasy)"[6]가 담겨 있다고 보아야 할 것이다.

　　마가 시대 교인들은 로마 제국의 정치적 혹은 종교적 박해와 순교의 위기 앞에서 자신의 기독교적 정체성을 부인하고자 하는 유혹에 직면했었지만, 오늘날의 우리는 경제적 혹은 도덕적인 온갖 불의와 부정 앞에서 자신의 기독교인 정체성을 부인하려는 유혹에 직면하게 될지도 모른다. 모든 시대의 제2, 제3의 베드로들에게 "예수를 부인한 베드로의 이야기"는 계속 "배교와 배신에 대한 경고의 메시지"로 읽혀져야 할 중요한 본문이 된다. "예수를 배반한 가룟 유다의 이야기"도 마찬가지이다. 자신의 개인적인 이익을 위해 예수와 자신의 신앙을 배반하는 또는 배반하려는 유혹을 받는 제2, 제3의 유다들은 언제 어디서나 생겨날 수 있기 때문이다. 바로 이런 점 때문에 성경은 과거의 말씀이 아니라, 모든 시대의 모든 사람들에게 주어진 살아있는 하나님의 현재적인 말씀이 된다.

---

[6] D.E. Nineham, The Gospel of St. Mark(Pelican Gospel Commentary, Baltimore: Penguin Books, 1973), p. 399.

37　헤롯 앞에서 심문받은 예수

(눅 23:6-12)

복음서의 수난 전승에 의하면 예수께서는 먼저 산헤드린 앞에서 종교 지도자들로부터 심문을 받았다. 산헤드린은 예수께서 자신을 하나님의 아들이라고 주장한 것이 신성모독이며 따라서 예수는 사형에 해당한다고 정죄하였다(막 14:54-65, 마 26:57-68, 눅 22:66-71, 요 18:19-24). 그러나 당시 로마의 통치 아래 있던 유대교 당국자들에게는 사형시킬 수 있는 권한이 없었기 때문에 예수를 빌라도 총독에게 넘겨주었다. 그로 하여금 처형하게 하기 위해서였다. 예수께서는 빌라도 앞에 다시 끌려 나가 심문을 받게 되었고(막 15:1-15, 마 27:11-14, 눅 23:1-5,13-25, 요 18:28-19:18), 결국 빌라도가 예수를 십자가에 못 박도록 군인들에게 내어주어 골고다에서 처형되었다.

그런데 누가복음에는 예수께서는 산헤드린과 빌라도 앞에서 심문을 받은 것 이외에 헤롯[1] 앞에도 끌려가서 별도로 심문을 받은 내용이 나온다(눅 23:6-12). 누가에 의하면 산헤드린이 예수를 빌라도에게 직접 끌고

---

[1] 이 헤롯은 헤롯 대왕의 아들 헤롯 아그립바로서 누가복음에서는 3:1에서 처음으로 언급되고 있다. 이 헤롯이 세례 요한을 투옥시키고 죽였던 사람이며(눅 9:7-9) 예수도 죽이려고 했던 사람이다(13:31). 누가는 이 헤롯을 "분봉 왕 헤롯"이라고 부르고 있다(눅 3:19, 9:7).

가서 넘겨주었지만, 빌라도는 예수가 갈릴리 사람인 것과 갈릴리가 헤롯의 관하에 속한 것을 알고는 예수를 헤롯에게 넘겨주었다.

　복음서 가운데 오직 누가복음만이 예수께서 세 번에 걸쳐서 심문을 받은 것으로 전해주고 있다. 첫 번째로 예수께서는 유대 종교 지도자들, 즉 산헤드린 앞에서 심문을 받았고(눅 22:54-71), 두 번째로 헤롯 앞에서 심문을 받았으며(눅 23:6-12), 세 번째로 빌라도 총독 앞에 나아가 심문을 받았다(눅 23:1-5,13-25).

　여기서 다음과 같은 질문을 하게 된다. 헤롯 앞에서 심문 받은 이야기는 누가만이 입수한 전승 자료에 의한 것인가? 아니면 누가 자신의 독특한 구성에 의한 것인가? 그리고 누가가 이 본문의 이야기를 통해서 독자들에게 전해주려고 했던 메시지는 무엇인가? 이런 질문들에 대답을 찾는 가운데서 누가의 수난 설화에 나타나는 누가의 독특한 신학적 관심사를 밝혀보고자 한다. 먼저 본문(눅 23:6-12)의 내용부터 살펴보기로 하자.

(1) 본문 내용 분석

　본문은 예수께서 빌라도 앞에서 심문을 받는 이야기 한 가운데에 샌드위치 되어 있다. 누가복음에 의하면 빌라도는 예수를 심문하는 도중에 예수가 갈릴리 사람인 것을 알고는 갈릴리를 다스리던 분봉 왕 헤롯에게 예수를 보낸다. 그러나 헤롯은 예수에게서 고소를 입증할 만한 것을 찾지 못하자 예수를 다시 빌라도에게 돌려보냈다. 그래서 잠깐 중단되었던 빌라도 앞에서의 심문이 계속된다.

　누가는 헤롯의 심문 이야기를 한편으로는 "갈릴리"란 단어를 이용하여 23장 1-5절과 6-12절을 연결시키고 있고, 다른 한편으로는 "헤롯"이란 단어를 이용하여 23장 6-12절과 13-25절을 연결시키고 있다. 또

"대제사장"은 세 부분을 연결시키는 고리 역할을 하고 있다(눅 23:4,10,13).

다른 관점에서 본다면 본문은 빌라도의 무죄 선언(눅 23:4)과 또 다른 빌라도의 무죄 선언(눅 23:14) 사이에 샌드위치 되어 있기도 하다. 따라서 문맥상 본문은 예수의 무죄 선언과 "대제사장" 곧 유대 종교지도자들과 관련이 있는 이야기임을 분명히 알 수 있다.

본문에 의하면 갈릴리는 분봉 왕 헤롯의 관할 구역이었기 때문에 빌라도는 갈릴리 사람 예수를 헤롯에게 보내어 심문할 기회를 주었다. 헤롯은 예수를 보고 기뻐했는데 그가 이미 예수에 관한 소문을 듣고 오래 전부터 예수를 보고자 했었기 때문이었다(눅 23:8). 누가는 그의 복음서 앞부분에서도 분봉 왕 헤롯이 예수에 관한 소문을 듣고 "예수를 만나고 싶어 했다(눅 9:9)"고 언급한 바 있다. 헤롯은 예수가 자기가 죽였던 세례 요한이 다시 살아난 것이라는 소문을 들었기 때문에, 과연 예수가 누구인지 그의 정체에 대해 궁금해 하고 있었다. 그런 상황에서 빌라도가 예수를 헤롯에게 보내주었다.

조셉 타이슨(Joseph B. Tyson)은 헤롯이 세례 요한을 처형한 당사자이고 또 예수가 부활한 세례 요한이라는 소문에 관심을 가졌기 때문에, 더구나 예수를 죽이려고 했던 사람이기 때문에(눅 13:31), 예수를 보고자 했던 이유는 그가 세례 요한에게 했던 일을 예수에게도 하기 위해서라고 말한다.[2] 이런 점을 염두에 둔다면 헤롯이 드디어 원했던 대로 예수를 만나게 된다는 이 이야기는 아주 극적인 대면(a climactic confrontation)이다. 그리고 "헤롯과 예수의 이 만남은 우연한 만남이 아니라 복음서 전체를 통해 잘 준비된 만남"[3]이였던 것으로 생각되기도 한다.

헤롯의 심문은 형식상으로는 빌라도의 심문과 비슷하다. 헤롯이 "여

---

[2] Joseph B. Tyson, The Death of Jesus in Luke-Acts(University of South Carolina Press, 1986), p. 134.
[3] Frank J. Matera, Passion Narratives and Gospel Theologies: Interpreting the Synoptics Through Their Passion Stories(New York: Paulist Press, 1886), p. 177.

러 말로 물었고", 옆에서 "대제사장들과 서기관들이 서서 힘써 고소했으며", 예수께서는 아무 말도 하지 않았다. 그러나 예수께서는 결국 무죄로 밝혀졌다. 물론 차이점들도 있다. 헤롯과 예수 사이에는 아무런 대화가 없었다. 헤롯은 여러 말로 질문했으나 예수께서는 "아무 말도 대답지 아니했다".

본문에는 예수에 대한 고소 내용이나, 예수에 대한 선고 내용도 전혀 밝혀지지 않고 있다. 다만 나중에 빌라도의 "헤롯이 예수를 다시 빌라도에게 보낸 것은 예수에게 아무 죄가 없기 때문이라"는 말을 통해서 헤롯이 예수의 무죄를 인정했음이 암시되고 있을 뿐이다. 그토록 예수를 죽이려고 했던 헤롯이 정작 예수를 만나 심문한 후에 아무런 유죄 판결을 내리지 않고 그냥 빌라도에게 돌려보낸 일은 쉽게 이해할 수 없는 일이다. 그러나 헤롯의 심문 이야기가 빌라도의 1차 무죄 선언(눅 23:4)과 2차 무죄 선언(눅 23:14) 사이에 편집되어 있는 것을 고려한다면 이해하기 그리 어려운 일도 아니다.

또 우리가 주목해야 할 점은 본문의 이야기가 두 가지 언급으로 끝맺고 있다는 사실이다. 하나는 헤롯과 그의 군대가 예수를 모욕하고 희롱했다는 점(눅 23:11)과 헤롯과 빌라도가 그날 서로 친구가 되었다는 점(눅 23:12)이다.

(2) 본문 구성에 관한 설명들

예수께서 헤롯 앞에서 심문을 받는 이야기는 다른 복음서들의 수난 설화에서는 찾아볼 수 없다. 따라서 다음과 같은 질문이 제기된다. 누가는 이 이야기 혹은 이 자료를 어디서 구했는가? 이 장면은 실제로 있었던 역사적 사건이었는가? 아니라면 본문 이야기는 누가의 자유로운 문학적 구성인가?

본문의 구성에 관련해 다음과 같은 세 가지 가능성을 생각해볼 수 있다.[4] 첫째는 누가가 이야기의 전체 내용을 초기 자료로부터 입수했을 가능성이다. 복음서 저자들은 예수와 관련된 모든 전승 자료를 입수된 대로 다 소개한 것은 아니다. 예수와 관련된 전승이란 이유로 모두 다 "낱낱이 기록한다면 이 세상이라도 그 기록된 책들을 다 두기에 부족하리고 생각(요 21:25)"했기 때문이다. 그들은 자기들의 복음서 기록 목적에 적합한 자료들만을 선택해서 소개했을 것으로 보인다. 이런 관점에서 본다면 예수께서가 헤롯 앞에 섰던 이야기는 실제 사건이고 예수의 수난과 관련한 나름대로 독립된 전승 자료였는데, 다른 복음서 저자들은 이 이야기의 중요성을 별로 인식하지 못해서 그들의 복음서에 소개하지 않은 반면에 누가는 자신의 기록 목적에 잘 부합한다고 생각하여 빌라도의 심문 이야기와 관련시켜 소개했던 것이라고 생각할 수 있다.

둘째는 누가가 헤롯과 예수의 죽음이 관련된 초기 전승들을 토대로 거기에 마가복음 등에서 나온 다른 자료들을 결합하여 이야기를 구성했을 가능성이다. 그러니까 실제의 역사적 사건과는 관련 없이, 그러나 헤롯과 직접 관련된 전승들과 복음서 자료들을 어느 정도 토대로 하여 본문의 이야기를 구성한 것으로 보는 입장이다.[5]

셋째는 누가가 초기 전승이나 문서 자료와 상관없이 이야기를 스스로 만들어냈을 가능성이다. 예수의 심문과 처형에 헤롯이 직접 관여할 여지가 전혀 없기 때문에 이 이야기는 실제로 있었다고 보기 어렵다는 견해가 제기되곤 했다. 종교직인 문제는 산헤드린이 다루면 될 것이고, 정치적인 문제는 빌라도가 다루면 될 것이었다. 분봉 왕에 지나지 않았

---

4) 이 세 가지 가능성과 각각 그 가능성을 내세우는 학자들의 명단을 참고하라 Cf.Raymond E. Brown, The Death of the Messiah(New York: Doubleday, 1993), I, pp. 778.
5) 본문 가운데 누가에게만 독특한 어휘나 단어 혹은 문체들이 얼마나 많이 나타나고 있는지에 대해서는 Cf.Raymond E. Brown, The Death of the Messiah(New York: Doubleday, 1993), p. 768.

던 헤롯은 예수의 문제에 직접 관여할 필요가 전혀 없었다. 따라서 이 이야기는 실제로 있었던 사건이라기보다는 누가가 특별한 목적 때문에 구성해서 삽입한 이야기에 지나지 않는다는 지적이 있어왔다.

우리는 이런 지적과 관련해서 특별히 디벨리우스(M. Dibelius)와 커드베리(H.J. Cadbury)의 주장에 관심을 가져 볼 필요가 있다. 그들은 누가가 이 이야기를 시편 2편 1-2절로부터 만들어냈다고 주장한다.[6]

시편 2편 2절에 보면 "세상의 군왕들이 나서며 관원들이 서로 꾀하여 여호와와 그 기름 받은 자들 대적하며"란 말이 나온다. 여기서 "기름 받은 자를 대적하는" 사람으로 언급되고 있는 "군왕들과 관원들"의 대표자로 누가는 빌라도와 헤롯을 제시하고 있다는 것이다. 이런 주장은 누가가 사도행전 4장 25-26절에서도 이 시편을 인용하면서 "과연 헤롯과 본디오 빌라도는 이방인과 이스라엘 백성과 합동하여 하나님의 기름 부으신 거룩한 종 예수를 거슬렸다(행 4:27)"고 말하는 점에서 가장 설득력이 있다.

그러나 예수의 심문과 관련하여 헤롯이 등장하는 것과, 예수께서 헤롯 앞에서 심문을 받았다는 이야기는 단지 예수의 수난이 시편 2편의 성취라는 의미 이상의 또 다른 중요한 의미를 갖고 있는 것으로 생각된다.

많은 누가복음 연구가들은 누가가 사도행전에서 바울이 심문당하는 장면을 소개할 때 복음서의 예수께서 심문 당하는 장면의 패턴에 따라 그 내용을 구성하고 있다는 점을 지적한다.[7] 누가복음이 예수의 심문 이야

---

6) M. Dibelius, From Tradition to Gospel tr. by B.L. Woolf(New York: Scribner's Son, 1935), p. 199; "Herodes und Pilatus," ZNTW XVI(1915), pp. 113-126; H.J. Cadbury, The Making of Luke-Acts(London: SPCK, 1927; reprinted 1968), p. 231. 다른 한편으로 R. Bultmann은 이 이야기가 누가 이전 사람에 의해 만들어진 것으로 생각하고 있다(cf.The History of Synoptic Tradition, p. 273).

7) H.J. Cadbury, The Making of Luke-Acts, p. 310; J. Munck, The Acts of the Apostles(AB, 31; Garden City, NY: Doubleday, 1967), lxxvii-lxxviii; H. Flender, St. Luke: Theologian of Redemptive History, tr. by Reginald and Ilse Fuller(Philadelphia: Fortress Press, 1967), p. 131; cf.H. Conzelmann, The Theology of St. Luke, tr. by Geoffrey Buswell(New York: Harper & Row, 1960), p. 217, n.2.

기로 끝나듯이, 사도행전은 바울의 심문 이야기로 끝이 난다. 그리고 예수의 수난이 선지자들에 의해 예고되었듯이, 바울의 수난도 선지자 아가보에 의해 예고되었다(행 21:10-14). 또 바울에 대한 고소 내용도 예수의 고소 내용과 상당히 비슷하다(눅 23:2,5, 행 17:67, 21:28, 24:5-6).

이처럼 사도행전에 나오는 바울의 수난 이야기는 누가복음에 나오는 예수의 수난의 패턴을 따라 소개되고 있는데, 한 부분에서만 그 패턴이 거꾸로 되어있다. 바울의 이야기 패턴으로 예수의 이야기를 구성한 것이다. 바로 예수께서 헤롯 앞에 끌려가 심문을 당하는 이야기이다.[8]

아마도 누가는 복음서에서 예수께서 헤롯 앞에 선 이야기를 소개할 때 그가 사도행전에서 바울의 심문과 관련해서 보도했던 이야기에 따라서 구성한 것으로 보인다. 주목할 점은 바울은 세 번에 걸쳐, 세 종류의 권위 앞에서 심문을 당하고 있다는 점이다.

첫 번째 심문은 산헤드린 앞에서였고(행 22:30-23:10), 두 번째 심문은 헤롯 아그립바 앞에서였고(행 25:14-26:32), 세 번째 심문은 벨릭스(행 24:1-27)와 베스도(행 25:1-12) 즉 로마 총독 앞에서였다. 누가는 예수도 바울과 똑같이 산헤드린과 헤롯 아그립바와 로마 총독 앞에서 심문을 받았음을 강조한다.

이렇게 함으로써 누가는 수난과 관련한 예수와 바울 간의 평행을 좀 더 완전하게 구성했고, 다른 한편으로는 예수나 바울 모두 서로 다른 부류의 권위 앞에서 충분히 심문을 받았음을 드러내준다. 누가복음에서 예수께서 헤롯 앞에서 서게 된 이야기가 소개된 것은 사도행전에서 바울이 헤롯 아그립바 앞에 섰기 때문으로 보인다.

---

[8] Paul W. Walaskay, 'And So We Came to Rome': The Political Perspective of St. Luke(Cambridge University Press, 1983), p. 43.

(3) 본문의 기록 목적과 메시지

첫째로 이 이야기가 갖고 있는 주요 목적과 메시지는 예수의 무죄성을 강조하는 데 있다. 우리는 앞서 본문이 예수에 대한 빌라도의 1차 무죄 선언과 2차 무죄 선언 사이에 샌드위치 되어 있기에, 그 의도가 예수의 무죄 선언과 밀접히 연결되어 있음을 지적한 바 있다.

다른 복음서와 달리 누가복음에서 빌라도가 예수의 무죄를 강조하는 대표적인 인물로 나타나는 것은 아주 특이하다. 탈버트(C.H. Talbert)는 빌라도가 예수를 심문하는 장면인 누가복음 23장에서 "빌라도는 공식적인 공판을 주도하는 재판관으로보다는 예수 사건을 변론하는 변호사로 나타나고 있다"고 지적하기도 했다.[9]

그런데 누가는 이 이야기를 통해 예수의 무죄를 인정한 또 다른 제2의 인물을 소개하고 있다. 그러니까 본문의 목적 중 하나는 예수의 무죄를 증언하는 제2의 인물, 곧 헤롯을 소개함으로써 "사람이 아무 악이든지 무릇 범한 죄는 한 증인으로만 정할 것이 아니요 두 증인의 입으로나 세 증인의 입으로 그 사건을 확정할 것이라"는 신명기 19장 15절의 말씀을 충족시키는 것이다.[10] 그래서 피츠마이어(Fitzmyer)는 다음과 같이 결론내린다. "이 이야기의 중요성은 전적으로 헤롯이 이 이야기에 부여하고 있는 증언에 있다. 그는 예수에게서 처벌할만한 것을 전혀 찾지 못해서 그를 빌라도에게 다시 돌려보냈다. 두 명의 팔레스타인 권위자들이 그들의 행동으로 예수의 무죄성에 대해 증언하고 있음을 밝혀주고 있기 때문에 이 장면은 예수의 무죄를 고조시키고 있다."[11]

---

9) C.H. Talbert, Reading Luke, p. 217.
10) C.H. Talbert, Reading Luke, p. 216. Sharon H. Ringe도 우리의 본문에서 헤롯이 로마의 증인인 빌라도와 함께 예수의 무죄를 증거하고 있다 Cf.Sharon H. Ringe, Luke(Westminster Bible Companion, Westminster John Knox Press, 1995), p. 272.
11) Joseph A. Fitzmyer, The Gospel According to Luke(AB 28, New York: Doubleday, 1983), p. 1480.

또 헤롯과 빌라도, 이 두 사람의 무죄 선언이 설득력이 있는 이유는 "두 명의 증인을 요구하는 유대인 율법 때문이 아니라, 이 두 사람의 지위 때문이다."[12] 한 사람은 유대 분봉 왕이고 다른 한 사람은 로마의 총독이었다. 누가복음에서는 두 사람 모두 예수의 무죄를 분명히 밝히고 있다.

둘째로 예수의 죽음의 책임을 로마인으로부터 유대인에게로 돌리려는 것이다. 누가가 그의 수난 설화에서 예수의 죽음의 책임을 로마인으로부터 유대인에게로 돌리는 데 많은 관심을 기울이고 있다는 사실은 어느 정도 잘 알려진 사실이다. 이점은 산헤드린을 비롯해 유대 백성들은 예수를 죽이려고 애쓰는 데 비해서 로마 총독 빌라도는 예수의 무죄를 거듭 선언하며 계속 예수를 놓아주고자 애쓰고 있는 데서도 잘 드러난다.

유대인 무리들은 빌라도에게 "이 사람(예수)을 없이하고 바라바를 우리에게 놓아 주소서(눅 23:18)", "저(예수)를 십자가에 못 박게 하소서 십자가에 못 박게 하소서(눅 23:19)"라고 소리 질렀으며, 계속해서 "큰 소리로 재촉하여 십자가에 못 박기를 구했다(눅 23:23)". 그러나 로마 총독 빌라도는 오히려 세 번에 걸쳐 예수의 무죄를 공개적으로 선언하면서(눅 23:4,14,22), 세 번에 걸쳐서 예수를 방면할 의사를 밝히기도 했다(눅 23:16,20,22).

이것은 사도행전에서 바울의 경우에서도 마찬가지이다. 유대인들은 바울을 잡아 죽이려고 거듭 애쓰는데(행 21:31-32, 21:35-36, 22:22, 23:12, 25:3, 25:24), 도리어 로마의 총독 베스도(행 25:18,25)와 천부장(행 23:29-30)은 바울의 무죄를 인정하였다. 뿐만 아니라 유대인들이 예루살렘에서 무리를 선동하여 바울을 죽이려고 할 때에 로마의 천부장이 군인들과 백부장을 시켜 바울을 로마 병영으로 데리고 가도록 명

---

12) Raymond E. Brown, The Death of the Messiah(New York: Doubleday, 1994), II, p. 777.

했으며(행 21:27-40), 바울을 죽이기 전에는 먹지도 마시지도 않겠다고 맹세한 사람들의 위협 때문에 로마의 천부장은 바울을 보호하기 위해 보병 200명, 기병 70명, 창병 200명을 동원하여 벨릭스 총독에게 안전하게 호송해주기도 했다(행 23:12-33).

이런 관점에서 중요한 사실은 누가복음에 나오는 예수에 대한 모욕과 희롱의 장면이 마가복음에서 소개된 문맥과 다르게 소개되고 있다는 점이다. "헤롯과 그의 군대가 예수를 모욕하고 희롱하고 화려한 옷을 입힌" 행동이 마가복음에서는 다른 장면에서 다른 사람들에 의해 저질러진 것으로 소개되고 있다. 마가복음에서는 예수를 희롱하며 모욕한 것이 사령부 안에 있던 로마 군인들, 곧 빌라도의 군인들이였는데(막 15:16-20), 누가복음에서는 예수를 희롱하며 모욕한 것이 로마 군인들이 아니라 "헤롯과 그의 군대(눅 23:11)"였다. 크리드(J.M Creed)가 지적한 바와 같이 누가는 "기꺼이 모욕적인 행동을 로마 군인들로부터 지방 분봉왕의 군인들에게로 돌리고 있다."[13]

누가복음에서 예수를 모욕한 것은 헤롯의 군대만이 아니었다. 성전 수비대들도 예수를 체포한 후 모욕하며 때리기도 했다(눅 22:52,63-65). 성전 수비대는 분명히 유대인들로 구성되어 있었을 것이다. 절반은 유대인이었던 헤롯과 그의 군대들이 예수의 수난과 죽음에 대한 책임을 로마인으로부터 유대인에게로 돌리려는 누가의 목적을 도와주고 있는 셈이다.

누가의 의도에서 본다면 빌라도와 로마는 궁극적으로 예수의 피에 대해 무죄하며, 헤롯이 예수께서 당한 모욕의 책임을 져야만 했고, 유대 종교 지도자들이 그의 죽음에 대한 책임을 져야만 했다. 이 점에서 로마

---

13) J.M. Creed, The Gospel According to St. Luke(London: Macmillan, 1930), p. 280.

의 앞잡이 분봉 왕 헤롯은 예수의 심문 이야기에서 산헤드린과 로마 제국 간의 중요한 고리 역할을 하고 있다. 헤롯이 예수의 무죄를 인정하는 점에서는 빌라도와 같은 편이 되어 친구가 되었지만, 예수를 모욕하고 죽이는 점에서는 유대인과 같은 편이 되었던 것이다.

셋째로 예수의 죽음이 갖는 신학적 의미를 전해주는 것이다. 이 이야기는 누가의 수난 신학의 주요 메시지, 곧 예수의 고난과 죽음은 용서와 치유를 가져온다는 것을 전해주고 있다. 특히 본문 마지막 구절에서 잘 드러난다. 누가는 결론에서 헤롯과 빌라도가 친구가 되었음을 강조하고 있다. "헤롯과 빌라도가 전에는 원수이었으나 당일에 서로 친구가 되니라(눅 23:12)" 이 말의 의미는 무엇인가? 헤롯과 빌라도가 똑같이 예수의 무죄를 인정하고 있고, 그 점에서 서로 하나가 되었다는 의미로 읽을 수 있다.

그러나 그보다 더 중요한 의미가 담겨져 있다. 예수께서는 십자가 위에서 마지막 숨을 거두는 순간에도 죄인에 대한 용서를 베푸셨다. 여기 그의 마지막 운명이 결정되는 심문 과정에서도 예수께서는 과거의 원수를 화해시키며 친구 되게 하셨다. 따라서 본문의 마지막 구절은 "예수의 능력이 그가 수난을 당하는 동안에도 원수들을 화해시키는 정도라는 것을 말해주는 누가의 표현 방식이다."[14] 탈버트(Talbert)도 이렇게 말한다. "그리스도의 죽음을 인간적 적개심의 화해로, 특히 유대인과 이방인 간의 구분의 화해로 나타내고 있는 에베소서처럼, 누가복음 23장 12절은 유대인 지도자(헤롯)가 예수께서 피를 흘리시는 바로 그 날에 이방인(빌라도)과 화해되었음을 가리키고 있다."[15] 결국 "에베소서의 상징적인 역사가 누가복음에서는 실제의 역사로 나타나고 있다."[16]

---

14) Frank J. Matera, Passion Narratives and Gospel Theologies, p. 178.
15) C.H. Talbert, Reading Luke, p. 217; E. Schweizer, The Good News According to Luke(Atlanta: John Knox Press, 1971), p. 352.
16) John Drury, Tradition and Design in Luke's Gospel(Atlanta: John Knox Press, 1976), p. 17.

브라운(R.E. Brown)은 23장 12절이 누가의 수난 신학을 용서와 치유로 나타내주고 있다고 말한다.[17] 헤롯이 이전에는 예수를 죽이려 했고 심문 과정에서도 예수를 모욕하는 등 예수의 원수였으나, 예수께서는 마치 자기를 체포하러 왔던 대제사장의 종의 귀를 고쳐주신 것처럼 헤롯과 빌라도에게 은총을 베풀어 그들의 적대감을 치유해주어 서로 친구가 되게 해주었기 때문이다.

---

17) R.E. Brown, The Death of the Messiah, II, p. 778.

로마 총독 빌라도 앞에서 재판 받은 예수
(눅 23:1-5,13-25)

(1) 예수와 빌라도의 만남

예수께서는 십자가에 처형되기 이전에 여러 번 심문을 받은 것으로 기록되어 있다. 그 구체적 내용에 있어서 복음서들 간에는 적지 않은 차이가 있다. 가장 중요한 차이는 심문 횟수일 것이다. 마가, 마태, 요한의 경우 예수께서는 두 번 심문을 받으셨다. ① 유대 종교 지도자들로 구성된 산헤드린 앞에서 받은 심문 ② 로마의 총독 빌라도 앞에서 받은 심문.

그러나 누가의 경우 총 네 번 심문을 받는다. ① 산헤드린 앞에서 받은 심문(눅 22:66-71) ② 빌라도 앞에서 받은 심문(눅 23:1-5) ③ 헤롯 앞에서 받은 심문(눅 23:6-12) ④ 다시 빌라도 앞에서 심문을 받은 후에 십자가 처형 선고를 받는다(눅 23:13-25). 두 번째와 네 번째를 다른 복음서들처럼 빌라도 앞에서 받은 하나의 심문으로 본다 하더라도, 다른 복음서들과는 달리 분명히 세 번에 걸쳐 세 곳에서 세 지도자들에게 심문을 받는다. 예수께서 산헤드린과 빌라도에게 받은 심문 외에 헤롯에게 심문받은 이야기는 누가복음에서만 읽을 수 있는 내용으로, 누가의 특별한 관심사를 반영해준다.

　복음서들 간에 모두 일치하는 내용은 예수께서 겟세마네 동산에서 체포된 후, 먼저 유대인의 공의회인 산헤드린 앞에 끌려가 심문을 받았다는 점(눅 22:66-71)과 그 후에 다시 빌라도 앞에 나아가 심문을 받았다는 점이다(눅 23:1-5,13-25). 하지만 예수께서 산헤드린에게 심문당한 이야기는 복음서들 중 누가복음의 본문이 가장 짧다(막 14:55-68, 마 26:59-68, 눅 22:66-71). 반면 예수께서 빌라도에게 심문 당한 이야기 누가복음의 본문이 다른 복음서들보다 오히려 긴 편이다(막 15:2-15, 마 27:11-26, 눅 23:2-5,13-25). 누가는 예수께서 로마의 총독 빌라도에게 받은 심문에 더 많은 관심을 보이고 있다.

　누가복음에서 예수께서 빌라도에게 심문을 받는 장면은 아주 중요하다. 예수 수난 설화의 클라이맥스이기 때문도 하지만, 예수와 빌라도의 만남은 누가나 그의 독자들에게 기독교와 로마 제국의 만남이라는 더 크고 중요한 의미를 갖기 때문이다.

　누가가 누가복음(그리고 사도행전)을 기록할 당시, 누가 공동체는 기독교의 복음을 로마 세계에 전파해야 하는 중요한 과제에 직면해 있었다. 누가는 다른 복음서 저자들과는 달리 예수께서 빌라도 앞에 나가 심문을 받는 장면에 특별한 관심을 기울일 수밖에 없었다. 때문에 결과적으로 다른 복음서들과는 아주 다른 독특한 의도를 드러내게 되었다.

(2) 정치적으로 고발된 예수

　예수께서 유대인의 산헤드린에서 심문을 받을 땐 주로 종교적인 죄목이었다. 마가와 마태에 의하면 예수께서는 "손으로 지은 성전을 헐고 손으로 짓지 아니한 다른 성전을 사흘에 짓겠다"고 말한 것 때문에 성전 모독죄로 고발당했다(막 14:58, 마 26:61). 그리고 심문 과정에서는 "네가 하나님(혹은 찬송 받을 자)의 아들이냐?(막 14:61, 마 26:63)"는 추궁을 당했다. 종교적 의미를 가진 질문이었다. 이 질문에 예수께서는 "내가 그니라(마태는 '네가 말하였느니라')"고 대답했고 당시 종교지도자들에게 이 대답은 사형에 해당(막 14:64, 마 26:66)하는 신성 모독죄 "참람한 말(blasphemy, 막 14:64, 마 26:65-66)")였다.

그러나 산헤드린은 예수를 처형할 수가 없었다. 요한복음 18장 31절에서 분명히 언급된 바와 같이 유대인들에게는 사람을 죽이는 권한이 없었다. 그래서 예수를 죽이기 위해 로마 총독인 빌라도에게 넘길 수밖에 없었다. 그러나 예수를 성전 모독죄나 신성 모독죄로 고소할 수는 없었다. 로마의 총독에게는 종교적 문제는 관심의 대상이 아니었기 때문이다. 그래서 그들은 예수를 빌라도에게 넘길 때, 죄목을 정치적인 것으로 바꾸어 고발하였다. 누가복음 23장 2절에 보면, 유대인들이 예수를 빌라도에게 넘길 때 세 가지 죄목을 예수에게 적용하였다. 첫째는 "백성을 미혹하는 죄"이고, 둘째는 "가이사에게 세금을 바치는 것을 금한 죄"이고, 셋째는 "자칭 왕 그리스도라고 한 죄"이다. 모두 정치적인 죄목이다.

누가가 누가복음을 기록할 당시 갖고 있었던 선교적 입장에서는, 예수께서 종교적인 죄목으로 처형되었는지, 정치적인 죄목으로 처형되었는지의 문제는 매우 중요했다. 예수께서 유대 종교 지도자들에게 받은 성전 모독죄나 신성 모독죄와 같은 이유로 처형되는 것은 누가의 주요 관심사가 아니었을지 모른다. 그런 죄들은 로마 세계를 향해 예수를 전파하는데 별다른 장애가 되지 않았기 때문이다. 그러나 정치적인 이유로 로마 제국에 의해 십자가 극형에 처형당했다는 것은 로마 세계를 향한 선교에 커다란 장벽이 될 수도 있었다.

아마 로마의 총독 빌라도에게도 중요한 관심은 과연 예수께서 정치적으로 위험 요인이 되는가 하는 문제였을 것이다. 그래서 누가는 빌라도에 대한 고발이 정치적 고발이었다는 점을 분명히 밝히고 있다.

누가는 세 가지 고발 항목에 이어서 23장 5절에서 예수를 다시 빌라도에게 고발한 사람들이 더욱 강경하게 "그 사람은 갈릴리 온 땅에서 (…)백성들 선동하고 있었다"고 말하는 것을 지적하면서 특별히 "갈릴리"를 언급한다. "혁명적인 활동의 온상(눅 4:44, 7:17, 행 10:37)인 갈릴리에 대한 언급이 정치적 의미를 강조해주는 것"이기 때문이었다.

예수를 고발한 세 가지 죄목 중에서 빌라도가 관심을 기울인 것은 예수께서 "자칭 그리스도 왕(Christ King)"이라고 했던 점뿐이었다. 그에게는 애매한 "그리스도 왕" 혹은 "메시아 왕"보다는 자기가 담당하고 있는 유대 땅의 왕, 곧 "유대인의 왕"이란 단어가 더 중요했다. 그래서 빌라도는 예수에게 "네가 유대인의 왕이냐?"고 직접 물었다(눅 23:3). 그 질문에 대한 예수의 대답은 애매하게도 "네가 말하였다(you have said so)"였다. 빌라도는 예수의 대답을 듣고 즉각 "나는 이 사람에게서 아무 허물도 찾지 못했소"라고 말했다. 그에게 "네가 말하였다"는 예수의 대답은 "그건 네 말이지 내 말이 아니다"라며 자신의 질문을 부정한 것으로 받아들여졌음에 틀림없다.

누가가 전해주는 빌라도의 심문 과정과 빌라도의 마지막 판결에 대한 기록을 보면 예수께서는 정치적 죄목으로 고발되었음에도 불구하고 로마의 총독 빌라도의 최종 판결은 "무죄"였다(눅 23:2). 이점이 누가에게는 중요했다.

(3) 예수에 대한 빌라도의 무죄 선언

누가복음의 이런 기록은 좀 의외라고 생각되기도 한다. 왜냐하면 복음 전승의 예수께서는 분명히 로마 총독 빌라도에게 유죄 판결을 받고 십자가형에 처해졌기 때문이다. 그래서 기독교인들이 고백하는 〈사도신경〉에서도 "본디오 빌라도에게 고난을 받으사 십자가에 못 박혀 죽으시고"란 문구가 들어가 있지 않은가?

최초로 기록된 것으로 알려진 마가복음에서도 예수께서는 먼저 산헤드린에서 사형에 해당한다는 죄목을 받은 후 빌라도에게 넘겨졌고, 빌라도가 예수를 심문한 후 결국 "예수를 채찍질한 후에 내어주어 십자가에 못 박게 했다(막 14:15)"고 기록되어 있다. 그 당시 유대인들에게는 처형권이 없었다는 점(요 18:31)과 빌라도의 최종 판단과 결재에 의해 예수께서 로마의 극형인 십자가에 처형되었다는 점을 고려한다면 〈사도신경〉의 고백문처럼 예수의 죽음에 대한 궁극적인 책임은 로마 총독 빌라도에게 있는 것이 사실로 보인다. 그러나 누가는 로마 당국을 대표하는 로마 총독의 입을 통해서 예수의 무죄성을 무척이나 강조하고 있다. 누가가 기록한 예수 수난 설화의 독특한 점은 누가가 예수의 무죄성(sinlessness)을 강조한다는 것이다. 마가복음과 마태복음에서는 이런 점이 전혀 강조되지 않으며, 빌라도에 의한 예수의 무죄 선언에 대한 강조는 누가복음만의 독특한 점이다.[1] 누가는 예수의 수난 이야기에 등장하는 다른 여러 사람의 입을 통해서도 반복적으로 예수의 정치적 무죄를 강조한다. 예수의 무죄에 대한 누가의 변증은 그의 수난 이야기에서 나타나는 일관된 관심사요 주요 강조점이다.

누가복음에서 예수의 무죄를 가장 분명하고도 강력하게 주장한 사람은 놀랍게도 로마 총독 빌라도이다. 누가는 빌라도의 입을 빌어 대제사장들 및 온 무리들 앞에서 공식적으로 예수의 무죄를 세 번씩이나 선언

---

[1] 누가복음 이후에 기록된 것으로 알려지고 있는 요한복음에서도 비로소 누가복음에서처럼 예수의 무죄성에 대한 변증이 나타나고 있다(18:38, 19:4, 19:6). 따라서 누가는 예수의 무죄에 대한 변증을 주장했던 최초의 복음서 저자로 생각된다.

하고 있다.

> 내가 보니 이 사람에게 죄가 없도다 (눅 23:4)
>
> 보라 내가 너희 앞에서 사실하였으되 너희의 고소하는 일에 대하여 이 사람에게서 죄를 찾지 못하였다 (눅 23:14)
>
> 빌라도가 세 번째 말하되 이 사람이 무슨 악한 일을 하였느냐 나는 그 죽일 죄를 찾지 못하였나니(…) (눅 23:22)

이처럼 빌라도는 예수의 정치적 무죄를 세 번씩이나 강조한 데 이어, 예수께서 무죄이기 때문에 석방하겠다는 의도도 세 번에 걸쳐 반복적으로 표명하고 있다.

> 그가 행한 일에는 죽일 일이 없느니라. 그러므로 때려서 놓겠노라 (눅 23:15-16)
>
> 빌라도는 예수를 놓고자 하여 다시 그들에게 말했다 (눅 23:20)
>
> 나는 그에게서 죽일 죄를 찾지 못하였나니 때려서 놓으리라 (눅 23:22)

빌라도의 이 같은 태도와 선언은 정말로 의외이다. 왜냐하면 분명히 예수께서는 정치적인 죄목으로 빌라도 앞에 끌려나왔기 때문이다. 그런데도 빌라도는 예수를 유대 종교 지도자들 및 모든 백성들 앞에서 공개적으로 예수의 무죄를 거듭 선언하고, 더 나아가 예수를 석방하고자 하는 의사까지 거듭 밝히고 있다.

이처럼 누가복음에서 빌라도는 정말로 이상하게도 예수의 심판자, 심문자, 정죄자가 아니라 오히려 예수의 변호사로 등장한다. 이런 모습은 실제 역사적 빌라도의 모습이라기보다는 누가의 신학적 의도에 의해 구성된 것으로 생각된다. 빌라도의 이런 점은 마가복음이나 마태복음에서는 전혀 찾아볼 수 없고 오직 누가복음에서만 강조되고 있기 때문에,

우리로서는 이것이 누가의 신학적 의도의 산물이라고 결론 내릴 수밖에 없다.

누가복음이 소개하는 예수 수난 설화의 마지막 정점인 예수와 빌라도, 아니 기독교와 로마 제국이 만나는 이 장면에서 누가의 관심은 오로지 빌라도가 내린 마지막 판결 곧 예수는 로마 사람의 눈에는 아무런 죄가 없다는 점을 강조하는 데만 집중되어 있는 것 같다. 그렇다면 누가가 예수의 정치적 무죄를 강조하는 이유와 목적이 과연 무엇인가? 이 질문에 대한 대답은 누가가 누가복음을 기록하던 당시의 역사적 상황과 기록 목적을 알아보는데서 찾아야 할 것이다.

(4) 누가의 기록 목적과 의도

신생 기독교 운동의 급격한 성장 과정에서 유대인을 대상으로 한 선교 활동이 한계에 도달하자, 초대교회는 그 대상을 유대인으로부터 이방인에게로 돌리기 시작했다. 그 결과로 초대교회 안에는 이방인 개종자들이 많이 늘어나기 시작했다.

그러나 로마 세계에 널리 흩어져 있는 이방인을 상대로 한 선교 활동도 그렇게 순탄하지는 않았다. 이방인을 겨냥한 초대 기독교의 선교 활동에는 거대한 장애물이 버티고 있었다. 그것은 바로 초대 기독교가 "구주" 혹은 "주님"으로 전파하고 있는 예수께서 당시 지중해 연안을 지배하던 로마 제국에게 정치적으로 유죄 판결을 받아 십자가에 처형된 인물이란 사실이다.

당시 복음 전도자들이 복음을 들고 들어가는 거의 모든 지역은 로마 황제의 깃발이 휘날리고 있었다. 그런 지역에서 로마가 정치적으로 유죄 판결을 내려 십자가에 처형한 사람을 구주와 주님으로 믿고 받아들이라고 하는 얼토당토않은 일이었다. 이방인 입장에서는 예수를 구주로 믿는다는 것은 로마에 대한 일종의 반역 행위가 될 수 있었기에 당연히 복음을 받아들이고 믿는 일에 주저할 수밖에 없었다. 이런 상황에서 누가는 이 장애물을 제거하는 일이 세계 선교를 위해 가장 시급하고 중요한 일이라고 생각했다. 그래서 누가복음과 사도행전 기록을 통해서 부분적으로 이 장애물 제거를 위한 작업에 착수하게 되었던 것으로 보인다.

누가는 한편으로 예수께서 로마 당국에 의해 정치적으로 유죄판결을 받고 처형된 것이 아님을 강조하면서 기독교가 로마 당국에 정치적으로 무죄하고 무해한 종교임을 분명히 밝힌다. 또 다른 한편으로는 로마 당국과 기독교의 관계가 적대적인 관계가 아니라 우호적이며 호의적인 관계라는 사실을 널리 알림으로써, 로마 세계를 향한 기독교 선교의 발판을 공고히 세우려 하였다.

누가의 이런 정치적 혹은 선교적 의도가 가장 잘 드러나고 있는 부분이 바로 누가복음 23장이다. 누가는 빌라도와 헤롯의 심문을 통해서(눅 23:6-12) 각각 그의 무죄를 강조하고, 더 나아가 회개하는 강도의 입을 통해서(눅 23:41), 십자가 처형을 진두지휘하던 로마 백부장의 고백을 통해서(눅 23:47) 계속 예수의 무죄를 강조하고 있다.

왜 누가는 이처럼 다른 복음서 저자들의 기록과 달리, 또는 역사적 진실에도 불구하고 예수의 무죄를 강조하는 일에 집착하고 있는 것일까? 대답은 간단하다. 예수의 정치적 무죄를 널리 알리는 일이 기독교 복음 전파의 장벽을 제거하는 일, 아니 복음 전파의 문을 활짝 여는 일이었기 때문이다!

# 십자가 위에서 회개한 강도를 구원해준 예수
(눅 23:39-43)

예수께서 십자가에 달리셨을 때 그 곁에 두 행악자가 함께 달려 있었다는 기록은 모든 복음서에 다 나온다(막 15:27,32, 마 27:38,44, 눅 23:32,39-43, 요 19:18). 그러나 이 두 행악자에 관한 구체적인 내용에서 누가복음이 다른 복음서와 여러 가지 차이를 보이고 있다. 이런 차이는 누가의 독특한 의도를 알아낼 수 있는 중요한 열쇠가 될 수 있다. 먼저 본문 상으로 어떤 차이가 드러나는지 하나씩 살펴보기로 한다.

첫째로 누가는 예수와 함께 십자가에 달린 두 행악자에게 다른 복음서들보다 더 많은 관심을 보인다는 점이다. 누가는 그들에게 많은 지면을 할애하여 아주 상세한 정보를 제공하고 있다.

마가는 "예수와 함께 강도 누 사람이 십자가에 달렸는데, 하나는 그의 오른편에 또 하나는 그의 왼편에 달렸습니다(막 15:27)"는 언급과 더불어 "예수와 함께 십자가에 달린 자들도 예수를 욕했습니다(막 15:32)"라고 기록한다. 마태도 마찬가지다(마 27:38,44). 요한은 "그들이 예수를 십자가에 못 박아 달았습니다. 그리고 예수를 가운데 두고 다른 두 사람도 그 좌우편에 세운 십자가에 달았습니다(요 19:18)"라는 말로 십자가에 함께 달렸던 두 사람에 대해 언급한다. 그러나 누가는 "다른 죄수 두 사람도 사형장으로 예수와 함께 끌려가고 있었습니다(눅 23:32)"란 언급과 더불어, 누가복음 23장 39-43절에서 십자가에 달린 두 행악자들이 서로 나누었던 대화와 두 행악자들 중 한 사람이 예수와 주고받았던 대화도 소개하고 있다.

십자가 위에서 있었던 두 행악자의 대화, 그리고 회개한 행악자와 예수의 대화는 다른 복음서에서는 전혀 찾아볼 수 없는 내용들이다. 이는 분명히 누가에 의해 구성된 독특한 내용들이며, 누가만의 독특한 신학적 관심을 드러내고 있는 것으로 볼 수 있다.

누가복음에만 나오는 두 행악자의 차이와 구별에 대한 이야기는 아마도 창세기 40장의 요셉 이야기를 토대로 구성된 것으로 보인다. 수난설화에서 요셉과 예수의 유사성이 나타난다는 점은 이미 잘 알려져 왔다. 요셉이 그의 "열두 형제들 중 유다"의 제안에 의해서 은 삼십에 팔렸는데, 예수께서는 그의 "열두 제자들 중 유다"의 배반에 의해서 은 삼십에 팔렸다는 이야기가 대표적인 경우 중 하나이다.

누가가 예수께서 십자가 위에 달렸을 때 나눈 두 행악자와의 이야기를 기록할 때 요셉이 옥에 갇혀있을 때에 그의 곁에 함께 갇혀 있었던 두 관원, 곧 술 맡은 관원과 떡 굽는 관원의 이야기를 염두에 두었을 가능성이 많아 보인다. 십자가 위의 두 행악자의 운명이 대조적으로 갈렸듯이, 요셉과 함께 옥에 갇혔던 두 관원의 운명이 대조적으로 갈렸기 때문이다.

술 맡은 관원은 복직되어 바로 왕의 궁정으로 돌아갔는데, 떡 굽는 관원은 나무에 달려 새들의 밥이 되어 죽었다. 요셉은 술 맡은 관원의 꿈을 해석해 주면서 "당신이 잘 되시거든 나를 생각하고 내게 은혜를 베풀어서(…)나를 건져주소서(창 40:14)"라고 부탁했고, 회개한 행악자는 예수에게 "당신이 당신의 나라에 들어가실 때에 저를 기억해주십시오"라고 부탁했다. 요셉 이야기에서는 술 맡은 관원이 나중에 요셉을 궁정 안의 영광의 자리로 데려갔는데, 누가 이야기에서는 예수께서 회개하는 행악자를 자기와 함께 낙원으로 데려갔다.

 누가가 두 행악자 이야기를 이처럼 구성하여 소개한 까닭은, 예수에 대해 부정적으로 조롱한 사람들도 있지만 동시에 예수에 대해 긍정적인 이해를 갖고 있던 사람들도 있었음을 강조하기 위함이다. 다른 복음서들 특히 마가와 마태는 "함께 십자가에 못 박힌 자들도 예수를 욕하더라(막 15:32, 마 27:44)"고 전한다. 예수와 함께 십자가에 달린 두 행악자 모두 예수를 욕했다는 말이다. 그러나 누가는 그들 중 하나는 예수를 조롱했지만(눅 23:39), 다른 한 사람은 오히려 그 행악자의 말을 반박하면서 "이 분은 아무 것도 잘못한 일이 없지 않느냐?(눅 23:41)"고 예수를 변호하였다. 이처럼 누가는 예수와 함께 십자가에 달린 두 행악자 중 하나는 예수를 조롱한 사람, 다른 하나는 예수를 변호하고 회개한 사람으로 묘사하고 있다.

 누가는 그의 복음서에서 자주 두 인물을 대조적으로 제시한다. 가령 마리아와 마르다, 부자와 거지 나사로, 바리새인과 세리 등등이다. 그리고 예수께서 십자가에 처형되는 마지막 장면에서도 예수에 대해 부정적인 생각을 갖고 있는 행악자를 예수에 대해 긍정적인 이해를 갖고 있는 또 다른 행악자와 대조시키고 있다. 조롱자들이 보는 예수의 모습 외에 또 다른 예수의 모습이 있음을 보여주려고 했던 것이다. 여기서 우리는 당시 유대 전통은 모든 일에는 마땅히 두 사람의 증인이 있어야 한다고 가르친다는 점을 상기할 필요가 있다.

 둘째로 누가만이 예수께서 두 행악자와 함께 십자가에 달렸다고 언급하는 본문에 앞서 "또 다른 두 행악자도 사형을 받게 되어 예수와 함께 끌려 가니라(눅 23:32)"란 말을 소개한다. 다른 복음서에는 예수께서 처형장에 도착한 이후에 두 행악자와 함께 십자가에 달렸다는 언급만 나올 뿐이다. 그러나 누가복음에서는 처형장에 도착(눅 23:33)하기 이전부터 이미 예수와 함께 사형장으로 끌려가고 있는 두 행악자(눅 23:32)가 나오고 있다.[1]

그런데 "다른 두 행악자가 예수와 함께 끌려갔다"란 헬라어 문장 자체가 좀 명확치 않아서 마치 예수도 행악자 중 한 사람인 것 같아 보인다. 시내산 사본과 바디칸 사본 등에는 이 구절이 문자적으로 다음과 같이 되어 있다. "다른 행악자들 두 사람이 예수와 함께(others wrongdoers two with him)" 이는 예수께서 다른 행악자 두 사람과 함께 사형을 받게끔 끌려갔다는 뜻이고, 결과적으로 예수도 다른 두 사람과 함께 행악자였다는 의미가 될 수 있다. 그래서 나중에 어떤 기독교인 서기관은 마치 〈미국 표준번역판(RSV)〉이 그랬던 것처럼 그런 해석을 피하기 위해 헬라어의 어순을 바꾸어 "행악자들인 다른 두 사람도 그와 함께 사형을 받게끔 끌려갔다(Two others also, who were criminals, were led away to be put to death with him)"라고 수정하였다. 누가에게 예수께서는 결코 "행악자(evildoer)"일 수 없다. 누가는 이미 23장 22절에서 빌라도가 예수께서 행한 "악한 일"을 전혀 찾지 못했다고 언급한 바 있고, 또 예수의 죽음 이후 다시금 로마 백부장의 입을 통해서 예수가 "의로운" 사람이라고 기록하고 있기 때문이다.

---

[1] 고대 라틴 사본 가운데 하나인 Codex Rehdigeranus 사본에는 이 두 행악자들의 이름이 "Ioathas et Maggatras"("Joathas and Maggatras")로 거명되고 있다. Cf.B.M. Metzger, A Textual Commentary on the Greek Testament, London: United Bible Societies, 1975, p. 180.

셋째로 누가는 두 행악자의 정체를 묘사할 때 다른 복음서와 차이를 보인다. 가령 요한은 가장 중립적으로 "다른 두 사람(two others)"이라고만 말한다(요 19:18). "강도들"이라든가 "행악자"이라든가 하는 말이 전혀 사용된 바 없다. 반면에 마가와 마태는 두 사람을 가리켜 "강도들(robbers, 헬라어 lestes)"이라고 불렀다(막 15:27, 마 27:38,44). 헬라어 "lestes"는 글자 그대로 "강도들"을 의미할 수도 있지만 초대교회 역사가인 요세푸스(Josephus)가 말했듯이 "열심당원들"을 가리키는 용어일 수도 있다.

그런데 누가는 두 사람을 "행악자들(evildoers, wrongdoers, criminals)"라고 불렀다. 누가가 강도들 대신 행악자란 단어를 사용한 것은 혹시 예수께서 그 당시 "열심당원" 즉 "정치적 혁명가"로 오해될 수 있는 여지를 없애기 위한 것으로 생각된다. 누가는 행악자란 단어를 통해 예수께서 22장 37절의 예언, 곧 "그는 불법한 자 가운데 하나로 여김을 받았다"는 말씀을 이루신 분으로 묘사한다. 디모데후서 2장 9절에서도 바울은 "복음으로 말미암아 내가 죄인과 같이(like criminal) 매이는 데까지 고난을 받았다"고 말한다. 누가에 의하면 예수께서는 죄인을 위해 스스로 이 세상에 오셔서, 죄인들 가운데서 사시다가, 결국 죄인들 한 가운데서 십자가에 달려 죽으신 분이다.

넷째로 오직 누가만이 십자가 위에서 있었던 두 형태의 대화를 소개하고 있다. 하나는 예수를 조롱하는 행악자와 예수를 변호하며 회개한 행악자 간에 주고받았던 대화이고, 다른 하나는 회개한 행악자와 예수 간에 주고받았던 대화이다.

첫 번째 대화에서 두 행악자 중 하나가 예수를 향해서 "당신이 그리스도가 아니요? 당신 자신을 구원하고 또 우리를 구원하시오"라고 예수를 조롱했고, 다른 행악자가 예수를 조롱하는 그를 향해서 "너는 하나님이 두렵지 않느냐? 너도 그이와 같은 선고를 받고 있지 않느냐? 우리는 우리의 범죄로 그 보응을 받았지만 이분은 아무것도 잘못한 일이 없지 않느냐?(눅 23:39-40)"고 반문한다.

회개하지 않은 행악자가 했던 조롱의 말(눅 23:39)은 백성의 지도자들이 했던 "이 사람이 남을 구원했으니 하나님의 그리스도요 택함 받은 자라면 자기를 구원하게 하라(눅 23:35)"는 조롱과 군인들이 했던 "당신이 유대인의 왕이거든 자기 자신을 구원하시오(눅 23:36)"란 조롱을 반영하고 있다.

사회의 세 계층, 곧 지도자들과 군인들과 죄인들 모두 예수를 조롱하는데 그 내용 역시 모두 똑같다. 예수께서 자신을 구원하지 못한다는 것이다. 누가는 세 계층의 조롱의 말을 통해 "구원"이란 단어를 연속적으로 세 번 반복하고 있다. 그리고 세 계층의 사람들이 예수를 조롱할 때마다 특정한 명칭을 예수께 적용하고 있는데 "하나님의 그리스도요, 택함을 받은 자(눅 23:35)", "유대인의 왕(눅 23:37)", "그리스도(눅 23:39)"이다. 첫 번째는 베드로의 신앙 고백("the Christ of God(눅 9:20)")과 변화산 하늘 음성("My Chosen(눅 9:35)")에서 나온 것이며, 두 번째는 천사가 마리아에게 "주 하나님이 그에게 조상 다윗의 왕위를 주실 것이라(눅 1:32)"고 한 말씀을 반영하고 있다.

예수께서는 조롱자들이 그에게 붙였던 모든 명칭을 다 포괄하시는 분이다. 아이러니하게도 조롱자들은 자신의 말을 통해 진리의 한 면을 그대로 대변하고 있는 셈이다. 이런 의미에서 이 본문은 누가복음에서 구원론과 기독론이 집중적으로 함께 나타나는 아주 중요한 부분이다.

특히 이 대화에서 회개한 행악자가 예수를 조롱하는 행악자를 향해 "너는 하나님이 두렵지 않느냐? 너도 그이와 같은 선고를 받고 있지 않느냐? 우리는 우리의 범죄로 그 보응을 받았지만, 이 분은 아무것도 잘

못한 일이 없지 않느냐?"라고 날카롭게 반박하고 있다. "이 분은 아무것도 잘못한 일이 없지 않느냐?"는 말은 누가의 수난 설화에서 반복적으로 강조되고 있는 예수의 무죄성(sinlessness)의 또 다른 반복이다. 예수께서 아무 잘못이 없다는 이 행악자의 말은 빌라도가 예수에게서 아무런 죄도 찾지 못했다고 세 번씩이나 강조했던 것(눅 23:4, 14-15, 22)과 헤롯왕도 역시 아무런 증거도 찾지 못했다는 말(눅 23:16) 등을 그대로 반영해주고 있다. 그리고 다시금 백부장의 입을 통해서 "이 사람은 참으로 의로운 사람이었다(눅 23:47)"고 했던 말을 확인해주고 있다.

따라서 누가가 회개하는 행악자의 이야기를 첨가한 주요 목적 중 하나는 예수의 수난 설화 마지막 부분에서 예수와 함께, 예수처럼, 십자가 처형을 당하는 행악자의 입을 통해서 다시 한 번 더 예수의 무죄성을 밝히는데 있는 것으로 보인다.

피츠마이어(Fitzmyer)도 이 행악자가 "이 분은 아무것도 잘못한 일이 없지 않느냐(this man has done nothing improper)?"고 말한 것은 "관리가 아닌 사람의 입을 통해서, 그리고 같은 정죄를 당한 사람의 입을 통해서 예수의 무죄를 확인해주는 또 다른 선언"이라고 말한다. 누가에게는 예수의 정치적 무죄를 분명히 밝히는 일이 그만큼 중요했기 때문이다. 예수께서 로마 총독에 의해 유죄 판결을 받았다는 사실이 로마 세계에 예수를 전파하는데 있어서 큰 장벽이 될 수 있었기 때문이다.

회개한 행악자는 옆에 있는 다른 행악자를 꾸짖고 나서 예수를 향해 "예수여, 당신이 당신의 나라에 들어가실 때에 저를 기억해주십시오"라고 간청하면서 예수와의 적극적인 대화를 시작한다 이 행악자는 "우리는 우리의 범죄로 그 보응을 받았다"고 말하면서 자신의 죄를 받아들였고, 동시에 "예수여, 당신이 당신의 나라에 들어가실 때에 저를 기억해주십시오"라고 말하면서 예수의 왕권을 인정했다. 그래서 예수께서는 이 행악자에게 "내가 진정으로 네게 말한다. 너는 오늘 나와 함께 낙원에 있게 될 것이다"라고 말했던 것이다.

예수께서는 심문과 처형 과정에서 끊임없이 "네가 유대인의 왕(king)이냐?"는 질문을 받았고(눅 23:2-3), 군인들로부터도 "당신이 유대인의 왕이거든(눅 23:37)"이라고 조롱을 당했고, 예수께서 십자가에 달렸을 때 그의 머리 위에는 "이 사람은 유대인의 왕이다"라는 조롱의 패가 걸려 있었다. 누가복음에선 이미 19장 11절부터 예수의 왕권 주제가 아주 강하게 드러나고 있었다(예루살렘 입성 직전에 왕권을 받으러 멀리 갔던 왕에 관한 므나 비유와 예루살렘 입성 때 예수를 향해서 외쳐진 "주의 이름으로 오시는 왕이여" 등등). 따라서 문맥상 행악자의 말 속에는 "왕"이 죽음을 통해 다시 왕의 지위에 오를 것임이 분명히 암시되어 있다고 보아야 한다.

동시에 누가는 이 본문을 통해 암묵적으로 예수께서는 진정 우리의 "왕"임을 강조하고 있다. 더구나 이 본문에서 가장 놀라운 점은 십자가에 달려 죽어가고 있는 구세주에 의해서 왕권이 '오늘' 행사되고 있다는 사실이다. 이런 의미에서 행악자의 요청은 사실상 예수에 대한 신앙의 표현이었다고 볼 수 있다.

더구나 그의 요청은 예수께서 왕 되심을 진정으로 인정한 것이며, 그것이 자신의 죄를 인정한 후에 나온 것이기에 그의 신앙고백으로 받아들일 수 있다. 예수도 회개하는 행악자를 향해서 "내가 진정으로 네게 말한다. 너는 오늘 나와 함께 낙원에 있게 될 것이다"라고 말씀하셨다. 암브로시우스가 오래 전에 지적했듯이 이 행악자는 "요청한 것보다 훨씬 더 많은 은혜를 입었다"고 보아야 할 것이다. 누가는 죄인을 위해 이 땅에 오셨던 예수께서는 십자가에서 숨을 거두면서도 마지막까지 죄인을 개종시키고 구원하시는 분으로 소개하고 있다.

마지막으로 누가는 수난 설화에서도 반복적으로 드러나고 있는 예수의 치유적 용서(healing forgiveness)의 능력을 강조한다. 누가는 예수께서 감람산에서 체포되는 순간, 제자 중 한 사람이 휘두른 칼에 의해 대제사장의 종의 오른편 귀가 잘렸을 때 그 종을 고쳐주었다고 전해준 바 있다(눅 22:50-51). 또 예수께서 십자가 위에서 마지막 숨을 거두면서도 자기를 십자가에 못 박는 군인들을 위해서 용서의 기도를 했다고 전해주고 있다.

누가에 의하면 예수께서 이 땅에 오신 목적은 포로 된 자를 해방시키는 것(눅 4:18)이다. 누가는 그의 복음서 마지막 부분에서 예수께서 로마에 의해 처형될 죄인을 용서하고 낙원에 받아들임으로써, 또 처형을 진두지휘하던 백부장까지 개종시킴으로써 자기가 선포했던 말씀을 그대로 이루고 계신 분으로 묘사한다. 이런 점에서 로버트 캐리스(Robert J. Karris)가 말했던 것처럼 누가복음에만 나오는 이 본문은 가히 "복음서 내의 복음서(Gospel within the Gospel)"라고 불릴 만하다.

40 마태가 전하는 예수의 십자가 최후 발언
(마 27:46)

마태가 예수의 십자가 최후 발언을 소개할 때, 그는 그의 문서 자료인 마가복음을 그대로 따르고 있는 것으로 보인다. 예수의 십자가 처형 장면의 순서가 거의 그대로 반복되고 있기 때문이다. 그러나 조금만 주의 깊게 마태복음의 본문을 마가복음과 비교해본다면 몇 가지 중요한 차이가 있음을 발견하게 된다. 그리고 이런 차이가 마태의 편집의 결과라는 사실과 거기에는 중요한 신학적 의도가 있다는 사실을 알게 된다.

첫째로 마태는 마가가 소개하는 예수의 십자가 최후 발언을 그대로 소개하지 않는다. 마태가 가한 약간의 수정에는 중요한 신학적 의도가 있는 것으로 생각된다. 마가복음에서 예수의 십자가 최후 발언은 "엘로이, 엘로이, 라마 사박다니"이다(cf. 막 15:34). 그러나 마태복음에서는 "엘리, 엘리, 레마 사박다니"로 바뀌었다. 마가의 본문이 아라멕어 인용인 반면에 마태의 본문이 히브리어 인용이라는 해석도 있다. 그래서 두 본문 모두가 "나의 하나님, 나의 하나님, 어찌하여 나를 버리셨나이까?"로 번역되고 있다. 번역 본문을 읽을 경우 별다른 차이가 없어 보인다.

그러나 마태는 마가복음에서 "나의 하나님, 나의 하나님(엘로이, 엘로이)"이라고 하나님을 주격(nominative)으로 표현한 것을 "나의 하나님이여, 나의 하나님이여(엘리, 엘리)"라는 호격(vocative)으로 바꾼다.

이렇게 수정한 마태의 의도는 무엇일까? 먼저 마태가 마가의 "엘로이, 엘로이"를 "엘리, 엘리"로 바꾼 것은 예수의 십자가 최후 발언을 듣고 잘못 이해했던 사람들의 오해를 보다 잘 설명하기 위해서란 해석이 가능하다. 십자가 곁에 있었던 사람들은 예수의 십자가 최후 발언을 듣고 "이 사람이 엘리야를 부르고 있다(마 27:47)"고 오해했는데, 마가복음의 "엘로이, 엘로이"보다 마태복음의 "엘리(Eli), 엘리(Eli)"가 "엘리야(Eli-jah)"로 들리기 더 쉽다. 따라서 마태가 "엘리, 엘리"로 바꾼 것은 "예수의 발언에 뒤따른 혼동에 대한 보다 나은 설명을 제시"[1] 해주기 위해서라고 보는 것이 옳을 것이다.

그러나 이보다 더 중요한 의도가 있다. 마태가 마가의 "엘로이, 엘로이"란 주격을 "엘리, 엘리"란 호격으로 수정한 것은 예수께서 하나님의 아들로서 하나님을 보다 인격적으로, 보다 친밀하게 부르는 것으로 나타내기 위해서이다. 이것은 마치 하나님을 자식이 "아버지여(Abba)"라고 부르는 것과도 같다. 마태는 그의 복음서 전체에서, 그리고 예수의 십자가 처형 장면에서 예수를 "하나님의 아들"로 강조하려는 분명한 의도를 갖고 있다.

마태가 마태복음 27장 40절에서 행인들이 십자가에 달린 예수를 향하여 "네가 만일 하나님의 아들이어든 자기를 구원하고 십자가에서 내려오라"고 조롱하는 말을 삽입한 것이나, 27장 43절에서 대제사장과 서

---

1) Frank J. Matera, The Passion Narratives and Gospel Theologies, p. 115: "a better explanation of the confusion which follows Jesus' cry." Davies and Allison, Ⅲ., p. 624: "Matthew makes the misunderstanding about Elijah easier to comprehend: 'eli' sounds more like 'Elijah' than does 'eloi'.

기관들과 장로들이 예수를 조롱하면서 "그(예수)가 하나님을 의지하고 있으니 하나님이 원하신다면, 이제 그를 구원하시겠지! 스스로 하나님의 아들이라고 했으니까"라고 말한 것을 별도로 첨가한 데서 더욱 분명히 드러나고 있다. 그래서 마태는 마가의 "엘로이, 엘로이", 곧 "나의 하나님, 나의 하나님"이란 단순한 주격 호칭을 보다 친밀하고도 인격적인 호칭인 "엘리, 엘리," 곧 "나의 하나님이여, 나의 하나님이여"로 바꾼 것으로 생각된다.

마태는 마가의 겟세마네 장면을 소개할 때도 같은 의도를 가졌던 것으로 보인다. 마가복음 14장 46절에 보면 예수께서 겟세마네 동산에서 기도할 때 하나님을 향하여 "아바, 아버지"라고만 호칭했다. 그런데 마태복음 26장 39절(cf.마 26:42)에 보면 예수께서 겟세마네 동산에서 기도할 때 하나님을 향하여 두 번이나 "나의 아버지시여"라고 "나의(mou=my)"라는 말을 첨가하여 호칭하고 있다. 마태는 이런 의도적인 편집을 통해 예수께서 하나님의 아들임을 거듭 강조한다. 산헤드린의 심문 장면에서도 마가복음의 "네가 찬송 받을 자의 아들 그리스도냐(막 14:61)"란 질문을 "네가 하나님의 아들 그리스도인지 우리에게 말하라 (마 26:63)"고 수정하면서 예수께서 하나님의 아들임을 강조하려는 의도를 드러낸 바 있다.

이런 마태가 예수의 십자가 최후 발언에서 마가가 인용한 시편 21편 1절의 "나의 하나님, 나의 하나님"을 그대로 반복하지 않고 "나의 하나님이여, 나의 하나님이여"라고 수정한 것은 예수를 하나님의 아들로 강조하려는, 그래서 예수께서 하나님을 "나의 하나님"이라고 친밀하게 불렀던 것임을 강조하려는 신학적 의도에서 나온 것이라고 보아야 할 것이다. 둘째로 마태는 예수께서 십자가 위에서 운명하기 직전에 "큰 소리를 내셨다(apheis phonen megalen)"는 마가복음 15장 37절의 문구를

"다시 큰 소리를 지르셨다(palin kraxas phone megale, 마 25:50)"로 수정하였다. 여기서 볼 수 있는 중요한 편집상의 변화는 마태가 "다시"란 말을 첨가한 점과 "큰 소리를 냈다"는 문구를 "큰 소리를 질렀다"로 바꾼 점이다. 이 작은 편집이 어떤 의미를 갖고 있는지를 알아보기로 하자.

마태는 27장 50절에서 마가복음과는 달리 "다시"란 부사를 하나 더 첨가하였다. 마태에 의하면 예수께서는 십자가 위에서 "엘리 엘리 라마 사박다니"라고 "큰 소리(phone megale, 마 27:46)"로 말씀하신(legon) 것 이외에 "다시" "큰 소리를 지르시고(kraxas, 마 27:50)" 숨을 거두셨다고 말함으로써 예수께서는 십자가 위에서 "한 번"이 아니라 "두 번" 큰 소리를 지르신 것으로 전해주고 있다.

첫 번째 큰 소리의 내용("엘리, 엘리, 레마 사박다니")은 구체적으로 분명하게 소개하였으나 두 번째 큰 소리의 내용은 어떤 것이었는지 밝히지 않는다. 그런데 첫 번째 경우에는 "큰 소리로 말했다"고 했는데 두 번째의 경우 "큰 소리를 질렀다"고 기록한 점에 주목할 필요가 있다. 두 번째로 큰 소리를 "질렀다(kraxas)"고 표현한 단어는 보통 어떤 소리나 말을 내는데 사용하는 단어가 아니라 마태복음 안에서 대체로 기도문이나 간구문 혹은 찬양과 관련하여 사용되는 의미 있는 동사이기 때문이다.

마태복음 9장 27절에서 맹인 두 사람이 예수를 향해 "다윗의 자손이여, 우리를 불쌍히 여겨주십시오"라고 외칠 때, 14장 30절에서 베드로가 물에 빠지면서 예수를 향해 "주님, 살려주십시오"라고 외칠 때, 15장 22절에서 가나안 여인이 예수를 향해 "주님, 다윗의 자손이여, 저를 불쌍히 여겨주십시오"라고 외칠 때, 20장 30-31절에서 여리고 맹인 두 사람이 예수를 향해 두 번 "주님, 다윗의 자손이여, 우리를 불쌍히 여겨주십시오"라고 외칠 때, 21장 9절(cf.마 21:15)에서 무리들이 예수께서 예루살렘에 입성할 때 앞뒤를 따르면서 "호산나, 다윗의 자손이여, 주의 이름으로 오시는 이에게 복이 있으라. 호산나, 지극히 높으신 곳에 계신 하나님이시여"라고 외칠 때 모두 "krazein"이란 동사가 사용되고 있다.

또 마테라(Frank J. Matera)가 "시편들이 하나님을 향한 심오하고도 진심어린 기도를 가리킬 때 자주 'krazein(to cry out)'란 단어를 사용하고 있다(시 22:2,5,24)"고 지적하면서 "마태복음의 예수께서는 알아들을 수 없는 큰 소리를 지르며 죽은 것이 아니라 기도하면서 죽었다"[2]고 주장하는 것을 받아들인다면, 우리는 마태도 누가와 마찬가지로 예수의 십자가 최후 발언으로 두 개의 기도를 소개하고 있다고 말할 수 있을 것이다.

누가가 예수의 십자가 최후 발언으로 두 개의 기도문을, 곧 "아버지, 저 사람들을 용서하여 주옵소서. 그들은 자기들이 무슨 일을 하는지 알지 못하옵니다(눅 23:34)"와 "아버지, 내 영혼을 아버지 손에 맡기 옵니다(눅 23:46)"를 전해주고 있다면, 마태도 예수의 십자가 최후 발언으로 "나의 하나님, 나의 하나님, 어찌하여 나를 버리셨나이까?(마 27:46)"라는 기도와 기도 내용을 밝히지 않았지만 "다시 큰 소리로(마 27:50)" 기도(kraxsas)하셨음을 전해주고 있는 셈이다. 결과적으로 마태도 누가와 마찬가지로 예수께서 십자가 위에서 그의 생애를 마지막으로 마감할 때 기도하셨음을, 그래서 예수를 "기도의 사람"으로 증거 하려는 의도를 갖고 있었던 것으로 생각된다.

---

[2] Frank J. Matera, The Passion Narratives and Gospel Theologies, p. 115.

41 부활한 예수의 "발을 붙잡고" 경배한 여인들
(마 28:9)

부활절 아침에 대한 마태의 기록을 보면 막달라 마리아와 다른 마리아가 안식일 후 첫 날 미명에 십자가에 달려 죽었다가 매장된 예수의 무덤을 보러 찾아 갔다. 그들은 거기서 초자연적인 사건들이 일어난 것을 목격하게 된다. "큰 지진"이 있었고(마 28:2), 천사가 번개 같은 모습으로 눈 같이 흰 옷을 입고 하늘로부터 내려와 무덤의 문을 덮은 돌을 굴려내고 그 위에 앉아 있었고(마 28:2-3), 그 일들 때문에 무덤을 지키던 경비병들은 무서워 죽은 사람처럼 떨고 있었다(마 28:4). 그리고 여인들은 천사로부터 예수께서 부활했다는 소식과 함께 빨리 제자들에게 이 소식을 전하라는 명령을 받는다(마 28:7). 그래서 그들은 "무서움과 큰 기쁨(마 28:8)"으로 무덤을 떠나 제자들에게 달려가고자 할 때, 그들에게 "평안하냐?"고 인사하는 예수를 만나게 된다. 마태는 그 때 여인들이 예수께로 나아가 "그 발을 붙잡고 경배했다(마 28:9)"고 전한다.

여기서 우리가 특히 관심을 갖고자 하는 것은 오직 마태만이 무덤을 찾아간 여인들이 예수의 "발을 붙잡고" 경배했다고 전해주고 있다는 사실이다. 여인들이 예수의 "발을 붙잡았다"는 마태의 언급이 주목을 끄는 이유가 있다. 첫째로 다른 복음서 어느 곳에서도 어느 누가 "예수의 발을 붙잡았다"는 언급이 전혀 없기 때문이다. 복음서 전승에는 사람들이 예수의 발 앞에 엎드려 경배한다는 이야기가 더러 나온다. 그러나 "예수의 발을 붙잡았다"는 말은 마태복음 28장 9절 외에는 찾아볼 수가 없다. 둘째로 요한복음 20장 7절에서 부활하신 예수께서 무덤을 찾은 막달라 마리아를 향해 "나를 만지지 말라. 내가 아직 아버지께로 올라가지 않았다"며 자신을 만지는 것을 금하고 있기 때문이다. 마태복음에서 "막달라 마리아와 다른 마리아"는 요한복음에서 부활하신 예수께서 "막달라 마리아"에게 금지했던 행동, 곧 "예수를 만지는 일"을 하고 있다. 마태는 보다 구체적으로 여인들이 "예수의 발을 붙잡았다"고 전하고 있다. 요한복음에서 "만지지 말라"는 명령을 받았던 막달라 마리아가 어떻게 마태복음에서는 "발을 붙잡게" 되었을까?

복음서 연구가들 중에는 마태복음에서 막달라 마리아와 다른 마리아가 부활하신 예수의 "발을 붙잡아" 만진 때가 요한복음에서 부활하신 예수께서 막달라 마리아에게 "나를 만지지 말라"고 명령하기 이전이었다고 해석하는 사람도 있다.[1] 그러나 마태복음에서 막달라 마리아와 다른 마리아가 예수의 "발을 붙잡아" 만진 때나 요한복음에서 예수께서 막달라 마리아에게 "나를 만지지 말라"고 명하신 때가 모두 안식일 후 첫 날 아침 미명(마 28:1, 요 20:1)이기 때문에 그 해석은 쉽게 받아들이기 어렵다. 그래서 다른 설명을 제시하기도 한다. 본래는 예수께서 막달라 마리아에게 자기를 만지지 말라고 명령하셨는데(요한복음에서와 같이),

---

1) Cf.Pierre Benoit, The Passion and Resurrection of Jesus Christ(New York: Herder & Herder, 1969), p. 259.

나중에 막달라 마리아가 올바른 신앙에 도달한 이후에(마태복음에서와 같이) 그것을 허락했다는 설명이다. 이 설명이 좀 더 이해하기 쉽다.

요한복음에 의하면 막달라 마리아는 분명히 맨 처음에 부활하신 예수를 만나보고서도 그를 제대로 알아보지 못했다. 부활하신 예수를 "동산지기인 줄 알았다(요 20:15)"고 했다. 막달라 마리아 자신이 아직 부활 신앙에 제대로 이르지 못했다는 말이다. 그러나 마태복음에 의하면 막달라 마리아와 다른 마리아가 예수의 발을 붙잡고 경배한 때는 그들이 천사로부터 예수의 부활 소식과 함께 제자들에게 부활 소식을 전하라는 명령을 듣고 무서움과 큰 기쁨에 사로잡혀 제자들을 향해 달려 나갈 때였다. 즉 여인들이 부활 신앙에 대한 믿음이 있었고 그래서 그것을 전하러 가고 있었다.

그러나 우리의 관심은 오직 마태복음에서만 언급되고 있는 "발을 붙잡는다"는 말의 의미이다. 또 그것이 예수의 부활 이야기와 관련해서 지니는 의미이다. 마태복음에서 여인들이 부활하신 예수의 발을 붙잡았다는 기록과 요한복음에서 부활하신 예수께서 자기를 만지지 말라고 명령하신 기록 간의 갈등과 차이보다도 복음 전승 가운데서 오직 마태복음에서만, 그것도 특히 예수의 부활 전승과 관련해서만 나오는 "발을 붙잡는다"는 말의 의미가 무엇인지를 확인해 보는 일이 매우 중요하다고 생각된다.

예수의 "발을 붙잡았다"는 말의 네 가지 해석이 제시된 바 있다. 첫째로 막달라 마리아와 다른 마리아가 예수의 발을 붙잡은 행동은 "기쁨과 애정"의 표현이었다는 해석이다. 두 여인은 그들이 그토록 사랑했던 분이 다시 살아나셨음을 확인하고는 그들의 기쁨과 사랑을 그렇게 표현했다. 여기서 누가복음 7장 38절을 연상해 볼 수 있다. 죄 많은 이름 없는 여인은 예수의 발 곁에서 울며 눈물로 예수의 발을 적셨으며 자기 머리카락으로 닦고 예수의 발에 입 맞추며 향유를 발랐다. 다른 사람의 발을 붙잡음으로써 사랑을 나타내는 일은 유대인의 전통으로 자주 볼 수 있는 일이다.

둘째로 다른 사람의 발을 붙잡는 일은 아랫사람 혹 열등한 사람이 윗사람, 곧 우월한 사람에게 복종을 표시하는 행동이라는 해석이다. 태스커(R. V. G. Tasker)는 마태복음 28장 9절와 관련해서 다음과 같이 설명하고 있다. "여인들은 이런 행동으로 마치 동방에서 속국에 속한 사람들이 지배국 왕에게 경의를 표하는 그런 방법으로 그들의 주님에게 자기들의 복종을 표시하고 있었다."[2] 구약성경 열왕기하 4장 27절에 수넴 여인이 엘리사에게 나아가 자기의 죽은 아들을 살려달라고 청원하면서 그 발을 붙잡는 이야기가 나오는데, 여기서의 의미가 바로 그런 복종과 경의의 의미일 것으로 보인다.

셋째로 발을 붙잡는 행동이 복종의 행동이라면, 그 행위는 복종을 넘어 존경과 숭배, 경배와 예배 행위를 뜻하는 것일 수 있다는 해석이다. 특히 마태는 여인들이 "예수의 발을 붙잡았다"는 말에 이어 바로 "경배했다"는 말을 첨가하고 있다. 여기서 사용한 "경배했다"는 말의 헬라어는 "proskuneo로서 "예배했다(worshiped)"는 의미이기도 하다. 따라서 "붙잡고 경배했다"는 마태복음 28장 9절의 의미는 2장 11절에 동방 박사들이 예수께 나아와 "knelt down and worshiped him"했다는 말이나, 4장 9절에서 사탄이 예수에게 만일 네가 내게 "kneel down and worship me"라고 한 것이나, 18장 26절에서 종이 주인에게 나아와 "knelt down and worshiped him"이란 문구에서 모두 같다고 볼 수 있다. 이런 의미는 성경 여러 곳에서 쉽게 찾아볼 수 있다.[3]

---

2) R. V. G. Tasker, Matthew: An Introduction and Commentary(TNTC 1, Grand Rapids: Eerdmans, 1973), p. 272. Cf.Cook, "Matthew," p. 194: "an act of deep humility."
3) Cf.대하 20:18, 시 72:11, 단 3:5-7, 행 10:25, 고전 14:25, 계 4:10, 7:11, 19:10, 22:8 등등

넷째로 여인들이 예수의 발을 붙잡았다는 말의 의미를 여인의 행동이란 관점에서보다는 예수 자신의 본질과 성격이란 관점에서 예수의 부활의 실재성을 강조해주는 말로 이해하는 변증적인 해석이다. 테오필락트(Theophylact)가 그의 마태복음 주석 책에서 이렇게 말한 적이 있다. "그들이 의도적으로 예수의 발을 붙잡은 것은 그가 정말로 부활했는지 그리고 유령이나 환상이 아닌지를 확인하기 위해서라고 말한 사람도 있다."[4] 테오필락트는 여기서 "그렇게 말한 사람이 있다(Some say)"라고 말했지만, 앨리슨(Dale C. Allison)은 이 네 번째 해석을 적극 지원하면서 "어떤 사람이 그렇게 말한다(Some say)"가 아니라 "많은 사람들이 그렇게 말하고 있다(Many say)"라고 말했어야 한다고 주장하면서 그의 마태복음 연구서에서 이런 해석을 지지하는 학자들과 그들의 저서들을 교부 시대로부터 현재까지 길게 소개하고 있다.[5] 비교적 최근에 출판한 마태복음 주석 책에서도 클라크(Howard Clarke)는 다음과 같이 주장하고 있다. "예수의 발에 대한 언급(9절)은(…)부활하신 예수 몸의 육체성을 강조해주며, 그것은 부활을 일련의 '신비적 환상(mystical visions)'이나 영적인 각성으로 보는 이론들과는 다르다. 이것은 또한 예수께서 단지 인간처럼 보였을(seemed)뿐이라는 영지주의자들과 가현설주의자들을 반대하고 있다."[6]

이런 주장에 의하면 여인들이 예수의 발을 붙잡았다는 말은 예수께서 죽은 자들 가운데서 정말로 부활했다는 것을, 그리고 거기서 더 나아

---

4) Theophylact, Comm. Matt. ad 28:9-10(PG 123.480C-81A): "Some say that they grasped his feet purposely to ascertain if he had truly risen, and was not only an apparition(″phantasian″) or a spirit(″pneuma″).
5) Dale C. Allison Jr., Studies in Matthew: Interpretation Past and Present(Baker Academic: Grand Rapids, Michigan, 2005), pp. 110-111.
6) Howard Clarke, The Gospel of Matthew and Its Readers: A Historical Introduction to the First Gospel(Bloomington and Indianapolis, Ind.: Indiana University Press, 2003), p. 247.

가 부활 이후의 예수의 몸이 그의 부활 이전의 몸과 전혀 다르지 않음을 증명해주고 있다. 만일 그의 부활 이전의 몸에 발이 있었다면(cf.마 4:6, 15:30), 그의 부활 이후의 몸도 마찬가지라는 것이다. 길(John Gill)의 마태복음 28장 9절에 대한 다음과 같은 설명이 보다 적절한 해석으로 생각된다. "그들은 존경과 겸손의 마음으로 예수의 발 앞에 엎드렸다. 그리고 그들은 예수의 발을 붙잡았다. 그것은 그가 실제로 다시 살아났음을, 그리고 그것이 환영(spirit), 또는 단순한 유령(phantom)이나 형체(appearance)가 아님을 알고 확인하기 위해서였다."[7]

마태복음 28장 9절처럼 부활하신 예수 몸의 실재성 혹은 육체성을 증명해보이려는 노력은 누가복음과 요한복음에서도 나타나고 있다. 가령 누가복음 24장 37-43절에 보면 예수께서 부활하신 후 열한 제자들이 있는 곳에 나타나셨을 때, 그들은 부활하신 예수를 유령이라고 생각했고 "마음에 의혹을 품고" 있었다. 그 때 예수께서 "내 손과 내 발을 보라. 틀림없는 나다. 나를 만져보라. 유령은 살과 뼈가 없으되 너희가 보는 대로 나는 있다(눅 24:39)"라고 말씀하시면서 손과 발을 그들에게 보여주셨다. 그리고 그들과 생선을 구워 함께 먹기도 하셨다. 제자들이 본 부활하신 예수는 "유령"이 아니라 손과 발을 가지신, 그들과 함께 먹기도 하신 예수이다. 요한복음에서는 부활하신 예수께서 아직도 의심하고 있는 도마에게 "네 손가락을 이리 내밀어 내 손을 만져보고 네 손을 펴서 내 옆구리에 넣어보라. 그리고 믿지 않는 사람이 되지 말고 믿는 사람이 되라(요 20:27)"고 말씀하신다.

비록 마태가 그의 복음서에서 영지주의(gnosticism)나 가현설(docetism)에 맞서고 있다는 분명한 증거는 찾아보기 어렵지만, 우리는 마태복음에

---

[7] Gill, Commentary, 5:303.

서 마태가 예수의 부활이 사기(fraud)였다는 비방에 대해서는 분명히 반대하고 있음을 보여주는 본문들을 찾아 볼 수 있다. 마태복음 27장 62-66절과 28장 11-15절에 나오는 무덤 경비병에 대한 이야기도 그런 관심에서 소개된 것으로 보인다. 당시 예수의 부활이 예수의 제자들이 예수의 시신을 무덤으로부터 훔쳐간 다음에 그가 다시 살아났다고 퍼뜨린 거짓 소문에 지나지 않는다는 잘못된 비방과 의문이 존재하고 있었다는 점을 고려할 때, 또한 부활하신 예수를 뵙고 엎드려 절하는 제자들 가운데서도 "의심하는 하는 사람들도 있었다(마 28:17)"는 점을 고려할 때, 마태복음 28장 9절은 분명히 예수 부활의 실재성을 변호하려는 마태의 관심에서 나온 것으로 보아야 할 것이다.

엠마오로 가던 제자들에게 나타난 부활한 예수
(눅 24:13-35)

예수께서는 공생애 활동 중에 여러 번 자신이 장차 사람들의 손에 넘겨져서 많은 고난을 받고 죽임을 당했다가 사흘 만에 다시 살아날 것을 예고한 바 있다. 이른 바 "예수의 수난 예고들(막 8:31, 마 16:21, 눅 9:22; 막 9:31, 마 17:21; 막 10:33-34, 마 20:18-19, 눅 18:32-33)"이다. 예수의 수난 예고는 마치 노래의 후렴처럼 모두 "사흘 만에 다시 살아날 것이라"는 말로 끝이 난다. 따라서 모든 복음서들은 "예수께서 부활했다"는 이야기로 끝나고 있다.

예수께서 십자가에 달려 죽었다가 사흘 만에 다시 부활했다는 "예수의 부활 이야기"는 맨 처음에 초대교회 안에서 "빈 무덤 이야기(the empty tomb)"로 전해지기 시작했던 것으로 보인다. 그래서 복음서들 중 제일 먼저 기록된 것으로 알려진 마가복음도 "빈 무덤 이야기(막 16:1-8)"로 끝이 나고 있다.[1] 예수의 부활에 대해 전해주는 최초 증언은 세 명의 여인들이

---

1) "마가복음의 가장 최초 그리고 가장 훌륭한 본문 전승이 (16장의) 8절에서 끝나고 있다는 점과 후대 사본들에서 끝 부분(막 16:9-20)이 여러 가지 형태로 나타나는 것들이 부족한 부분을 채우려는 후대의 시도들이라는 점에 대해서는 오늘날 어느 누구도 문제 삼지 않을 것이다." Cf. R.H. Fuller, The Formation of the Resurrection Narratives(Philadelphia: Fortress Press, 1980), p. 64.

안식일 후 첫날에 예수의 몸에 향유를 발라드리기 위해 예수의 무덤을 찾아갔지만, 무덤은 텅 비어있었고, 천사로 생각되는 "흰 옷을 입은 젊은이"[2]가 무덤을 찾은 여인들에게 "그는 다시 살아나셨고, 여기 계시지 않다(막 16:6)"는 소식을 전해주었다는 이야기 형태였다. 이렇게 "예수께서 부활했다"는 이야기는 "빈 무덤 이야기"로부터 시작되었다. 예수께서 매장되었던 무덤을 사흘 만에 찾아가 보았더니 무덤이 텅 비어 있었다는 것이 예수께서 부활했다는 증거가 되는 것처럼 말이다.

그런데 그 이후 "빈 무덤 이야기"는 점차 "부활 현현 이야기(the resurrection appearances)"[3]로 확대 발전했다. 즉 부활하신 주님께서 부활하신 자신의 몸을 직접 제자들에게 나타나 보여주었고 그 예수를 직접 만나본 사람들이 있다는 이야기들이 전해지기 시작한 것이다. "빈 무덤 이야기"에 덧붙여 "부활 현현 이야기"가 전해지게 된 배경에는 "예수의 제자들이 밤중에 와서(…)(예수의) 시체를 훔쳐갔다(마 28:13)"는 유대인들의 악의적인 유언비어가 있었기 때문으로 생각된다.

마태복음 27장 62-64절을 보더라도 예수께서 아리마대 요셉의 무덤에 매장된 직후에 대제사장들과 바리새인들이 로마 총독 빌라도에게 몰려가서 예수께서 살아있을 때 자기가 죽은 지 사흘 만에 다시 살아날 것이라고 말한 적이 있으니 적어도 사흘이 되는 날까지는 무덤을 단단히 지켜달라고 요청했다. 혹시 예수의 제자들이 예수의 시체를 훔쳐가서는 예수께서 죽은 자들 가운데서 다시 살아났다고 백성들에게 말할 지

---

[2] 최초의 복음서인 마가복음에서는 "흰 옷을 입은 한 젊은이"(16:5)라고 기록되어 있다. 마태는 이 "청년"을 "천사"로 해석했다(마 28:2-4). 비록 눅 24:4에서는 좀 애매하게 "흰 옷을 입은 두 사람"(눅 24:4)이라고 했지만, 눅 24:23에서 "예수께서 살아나셨다고 말하는 천사"란 말을 사용하고 있는 점으로 보아서, 누가가 말하는 "흰 옷을 입은 두 사람"은 "흰 옷을 입은 두 천사"란 의미일 것으로 생각된다. 똑같은 문구가 행 1:10에서도 "천사"의 의미로 사용되어 있다.
[3] 초대교회 안에서 최초로 나타난 "예수의 부활 현현"에 대한 언급은 고전 15:5-70이다. 이어서 마 28:9-10; 28:16-17; 눅 24:13-35; 눅 24:36-39, 41-49, 그리고 요 20:11-18; 20:19-23에서도 소개되고 있다.

도 모른다는 것이었다. 실제로 예수의 무덤을 지키던 경비병들이 나중에 무덤이 빈 사실을 알고 성내에 들어가 대제사장들에게 보고했을 때, 대제사장과 장로들은 함께 모여 의논한 끝에 사병들에게 많은 돈을 집어주면서 "예수의 제자들이 밤중에 와서 (예수의)시체를 훔쳐갔다고 말하라(마 28:13)"고 시켰고, 이 소문이 "오늘날까지 유대사람들 사이에 널리 퍼져 있었다(마 28:15)"고 했다. 이런 본문은 "빈 무덤 이야기"를 통해서 예수께서 부활했다고 전하는 초대 교회에 대한 유대인들의 강력한 반발과 비판을 반영해준다.

이런 상황에서 초대교회는 빈 무덤 이야기와 천사로부터 "예수께서 부활했다"는 말을 들었다는 여인들의 증언만 가지고는 예수께서 부활했다는 메시지를 설득력 있게 전하기 어려웠을 것이다. 그 당시 유대 법에 따르면 남자들의 경우에는 두 사람 이상의 증언이 있을 때 그 효력이 인정되었지만, 여인들의 증언은 법적으로 그 효력을 전혀 인정받지도 못했다. 더구나 여인들이 본 것은 "예수께서 살아나셨다고 말하는 천사들의 환상(눅 24:23)"이었다는 말까지 있었다. 그래서 "예수께서 부활했다"는 사실에 대한 보다 확실한 증거를 위해서 빈 무덤 이야기에 이어서 새롭게 부활 현현 이야기가 전해지기 시작했던 것으로 생각된다. 부활 현현 이야기가 마가복음 이후에 나온 복음서들(마태복음, 누가복음 그리고 요한복음)에서 나타나고 있는 사실에서도 그 점을 확인할 수 있다.

그런데 부활 현현 이야기 가운데 부활하신 예수께서 엠마오로 가는 길에서 "두 사람", 즉 "글로바"[4]와 또 다른 한 사람[5]에게 나타나셨다는 이야기는 아주 특이하게도 오직 누가복음에서만 비교적 길고 상세히 전해지고 있다(눅 25:13-35). 안식일 후 첫 날, 그러니까 빈 무덤이 발견된 바로 그 날("같은 날(눅 24:13)")에 글로바와 또 한 제자가 엠마오로 가는 길에서 부활하신 예수를 만난 이 이야기는 여러 모로 상당히 중요한 의미를 갖고 있다.

첫째로 누가복음의 "두 사람"은 다른 어느 누구보다도 먼저, 요한복음에서 부활하신 예수를 제일 먼저 만나보았다는 "막달라 마리아(요 20:11-18)"보다도 먼저, "열한 제자들(눅 24:36-49)"보다도 먼저 부활하신 예수를 만나보았다는 점에서도 아주 중요한 의미를 갖고 있다. '부활하신 예수께서 자신을 누구에게 제일 먼저 나타내 보이셨고 부활하신 예수를 제일 먼저 만나본 사람이 누구인가(who)?'하는 점이 초대교회 안에서는 "권위의 순서"와도 관련된 중요한 문제였기 때문이다.[6] 이 점은 고린도전서 15장 4-8절에서 잘 드러나고 있다. 복음서들이 기록되기 훨씬 전에 바울은 고린도 편지 가운데서 예수의 부활에 대해 기록하면서 예수께서 "성서에 기록된 대로 사흘 만에 다시 살아나서" 제일 먼저 "베드로에게, 그리고 그 다음으로 오백 명이 넘는 형제들에게(…)그 다음으로 야고보에게, 그리고 맨 나중에 달이 차지 못해서 난 자와 같은 내게도 나타나셨습니다"라고 말하는데, 이것이 초대교회 안에서는 사실

---

4) "글로바"(Cleopas)란 이름은 신약성경 다른 곳에서는 전혀 나타나지 않는 이름이다. 요한복음 19:25에 보면 예수께서 십자가에서 처형당할 때 그 현장에 예수의 어머니와 이모, 그리고 막달라 마리아와 함께 "글로바"(Clopas)의 아내가 있었다는 언급이 나오기는 한다. 그러나 대부분의 주석가들은 "Cleopas"는 헬라어 이름 Kleopatros의 축소형이고, "Clopas"는 셈족 이름에 가깝기 때문에 이 둘이 같은 사람이라고 보지는 않는다. 그러나 그 당시 유대인들과 헬라인들이 함께 섞여 살고 있던 때이고 유대인들이 간혹 그들의 셈족 이름과 함께 유사한 발음의 헬라어 이름을 사용하기도 했기 때문에 동일 인물에 대한 이름이 서로 다른 발음 형태로 알려졌을 가능성도 배제할 수는 없다. 만약 동일 인물이라면, "글로바"는 일찍부터 예수의 추종자였을 것으로 보인다.

5) "글로바"의 동행자가 누구인지 이름이 밝혀지지는 않았으나, 그 당시 여인들이 사회적으로 남성과 동등하게 취급되지 않은 점을 감안할 때, 어기시 말하는 "두 사람"이 여행자는 예를 들어 아마도 브리스길라와 아굴라(행 18:2,18,26; 롬 16:3; 고전 16:19; 딤후 4:19)와 같은 초대교회의 부부 선교사, 즉 "Clopas and Mrs. Clopas"였을 수도 있다. Cf.Sharon H. Ringe, Luke(Westminster John Knox Press, 1995), p. 287.

6) 마가(16:7)와 누가(24:34)도 바울(고전 15:5)처럼 "베드로"가 부활하신 예수를 제일 먼저 만나본 사람이라고 증언하고 있으나, 마태(28:9)에선 부활하신 예수께서 "막달라 마리아와 다른 마리아"에게 그리고 요한(20:14-18)에선 "막달라 마리아"에게 제일 먼저 나타내 보이신 것으로, 그리고 예수의 부활의 소식이 이 여인들을 통해서 열 한 제자들에게 전해진 것으로 증거 되고 있다. 〈마리아 복음서〉로 알려진 외경 복음서는 막달라 마리아를 따르던 신앙공동체의 산물이고, 막달라 마리아를 높이 추앙하고 있는 점으로 보아서, 막달라 마리아가 초대교회 안에서 중요한 여성 지도자였다고 알려지기도 했다.

상 권위의 순서로 알려지고 있다.

둘째로 '부활하신 예수께서 자신의 몸을 제일 먼저 나타내 보여주신 곳이 어디인가(where)?'하는 점도 "초대 교회의 중심지" 혹은 "초대 교회의 발상지"가 갈릴리인지 예루살렘인지 하는 논란과 관련하여 중요한 문제였다. 마가복음과 마태복음에서는 무덤에 나타난 천사가 "전에 예수께서 말씀하신 대로 그는 너희들보다 먼저 갈릴리로 가실 것이니 거기서 그를 뵐 것이라(마 16:7, 28:7)"고 말하며 부활하신 예수께서 "갈릴리"에서 제자들에게 나타나실 것이라고 가르치고 있다. 그러나 누가복음에서는 "엠마오"로 가는 길에서 예수를 만나는데 이곳은 예루살렘으로부터 불과 이십오 리 정도 떨어진 곳이었다.[7] 요한복음의 경우는 보다 분명히 부활하신 예수께서 제자들에게 제일 먼저 자신을 나타내 보인 곳이 "예루살렘"이라고 전해주고 있다(요 20:11에서는 "무덤 밖" 곧 예루살렘 성 밖이고, 요 20:19에서의 "집"은 예루살렘 성내이다). 그래서 마가복음과 마태복음이 "갈릴리 중심의 복음서", 그리고 누가복음과 요한복음은 "예루살렘 중심의 복음서"라고 불리고 있기도 하다.

그런데 부활 현현 이야기와 관련한 논란은 부활하신 예수께서 "누구에게(who)" 나타나셨으며, 또 "어디서(where)" 나타나셨는가 하는 문제만이 아니었던 것으로 보인다. 초대교회 교인들 가운데서는 부활하신 예수께서 제자들에게 나타나셨다고 하지만 그때 제자들이 그를 "어떻게(how)" 알아보고 인식할 수 있었는가 하는 문제가 별도로 제기되었다. 이런 문제가 제기된 배경에는 복음서들이 기록되기 훨씬 전에 바울이 고

---

[7] "Luke is completely silent about appearances in Galilee." Cf.R.H. Fuller, The Formation of the Resurrection Narratives, p.3. 누가복음이 다른 복음서들과는 달리 예루살렘에서 시작하여(1장) 예루살렘에서 끝나고 있는 점에 주목할 필요가 있다. 누가가 기록한 누가복음의 속편인 사도행전도 예루살렘에서 시작하고 있다. 그래서 누가복음을 가리켜 "예루살렘 중심의 복음서"하고 말하기도 한다.

린도전서 15장에서 부활의 문제를 다루면서 썩지 않을 "영의 몸"이 썩을 "육의 몸"과 다르다고[8] 가르쳤기 때문이다. 사람들은 자연히 부활한 예수의 모습이 역사적 예수의 모습과는 아주 다를 것이란 생각을 하게 되었다. 이런 상황에서 부활하신 예수를 만나보았다는 사람들은 자기가 만난 사람이 부활하신 예수인지 어떻게 알아볼 수 있었을까 하는 의문이 제기되었을 수 있었다. 이런 의문의 흔적은 누가복음 24장 37절에서도 찾아볼 수 있다. 그 구절에 보면 부활하신 예수께서 제자들 가운데 나타나셨는데도 제자들이 그를 알아보지 못하고 "유령을 보는 것이라"고 생각했다는 말이 나온다. 역사적인 예수를 잘 알고 있는 제자들이었지만, 부활하신 예수를 알아보는 데는 문제가 좀 있었다는 말이다. 그래서 부활하신 예수께서 자신의 "손과 발"을 보여주었고, 제자들이 그것을 직접 만져봄으로써 부활하신 예수인 줄로 확신할 수 있었다(눅 24:38-40).

이 문제는 요한복음에서도 똑같이 나타나고 있다. 요한복음 21장 4절에 보면 "날이 밝아 올 때에" 부활하신 예수께서 디베랴 바다에서 고기 잡이하는 제자들에게 나타났지만, "제자들은 그가 예수이신 줄 알지 못했다"고 했다. 그러나 예수께서 십자가에서 운명하시던 마지막 순간까지 곁에 남았고(요 19:26), 그 이후 빈 무덤에 직접 와서 맨 처음으로 예수의 부활을 확인했던(요 20:2) "사랑하는 제자"가 다른 제자들에게 "저분이 주님이시다(요 21:7)"라고 말해주자, 그제야 부활하신 예수를 알아보게 된 것으로 기록되어 있다.

---

[8] 바울은 고전 15장에서 "죽은 자들이 어떻게 다시 살아나며 어떤 몸으로 올 것입니까?"라고 묻는 사람들(15:35)에게 주는 대답 형태로 다음과 같이 말 한다: "하늘에 속한 몸도 있고 땅에 속한 몸도 있습니다. 하늘에 속한 몸들의 영광과 땅에 속한 몸들의 영광이 다릅니다...죽은 자들의 부활도 이와 같습니다. 썩을 것으로 심고 썩지 않을 것으로 다시 살아납니다...육의 몸으로 심겨 영의 몸으로 다시 살아납니다. 육적인 몸이 있으면 영적인 몸도 있습니다"(고전 15:40-44). 이런 대답은 부활 이전의 몸과 부활 이후의 몸이 서로 다르다는 점을 강조하는 것으로 보인다.

이 밖에도 요한복음 20장 19절 이하에 보면 제자들이 유대인들이 무서워서 집의 문을 모두 잠그고 숨어있었을 때, 부활하신 예수께서 그들 앞에 나타나 직접 자신의 "두 손과 옆구리를 보여"주자, "제자들이 주를 뵙고 기뻐했다(요 20:20)"고 했다. 또 의심 많은 도마가 "나는 내 눈으로 그의 손에서 못 자국을 보고 내 손가락을 그 못 자국에 넣어보고, 또 내 손을 그의 옆구리에 넣어보지 않고는 결코 믿지 못하겠다(요 20:25)"고 말했을 때 부활하신 예수께서 도마에게 "네 손가락을 이리 내밀어 내 손을 만져보고 네 손을 펴서 내 옆구리에 넣어보라(요 20:27)"고 말씀하신 이후에야 도마가 부활하신 예수를 알아보고 "나의 주님, 나의 하나님(요 20:28)"이라고 고백한 것으로 기록되었다. 이런 점들로 미루어 요한복음은 부활하신 예수를 알아볼 수 있는 길 가운데 하나가 예수의 손과 옆구리의 못 자국과 창 자국을 직접 확인해보는 일이라고 생각했던 것으로 보인다.

이처럼 부활하신 예수를 어떻게 알아보고 인식할 수 있는가 하는 것은 초대교회 안에서 중요한 문제였는데, 복음서 중에서는 오직 누가복음만이 이 문제를 보다 진지하게 다루는 것으로 생각된다. 누가는 "엠마오로 가던 제자들에게 나타난 부활한 예수 이야기"를 통해서 엠마오로 가던 두 사람이 길에서 부활하신 예수를 만나 어떻게 그를 알아보게 되었는지, 다시 말해서 부활하신 예수를 어떻게 인식하게 되었는지 그 과정에 대해 어느 정도 상세히 전해주고 있다. 바로 이런 점에서 "엠마오로 가던 제자들에게 나타난 부활하신 예수 이야기"는 또 다른 중요한 의미를 갖고 있다.

누가가 전해주는 이야기에 의하면 엠마오로 가던 두 제자가 부활하신 예수를 길에서 만나 함께 걸으며 한 동안 서로 이야기하면서 말을 주고받았음에도 불구하고 처음에는 전혀 "예수를 알아보지 못했다(눅 24:16)".

그러나 길에서 오랜 동안 대화하는 가운데 특히 "모세와 모든 예언자들로부터 시작하여 성서 전체에서 자기 자신에 대한 일(눅 24:27)"에 관한 예수의 말씀(눅 24:25-27)을 듣고 난 후에, 또 날이 저물어 함께 머무르며 예수와 더불어 식사를 하면서 드디어 "그들의 눈이 열려 (부활하신) 예수를 알아보게 되었다(눅 24:31)".

누가는 주후 일 세기 말경에 그의 복음서를 기록하면서 역사적인 예수를 전혀 만나본 적이 없는 자기 시대 제자들, 곧 누가복음 독자들이 부활하신 예수를 알아 볼 수 있는 길이 무엇인지에 대해서 나름의 교훈을 주려고 했던 것으로 생각된다.

첫째로 부활하신 예수와의 만남은 "계시적인 만남"이란 메시지이다. 부활하신 그리스도는 역사적인 예수와 달리 우리가 육신의 눈으로 언제 어디서나 쉽게 만나서 금방 알아볼 수 있는 분이 아니라, 오직 믿음의 눈으로만 볼 수 있는 분이다. 객관적으로 누구에게나 다 나타나는 분이 아니라 스스로 자신을 나타내 보여주는 사람에게 주관적으로만 보이는 분이다. 누가복음 24장 15절에 보면 "예수께서 (두 제자에게) 가까이 가셔서 그들과 함께 걸으셨다"고 했다. 두 제자가 먼저 예수를 찾은 것이 아니었다. 즉 부활하신 예수와의 만남은 부활하신 예수의 주도권에 의해서 믿음 가운데서 이루어지는 "계시적인 만남"이란 말이다.

이런 점은 누가복음 24장 36절 이하에서도 드러나고 있다. 부활하신 예수께서 제자들 가운데 서셨지만 제자들은 유령을 보는 것이라고 생각했을 뿐이다. 그래서 예수께서는 그들에게 "어찌하여 마음에 의심하느냐? 내 손과 내 발을 보고 나인 줄 알라. 또 나를 만져보라. 영은 살과 뼈가 없으되 너희 보는 바와 같이 나는 있느니라"고 적극적으로 자신을 드러내 보여주고 있다. 부활하신 예수를 알아보고 인식하는 것이 인간의 능력에 달린 것이 아니라 계시에 달려있다는 말이다. 마태복음에서 베드로가 "당신은 그리스도시오 살아계신 하나님의 아들입니다"라고 신앙 고백했을 때 예수께서는 "바요나 시몬아(…)네게 이것을 알게 한 이는 혈육이 아니요, 하늘에 계신 내 아버지시다(마 16:17)"라고 말한 것으로 기록되어 있는데, 이것도 베드로가 예수를 "그리스도"와 "하나님의 아들"로 알게 된 것이 하나님의 계시 때문이란 의미로 해석될 수 있다.

둘째로 엠마오로 가던 두 제자들이 처음에는 "눈이 가리워져서 예수를 알아보지 못했는데(눅 24:16)", 나중에 "그들의 눈이 열려 (부활하신) 예수를 알아보게 되기(눅 24:31)"까지에는 다음과 같은 두 단계의 과정이 있었다. 첫 번째 단계는 엠마오로 가던 두 제자가 길에서 부활하신 예수를 만나 길게 대화하는 가운데 부활하신 예수께서 "모세와 모든 예언자들로부터 시작하여 성서 전체에서 자기 자신에 대한 일을 그들에게 설명해주는(눅 24:27)" 그의 말씀을 듣는 과정이었고, 두 번째 단계는 날이 저물어 함께 머무르며 부활하신 예수와 함께 식사하는 가운데 예수께서 "떡을 들어 축사하시고 떼어 그들에게 주어(눅 24:30)" 먹게 하는 과정이었다. 주님이 "떡을 들어 축사하시고 떼어 그들에게 주었다"는 문구는 예수의 마지막 만찬(cf. 막 14:22, 마 26:26, 눅 22:19)을 상기시켜줄 뿐만 아니라 실제로 초대교회의 성만찬 예식(고전 12:23-24)을 가리키는 전형적인 문구들이라는 점에 주목할 필요가 있다.

엠마오로 가던 제자들이 부활하신 예수를 만난 이야기가 주는 교훈은 부활하신 예수께서 그의 제자들에게 나타나 자신을 보여주시되, 우리가 부활하신 예수를 만나 알아볼 수 있는 길은 첫째는 예수의 말씀을 듣는 가운데서, 둘째는 떡을 떼는 일과 같은 성만찬 가운데서 라는 점이다.[9] 본문 기록 가운데 두 제자들이 "눈이 가리워져서 예수를 알아보지 못했다(눅 24:16)"고 말했을 때와 두 제자들이 "눈이 열려 예수를 알아보게 되었다(눅 24:31)"고 말했을 때 사이에는 예수의 말씀(눅 24:25-

27)이 있었고, 같이 머물면서 함께 식사할 때 예수께서 "떡을 들어 축사하시고 떼어 그들에게 준(눅 24:29-30)" 성만찬이 있었다.

따라서 이 이야기는 우리가 부활하신 예수를 만나서 그를 "알아볼 수 있기" 위해서는 먼저 말씀을 듣는 일과 함께 음식을 나누는 등의 상당한 시간과 과정이 필요하다는 점을 말해주고 있는 것이라고 생각된다. 두 제자는 예루살렘에서 이십 오리(육십 스타디온) 떨어져 있는 엠마오로 가는 길에서 예수를 만나 함께 걸으면서 많은 대화를 나누었고, "저녁때가 되고 날이 이미 저물어" 같이 머무르며 함께 식사를 나누며 많은 시간을 함께 보냈고, 그런 이후에야 비로소 "그들의 눈이 열려 예수를 알아보게 되었다"고 했기 때문이다.

이런 점을 고려할 때 엠마오로 가던 제자들에게 나타난 부활한 예수 이야기는 우리가 부활하신 예수를 "어떻게" 만날 수 있으며, "어떻게" 그를 알아볼 수 있는지에 대한 중요한 교훈을 주고 있는 셈이다. 누가는 부활한 예수를 만나 그를 알아보기 위해서는 먼저 주님의 말씀을 듣고, 성만찬을 나누는 일이 필요하다는 점을 증거하고 있다. 다른 말로 한다면 누가만이 전해주고 있는 엠마오로 가던 제자들에게 나타난 부활하신 예수의 이야기는 우리가 육신의 눈을 통해서가 아니라 오직 믿음의 눈을 통해서만, 구체적으로는 "말씀"과 "성만찬"을 통해서 시간을 두고 점차적으로만 부활하신 예수를 만나볼 수 있다는 메시지를 주고 있다.

---

9) 부활하신 주님의 현현이 성만찬과 같은 식사와 연관되었다는 생각은 눅 24:41-42, 행 1::4(여기서 "함께 계실 때"란 표현은 "함께 식사할 때"로 번역될 수도 있다), 행 10:41, 요 21:9-14 등에서도 나타나고 있다. 누가복음의 속편인 사도행전에서도 계속 "떡을 떼는 일"에 대한 언급이 여러 번 강조되고 있는 것도 분명히 부활하신 예수와의 만남과 관련이 되고 있는 것이라고 생각된다. 요 21:13에서 부활하신 "예수께서 제자들에게 가까이 오셔서 떡을 들어 그들에게 주시고 생선도 주셨습니다"라고 말한 것도 성만찬적인 사상의 표현으로 생각된다.

부활하여 승천한 예수
(눅 24:51-54, 행 1:9-11)

복음서가 예수의 생애(the Life of Jesus)에 대한 기록이나 예수의 전기(傳記, biography)는 아니지만, 대부분의 복음서들은 예수의 족보와 탄생, 예수의 유아기를 지나 예수의 공생애 활동, 그가 십자가에서 죽은 지 사흘 만에 다시 살아난 부활의 이야기, 그리고 마지막으로 부활하신 예수께서 직접 그의 제자들에게 부활한 자신의 몸을 나타내 보이신 이야기로 끝나고 있다. 물론 복음서 중에도 오직 예수의 말씀만 수집하여 소개하고 있는 외경 복음서 〈도마복음서〉, 곧바로 예수의 공생애 활동에서부터 시작하고 있는 마가복음, 복음서의 시작을 예수의 인간적인 탄생에서부터가 아니라 "태초부터" 하나님과 함께 있었다는 말로 시작하는 요한복음이 좀 예외적이기는 하지만, 신약성경에 포함된 네 권의 복음서들은 모두 이른바 부활 현현 이야기(the resurrection appearances)들로 마감하고 있다.

그 중 오직 누가복음만이 예수의 부활 이야기와 부활 현현 이야기에 이어서 예수께서 부활하신 후에 하늘로 승천하셨다는 이야기(ascension or assumption of Jesus)로 복음서를 끝낸다.[1] 누가복음은 다음과 같은 말로 끝나고 있다. "예수께서 그들(제자들)을 베다니 근처로 데리고 나가셔서 손을 들어 축복하셨습니다. 그들을 축복하시면서 예수께서는 그들에게서 떠나 하늘로 들리워 올라가셨습니다. 그들은 예수께 경배하고 크게 기뻐하며 예루살렘으로 돌아와 항상 성전 안에서 하나님을 찬양했습니다(눅 24:50-53)"

누가복음의 이런 독특한 특징은 누가복음의 속편으로 알려지고 있는 사도행전에서도 그대로 나타나고 있다. 누가는 사도행전 서두에서 데오빌로에게 자기가 쓴 "첫 번째 글"인 누가복음이 "예수께서 행하시고 가르치시기 시작하신 것으로부터 그가 택하신 사도들에게 성령을 통하여 명령하신 후에 하늘로 올라가신 날까지 된 모든 일"에 대한 기록이라고 말함으로써 자신이 기록한 누가복음이 예수의 부활이나 부활 현현 이야기로 끝나는 것이 아니라, 예수께서 하늘로 올라가신 일로 끝나고 있음을 다시금 분명히 밝히고 있다. 뿐만 아니라 사도행전 서두에서 예수께서 제자들에게 "성령이 너희에게 임하시면 너희는 권능을 받고 예루살렘과 온 유대와 사마리아와 땅 끝까지 이르러 내 증인이 되라"고 말씀하신 후에 "그들이 보는 가운데 하늘로 올라가시니 구름에 싸여 보이지 않게 되었습니다. 예수께서 올라가실 때에 그들이 하늘을 쳐다보고 있는데 갑자기 흰 옷을 입은 두 사람이 그들 곁에 서서 갈릴리 사람들아 어찌하여 하늘을 쳐다보고 서 있느냐? 너희를 떠나 하늘로 올라가신 이 예수는 올라가시는 것을 너희가 본 그대로 다시 오실 것이다 하고 말했습니다(행 1:9-11)"라고 기록하고 있다.

---

1) 막 16:19에 "주 예수께서 말씀을 마치신 후에 하늘로 올리우사 하나님 우편에 앉으시니라"란 언급이 있지만, 마가복음은 본래 16:8에서 끝났고, 16:9-20 본문은 마가복음의 본래 일부가 아니라 후대의 첨가라는 것이 마가복음 연구가들의 일반적인 견해이다.

예수의 "승천"에 대한 누가의 언급은 예수의 부활 현현의 문맥에서만 나타나고 있는 것은 아니다. 누가복음의 특수 자료라고 말할 수 있는 누가복음 "여행 부분"의 첫 머리에서도 "예수께서 하늘로 올라가실 때가 가까웠기(눅 9:51)" 때문에 부활과 승천의 장소인 예루살렘을 향해 여행을 떠나시는 것으로 언급한 바 있다. 누가복음에서 예수의 예루살렘 여행은 마치 그가 하늘로 들려 올라가기 위한 승리적 과정의 일부인 것처럼 기록되어 있다.[2] 예수의 승천에 대한 누가의 남다른 관심을 엿볼 수 있는 대목이다.

복음서 저자들 중에서 예수의 승천에 대한 기록을 남긴 사람은 오직 누가뿐이다. 물론 예수께서 하늘로 올라간다는 언급이 요한복음에서도 나타나고 있기는 하다. "하늘에서 내려온 인자 밖에는 하늘로 올라간 이가 없다(요 3:13)" "이제 나는 내 아버지, 곧 너희의 아버지, 내 하나님 곧 너희의 하나님께로 올라간다(요 20:17)" 그러나 요한복음의 이런 언급들은 모두 예수께서 본래 태초부터 하나님과 함께 하늘에 계시다가 육신을 입고 내려오신 분이기에 때가 되면 다시 하나님께로 돌아간다는 신학적인 의미에 나온 것일 뿐, 예수의 승천이 예수의 부활과 관련하여 혹은 부활한 이후에 이어진 사건으로 언급되고 있는 것은 아니다.[3]

이것은 바울의 경우에도 어느 정도 비슷하다. 빌립보서 2장 6-11절에 나오는 이른바 "기독론적 찬양시"에서 바울은 예수께서 "자기를 낮추어 죽기까지 복종하셨으니 곧 십자가에서 죽으셨습니다. 그러므로 하나님께서는 그를 높이 올리셔서 모든 이름 위에 뛰어난 이름을 주셨다"고

---

[2] 이런 점 때문에 H. Flender는 예수의 예루살렘 성전 점거가 일종의 "하늘 보좌에로의 등극"(his enthronement in heaven)이라고 말하고 있다. Cf.St. Luke: Theologian of Redemptive History(Philadelphia: Fortress Press, 1967), p. 93.
[3] 예수께서 부활하신 후 막달라 마리아에게 "나를 만지지 말라. 내가 아직 아버지께로 올라가지 않았다. 이제 내 형제들에게 가서 내 어버지 곧 너희의 아버지, 내 하나님 곧 너희의 하나님께로 올라간다고 말하라"는 본문인 요 20:17이 예외일 수 있다. 그러나 요한복음도 예수의 승천 이야기를 별도로 언급하거나 소개하고 있는 것은 아니다.

말하면서 하나님이 예수를 하늘로 높이 들려 올리셨음을 암시하고 있기는 하다. 그러나 바울의 경우도 예수의 부활과 관련하여 부활과 연관된 사건으로 예수의 승천이 분명하게 언급되고 있는 것은 아니다.

복음서 저자들은 물론 신약성서 저자들 중 오직 누가만이 누가복음의 결론 부분과 사도행전의 서론 부분에서 각각 예수의 '승천'을 강조하고 있다. 모든 교회가 대표적인 신앙고백으로 채택하고 있는 〈사도신경〉에 예수께서 "하늘에 오르시어"라는 고백문구가 첨가된 것은 전적으로 누가가 기록한 예수의 승천에 관한 기록 때문이라고 생각할 수밖에 없다. 이렇게 생각할 경우, 누가를 기독교 신학에 중요한 영향을 끼친 사람이라고 말하지 않을 수 없을 것이다.

그렇다면 누가가, 아니 오직 누가만이 강조하고 있는 예수의 승천이 갖는 신학적 의미는 무엇일까? 예수의 승천에 관한 누가의 강조는 예수께서 십자가에 달려 죽으신 분이실 뿐만 아니라, 부활을 통해 영광을 받고 하늘로 높이 들려 올리신 분(glorification and exaltation)임을 뜻한다. 그래서 누가의 승천에 관한 이야기와 함께 우리가 주목해야 할 것은 누가가 예수께서는 승천하여 하나님 우편에 앉아 계신 분이라고 강조하고 있다는 사실이다.

> 그러나 이제부터 인자가 전능하신 하나님의 오른편에 앉게 될 것이다 (눅 22:69)
>
> 그가 하나님의 오른손으로 높이 올리심을 받고(…) (행 2:33)
>
> 그를 지도자와 구주로 세워 자기 오른편에 높이 올리셨소 (행 5:31)
>
> 예수께서 하나님의 오른편에 서 계심(…)오른편에 인자가(…) (행 7:55)

이처럼 누가가 기록한 누가복음이나 사도행전의 기록에 의하면 예수께서는 부활 승천하여 이제는 더 이상 땅 위에 계신 분이 아니라 하늘에, 그것도 "하나님의 오른편에" 계신 분이다. 누가는 예수를 일관성 있게 하늘로, 하나님의 오른편에 "높이 들려 올리신 분(the exalted one)"으로 묘사하고 있다.

이깃이 바울이 증거하는 예수의 모습과의 차이라는 지적도 있다. 바울은 그의 서신에서 "십자가 이외엔 자랑할 것이 없다"고 말하면서 '오직 십자가'를 강조하였다. 그래서 흔히 바울의 신학을 가리켜 "십자가의 신학(theologia crucis)"라고 말하기도 한다. 그러나 누가는 분명히 십자가보다는 부활(그리고 승천)을 더 강조하고 있다. 사도행전에 의하면 사도들은 모두 "예수의 증인들"인데 특히 "부활의 증인들"로 강조되고 있다(눅 24:48, 행 1:22, 4:33, 10:41-42). 누가복음 24장 45-46절에 의하면 부활하신 예수께서 제자들에게 나타나 "그들의 마음을 열어 성경을 깨닫게 하시고 또 이르시되 이같이 그리스도가 고난을 받고 제 삼 일에 죽은 자 가운데서 살아날 것"을 말씀하셨는데 여기서도 누가는 "십자가"라는 말 대신에 "고난"이라고 언급하며, "제 삼 일에 죽은 자 가운데서 살아나실 것" 곧 부활에 강조점을 둔 것을 알 수 있다. 사도행전에서 누가가 소개하는 베드로와 바울의 설교들 가운데서 "여러분이 십자가에 못 박은 예수를 하나님께서 다시 살리셨다"는 메시지가 일관성 있게 반복되고 있는 점에서도 잘 확인할 수 있다(행 2:23-24, 3:15, 4:10, 5:30, 10:30-40, 13:29-30, 17:31 등등).

특히 바울이 선교 파송을 받은 직후 비시디아 안디옥에서 "이스라엘 사람들과 하나님을 두려워하는 사람들" 곧 "이방인들" 앞에서 행한 설교(행 13:16)를 보더라도, 예수의 시체가 십자가에서 내려져 무덤에 두었다고 말할 때에도 "십자가"란 말 대신에 그냥 "나무"란 말을 사용하여 예수의 시체를 "나무에서 내려다가 무덤에 두었다(행 13:29)"고 말하면서 하나님께서 예수를 죽은 자들 가운데서 "다시 살리셨다"는 점만을 거듭 강조하고 있다(행 13:30,33,34,37). 누가가 "십자가"보다는 "부활"을 더 강조하고 있다는 사실을 알 수 있는 대목들이다. 사도행전에서 누가가 강조하며 증거하고 있는 예수께서는 "십자가에 달리신 분"이 아니라 "부활하신 분", 그리고 "높이 들려 올리신 승천하신 분"이다.

바로 이런 누가의 신학적 관심은 예수의 십자가 죽음을 강조하는 서방교회의 신학과 달리 예수의 부활과 승천을 강조하는 동방교회 신학의 기초가 되었다. 서방 기독교는 예수의 십자가 고난과 죽음을 강조하는 경향을 갖는 데 비해서, 동방 기독교는 예수의 부활과 승천을 강조하는 경향을 보인다. 서방 기독교의 신학이 바울을 따라 "십자가의 신학"을 강조하고 있다면, 동방 기독교의 신학은 누가를 따라서 "부활의 신학" 혹은 "승천의 신학"을 강조하는 "영광의 신학(theologia gloriae)"을 강조한다고 말할 수 있다. 그래서 서방 기독교 전통에 속한 교회당 건물에는 가시관을 쓰고 십자가에 달린 예수의 상이 많이 강조되고 있는데, 동방 기독교 전통에 속한 교회당 건물에서는 오히려 무덤을 깨고 부활하시는 예수, 혹은 구름 가운데 승천하시는 예수의 상이 다 강조되고 있는 것을 볼 수 있다. 서방교회의 신학이 십자가 죽음을 강조함으로써 좀 패배적인 경향을 보인다면, 동방교회의 신학이 부활과 승천을 강조함으로써 보다 더 승리적인 측면을 부각하고 있는 이유도 바로 거기에 있다. 신약 문서 중 바울의 문서들이 서방 기독교의 신학의 토대가 되고 있다면, 누가의 문서인 누가복음과 사도행전은 동방 기독교의 신학의 토대가 되고 있다고 말할 수도 있다.

이런 관점에서 본다면 누가의 "부활 신학" 혹은 "승천 신학"은 부활하신 그리스도가 하나님의 우편에서 우주적인 통치를 하고 계심을 강조하고 있다는 점에서 "영광의 신학"을 넘어서 "승리의 신학"이라고 말할 수도 있을 것이다.